IMPERIUM ROMANUM

Das römische Reich unte

Rottönung: Senatorische Pro
Gelbtönung: Kaiserliche Provi
Violettönung: Erwerbungen bis

EXERCITIA LATINA

für Latein als 2. Fremdsprache

III Übungsbuch

von Dr. OTTO HUBER

Siebte Auflage

1974

C. C. BUCHNERS VERLAG · BAMBERG

J. LINDAUER VERLAG (SCHAEFER) · MÜNCHEN

R. OLDENBOURG VERLAG · MÜNCHEN

EXERCITIA LATINA

für Latein als zweite Fremdsprache

Herausgeber: Dr. Raimund Pfister und Prof. Dr. Hans Rubenbauer †

Mit 16 Abbildungen, davon 2 auf Tafeln, und 2 farbigen Karten

Zum lernmittelfreien Gebrauch an den höheren Schulen Bayerns zugelassen
gemäß ME VIII 60 293 vom 7. 8. 1963

ISBN 3 7661 **5643** 8 (Buchner)
ISBN 3 87488 **253** 5 (Lindauer)
ISBN 3 486 **00895** 1 (Oldenbourg)
Gesamtherstellung: Friedrich Pustet, Graph. Großbetrieb, Regensburg

Vorwort

Die vorliegende 7. Auflage des III. Bandes des Lateinischen Unterrichts-werkes für Latein als 2. Fremdsprache »Exercitia Latina« bleibt trotz mancher Bedenken bis auf Kleinigkeiten unverändert, so daß sie ohne weiteres neben den bisherigen Auflagen verwendet werden kann.

Angesichts der nicht einheitlichen methodischen Auffassungen der Kollegen sollen die zusammenhängenden Stücke, deren Durchnahme nicht zwingend ist, lediglich Übungsstoff bieten und dem Lehrer die Möglichkeit geben, je nach seiner persönlichen Einstellung den Schwerpunkt des Unterrichts mehr in die Richtung der lateinisch-deutschen oder in die der deutsch-latei-nischen Übersetzung zu legen.

Neben dem lateinisch-deutschen Wörterverzeichnis (S. 133-151), welches alle bisher in den Bänden I-III des Unterrichtswerkes gelernten Wörter bietet, gibt ein weiteres (S. 152-156) die in diesem Band neu vorkommenden Wörter ohne deutsche Bedeutung, nur mit der Nummer des Kapitels, in dem sie zum ersten Mal verwendet werden. Das deutsch-lateinische Wörterver-zeichnis (S. 114-132) berücksichtigt alle in diesem Band benötigten Wörter.

München, im Frühjahr 1974   Der Verfasser

Inhaltsverzeichnis

Die unregelmäßigen Verba

Abkürzungen und Hinweise

W   Wiederholung
E   Ergänzung
Gr. Exercitia-Grammatik
daß (gesperrt): AcI
Imperfekt im Deutschen gesperrt: lat. Perfekt.

Porta Appia

DIE UNREGELMÄSSIGEN VERBA

Eine gute Erziehung

Medicus quidam, cui fortuna maximas divitias negaverat, decrevit filios suos **1**
in urbem mittere, ut in bonas artes incumbentes mentes excolerent et magnam
scientiam sibi acquirerent. Sed hi verborum patris immemores pigritiae
succumbebant. Brevi cauponam[1] museo[2] anteponebant. Pater autem cum ea
comperisset, valde laesus et lacessitus est. Ut eorum mores mali corrigeren-
tur, eos fabro cuidam commisit, in cuius officina per totum diem laborabant;
sin autem aliquid leviter vel inconsiderate commiserant, durissime puniebant.
tur. Brevi eo modo consuetudines malas deposuerant. Tum pater eis rursus
permisit, ut officinam gymnasio[3] permutarent; illi autem non iam desierunt
officia explere, sed semper id studebant, ut in numerum discipulorum opti-
morum insererentur et industria et officio animum patris delectarent.

[1] *caupōna, -ae* Wirtshaus.   [2] *mūsēum, -ī* Studierzimmer.   [3] *gymnasium, -ī* Gymnasium.

I

Quisque; quīlibet; quīvīs; uterque; omnis
Gr. § 57

2 1. Se quisque curat[1], quod sibi quisque proximus est. 2. Quo quisque est patientior, eo maiora perpetrat. *Oder:* Patientissimus quisque maxima perpetrat. 3. Suae quisque fortunae faber est. 4. Ne audiveritis quamlibet (= quamvis) orationem cuiuslibet viri; nam bonae tantum orationes vobis prosunt. 5. Non omne periculum vitare possumus. 6. Scipio Maior et Scipio Minor clarissimi erant; uterque Poenos superavit, utrumque Romani honorabant.

Wann wird *quisque* verwendet? Wann *uterque*, wann *quīvīs*?
Was heißt *tertiō quōque annō* wörtlich?
Dekliniere: quīlibet rex; quodvīs animal.

3 1. Jeder schadet sich selbst (Nom.), der seine Leidenschaften nicht zügelt. 2. Was jedem das Teuerste ist, das wird er auf jede Weise schützen. 3. Alle vier Jahre wurden bei den Griechen die Olympischen Spiele[2] gefeiert. 4. Nicht jeder kann den Staat gut lenken, sondern nur ein der Staatskunst (= des Staates) kundiger Bürger. 5. Rhein und Donau sind die größten Ströme Deutschlands. An den Ufern beider Ströme (= jedes Stromes) gibt es berühmte Städte. 6. Jeder von euch weiß, daß viele Sklaven von den Römern grausam gefoltert wurden.

ferre
Gr. § 95

4 1. Calamitates aequo animo ferimus; at nemo fere tam hebes[3] est, ut iniurias patienter ferat. 2. Arbor mala fructus malos feret. 3. Aquam in fluvium ferre stultum est. 4. Tua superbia ferri non potest. 5. Imperator triumphans spolia ducis hostium necati in templum Iovis fert. 6. Cur tanto odio in hunc hominem ferris, ut saevienti similis sis? 7. Plurimi Romani aegre tulerunt Caesarem rebus in Gallia bene gestis tantam gloriam sibi comparavisse.

> Quidquid id est, timeo Danaos et[4] dona ferentēs.

Unterscheide: ferō (!) – ferrō – feram (!) – fere – ferre – fer – ferris – ferīs – ferās (!) – ferēs – fers – lātus – latus.

---

[1] *cūrāre aliquem* für jmd. sorgen.   [2] *Olympia, -ōrum* die Olympischen Spiele. [3] *hebes, -etis* stumpf.   [4] *et* auch.

1. Wir wissen nicht, was die nächste Stunde bringt (Konj.). 2. Wer wird uns **5**
Hilfe bringen? 3. Die Athener waren über die schlechten Sitten des Alkibiades ungehalten. 4. Wieviele wahrhaft große Männer hat Athen allein
hervorgebracht! 5. Der Vater pflanzt den Baum, der seinen Kindern
Früchte bringen wird (Part. Fut.).

Übersetze folgende Formen und setze sie in den Singular: ferimur – ferrēmus –
ferēmus – ferāmus – fertis – feriminī – ferrēminī – ferēbāminī – ferentēs – ferte –
tulērunt – lātūrī.

Komposita von ferre
Gr. § 96

1. Consulibus fasces, insignia potestatis, a lictoribus praeferuntur. 2. In **6**
periculis Romani maximas divitias in Capitolium et in arcem conferebant.
3. Nuntius: ›Referam vobis‹, inquit, ›Quirites, verissime, quae ad
Cannas gesta sint, quamquam ea, quae referentur, graviter feretis.‹ 4. Cur
amicis iniuriam infers? 5. Magna copia mercium pretiosarum a piratis aufer-
tur. 6. Iam saepe vos adhortabar, ne negotia in crastinum diem differretis.
7. Quid ille nuntius attulit? 8. A Verre multa artificia e Sicilia ablata sunt.
9. Cum nuntius cladis in saltu Teutoburgiensi acceptae imperatori Augusto
relatus esset, valde luxit.

Wie werden je nach der entsprechenden Form von *ferre* die Präpositionen *ab-*,
ad-, *dis-*, *ex-*, *ob-* abgewandelt?
Was heißt: frūgifer, pōmifer, sīgnifer?

1. Alle Menschen werden vom° Tode hinweggerafft. 2. Ertragt, was das **7**
Leben mit sich bringt, standhaft und mit° Gleichmut! 3. Berichte, Bote,
(das), was du gesehen hast! 4. Warum hast du diese Bücher nicht zurück-
gebracht? Trage sie° sogleich fort! Verschiebe es° nicht auf den morgigen
Tag! 5. Cäsar begab sich nach Gallien, um sein Ansehen und seine Macht
zu vermehren (damit er ... mehrte). 6. Das Leben ließe sich (= würde)
um vieles (Abl.) leichter[1] ertragen, wenn wir alle bereit wären, dem Nächsten
Wohltaten zu erweisen und für uns erwiesene Wohltaten Dank abzustatten.

Konjugiere im Ind. Präs. Aktiv und Pass.: comportāre et cōnferre et condūcere.
Übersetze: Bringe und führe! Sie sollen sagen und berichten!

---

[1] Komparativ von *facile*.

3. Konjugation: Perfekt auf -vī und -uī
Gr. § 92, Nr. 100–118, 205–207 W

8 1. Germanicus praesidia in vallo disposuit et castra fossa circumdedit.
2. Vir prudens arbores seret et colet, etsi earum fructus non cernet. 3. Novissimo die deus homines bonos a malis secernet. 4. Milites totam regionem perquisiverunt, ut hostes, qui se occuluerant, vestigarent. 5. Frustra eos consuletis, qui in periculis alios deseruerunt. 6. Exponite, quae cum amicis disserueritis!

Bestimme: genui – gentī – generī – cōnsulem – cōnsulam (!) – colī – collī – cole – coluī – potuistis – posuistis.

9 1. Allen Menschen ist die Liebe zu (Gen.) der Heimat eingepflanzt. 2. Die Zimbern und Teutonen suchten neue Wohnsitze (= Sitze), als der Ozean ihre (= deren) Heimat überschwemmt hatte. 3. Eine Sache kurz darzulegen ist schwieriger als sie° mit vielen Worten zu berichten. 4. Als die Athener bei Marathon gegen die Perser kämpften, hätten sie die Hilfe der Spartaner nicht verschmäht, wenn diese rechtzeitig gekommen wären. 5. Als die Perser bei Issos[2] mit Alexanders Soldaten in Nahkampf geraten waren und kurz gekämpft hatten, ergriffen sie die Flucht (= suchten ihr Heil in der Flucht). 6. Ihr sollt nicht fremdes Gut (Plur.) begehren! Hört auf, andere (Dat.) zu beneiden!

Übersetze: du wirst plündern und verbergen – sie haben gestöhnt und gezittert – laßt uns unterscheiden! – sie würden zulassen – es ist beschlossen – ein Lager wurde geschlagen – ein Lager ist geschlagen worden – sie bewohnen – ihr werdet an euch reißen.

velle, nōlle, mālle
Gr. § 97

10 1. ›Hoc volo, sic iubeo‹, solent dicere tyranni. 2. Libenter homines id, quod volunt, pro vero habent. 3. Non semper ea, quae volumus, perpetramus. 4. Aliis vis iniuriam inferre, ipse accipere non vis. 5. Vultisne mecum rus ire? 6. Homo curiosus interdum audit, quae audire non vult. 7. Qui tarde vult, nolle videtur. 8. Pigri iucunde vivere volunt, laborare nolunt. 9. Utrum mavis (mavultis) cum dedecore vivere an cum gloria mortem obire? 10. ›Noli turbare (= ne turbaveris) circulos[3] meos!‹ His verbis Archimedes rebus

---

[1] *Issus, -i.* [2] *circulus, -ī* der Kreis.

mathematicis intentus militem appellavit[1], qui in eum gladio stricto invasit.
11. Haud invitus tibi auxilium tuli.

Wie lauten die Formen des Indikativ Präsens von *velle, nōlle, mālle?* Was ist besonders zu beachten? – Welche Ähnlichkeit ergibt sich beim Vergleich mit den entsprechenden Formen von *ferre?*

1. Wir alle wollen glücklich leben. 2. Dasselbe wollen und dasselbe nicht **11** wollen, das° ist wahre Freundschaft. 3. Was wollt ihr tun? Wollt ihr lieber zu Hause bleiben oder mit uns gehen? 4. Manche Menschen hören nur das, was sie wollen; was sie nicht wollen, hören sie nicht. 5. Du willst lieber befehlen als gehorchen, weil du das nicht tun willst, was dir Unbequemlichkeiten bringt. 6. Verletzt nicht die Gesetze *(zwei Möglichkeiten!)*! 7. Gegen ihren Willen wurden die Trojaner nach Afrika verschlagen[2].

1. Natura adducimur, ut prodesse velimus quam plurimis. 2. Diogenes philo- **12** sophus aliquando: ›Nollem‹, inquit, ›Alexander esse. Utinam dei mihi tantum dare velint, quantum ad vitam modestam necessarium est!‹ 3. Socrates tam iustus erat, ut mortem obire mallet quam leges laedere. 4. Alexander iam puer ceteros gloria et virtute superare volebat. 5. Vir probus omnibus, quibus adesse poterit, et consilio et re prodesse volet. 6. Caesar in vico quodam ignobili Alpium primus esse maluit quam Romae secundus.

Unterscheide: Romani modo Saguntinis auxilium laturi erant, cum *(als)* Saguntum ab Hannibale expugnatum est.
Non omnes enim eis auxilium ferre voluerant.
Übersetze: volō (!) – vis (!) – volēs (!) – mālō (!) – mālīs – malīs – malam – mālam.

1. Quintus Fabius Maximus wollte nicht mit Hannibal kämpfen. 2. Wenn **13** ihr uns helfen wolltet *(auch:* hättet helfen wollen), würdet ihr nicht so lange zaudern *(auch:* gezaudert haben). 3. Sag, warum du nicht kommen willst (Konj.)! 4. Es ist bekannt, daß Cäsar nach seinem Sieg seine Gegner nicht bestrafen wollte. 5. Alle werden lieber das tun wollen, was sie selber gewollt haben (Fut.ex.), als das, was andere sie geheißen[3] haben (Fut.ex.). 6. Als die Perser sich Athen näherten, wollten die Bürger nicht in der Stadt bleiben, sondern begaben sich auf die Schiffe.

Konjugiere im Ind.Präs., Imperf., Perf.: velle et cupere – nōlle et impedīre – mālle et praeferre.
Übersetze: er möge wollen – du willst – sie würden lieber wollen – ihr habt nicht gewollt – mögen sie lieber wollen – wir werden wollen.

---

[1] hier: anreden. [2] *dēferre* verschlagen. [3] *iubēre.*

3. Konjugation: Perfekt auf -sī und P.P.P. auf -tus
Gr. § 92, Nr. 119-143, 208 W

14 1. Cyrus in Graecia milites conduxit et contra Artaxerxem fratrem bellum gessit. 2. A Sulla multorum civium proscriptorum bona publicata sunt. 3. Imperator triumphans curru a quattuor equis albis tracto vehebatur. 4. Tacitus, clarissimus rerum sriptor Romanorum, mores Germanorum descripsit, ut vitia popularium suorum corrigeret. 5. Ficta narratione Sinon Troianis persuasit, ut equum ligneum in urbem traherent. 6. Pugionibus strictis coniurati Caesarem cinxerunt et necaverunt. 7. E colle Aeneas Troiam ardentem conspexit.

Übersetze: ūrent – urgent – ursī (!) – ussī – iussī (!) – regī – rēxī – coniungī – coniugī – coniūnctī.

15 1. Führt die Pferde an den Wagen, Knechte, damit wir sogleich in die Stadt fahren! 2. Cäsar befahl[1], das Heer mit dem der Bundesgenossen (= mit den Bundesgenossen) zu verbinden (= Konj. Impf.) und in das Winterlager zu führen (Konj. Impf.). 3. In Griechenland lebten viele Künstler, die Verse dichteten, Bilder malten und Standbilder meißelten. 4. Was Gott verbunden hat, soll der Mensch nicht trennen! 5. Als Laokoon die Trojaner ermahnte, sie sollten sich vor[2] den Griechen hüten (= daß sie sich hüteten), krochen zwei ungeheure Schlangen aus dem Meer zum Altar, umschlangen seinen (= dessen) und seiner (= dessen) Söhne Körper und töteten den Vater und die Jünglinge. 6. Viele Weise haben den Reichtum verachtet.

Übersetze: sag! – es wird ausgelöscht werden – laßt uns aufstehen! – es war vorgeschrieben – sie berücksichtigen – es wurde erbaut – sie unterschieden – er hatte untersagt.

3. Konjugation: Perfekt auf -sī und P.P.P. auf -sus
Gr. § 92, Nr. 144-159, 209 W

16 1. Multa in oratione mea omisi, ne eos, qui audiunt, fatigem. 2. Gladiatores, qui in arena non fortiter se gesserant, a multitudine spectantium explodebantur. 3. Milites fortes loco non cedunt, etiamsi hostes eos invasuri et inclusuri sunt. 4. Illo proelio navali ad Actium commisso aliae naves hostium dispersae, aliae demersae sunt. 5. Vires conexae firmae sunt, vires divisae

---

[1] *imperāre, ut* (dabei Nebensatz ins Passiv verwandeln!).   [2] *cavēre ab* sich hüten vor.

Laokoon

facile superantur. 6. Postquam imperator Augustus de vita decessit, Tiberius illi successit. 7. Clitus ab Alexandro irato hasta percussus est. 8. Etiam verbis homines laedi possunt.

Bestimme: fīxī (!) – fictī – fīnxī – fīdī – cōnflūxērunt – cōnflixērunt – dīvidī – dīvīsī (!).
Was versteht man unter Fiktion, Diktion, Konsultation, Illusion, Rasur, Division, Dirigent, Erosion, deprimiert?

17 1. Ein Diener wird entlassen werden, wenn ihn der Herr beim (*in* m. Abl.) Diebstahl überrascht (Fut. ex.). 2. Als die Griechen in° Troja (Akk.) eingedrungen waren, wurden viele Einwohner mit Lanzen durchbohrt oder mit gezückten Schwertern überwältigt. 3. Von den Bitten der Mutter überwältigt (= gebeugt) hat Coriolan aufgehört, die Vaterstadt zu bedrängen. 4. Schließt die Türen des Hauses, damit nicht Diebe eindringen können! 5. Wenn dieser Sturm uns auf dem Meer überrascht hätte, wäre unser Schiff untergegangen (= versenkt worden), und wir hätten das Leben verloren.

Übersetze: ihr werdet erlauben – es ist ausgelöscht worden – sie hätten erschüttert – verspottet nicht! – ihr habt Beifall geklatscht – du würdest entlassen werden – geschabt zu haben – sie nagen.

De Augusto et Maecenate

18 Augustus cum omnes adversarios superavisset, Romam intravit et imperium Romanum per multos annos sapienter et iuste gubernavit. Tum portas Iani clausit, quae antea tantum bis clausae erant, et toti orbi terrarum pacem et quietem dedit.
Aliquando Augustus ius dixit et milites quosdam capite damnaturus esse videbatur. Aderat tunc Maecenas, amicus imperatoris, quem in multis negotiis et officiis consulebat; cum is frustra conatus esset per turbam circumstantium propius ad tribunal accedere, in tabellam scripsit haec verba: ›Surge tandem, carnifex[1]!‹
Augustus postquam ea verba vidit, surrexit neque quisquam morte est multatus. Tantum valebat Maecenas apud imperatorem, qui non desiit ipse summam virtutem petere et civium mores corrigere.

Quaestiunculae: Cur imperatorem Augustum laudamus? Quis erat Maecenas? Quomodo ille conatus est mentem imperatoris mutare?

Jugendzeit des Ödipus[2]

19 Laios, der König von Theben (Gen.), schickte einst Boten nach Delphi[3], die das Orakel über die Zukunft befragen sollten (Konj. Impf.); der Gott antwortete ihm folgendes (= dieses [Plur.]): »Der Sohn, den du erzeugen wirst (Fut. ex.), wird dich töten und die Mutter heiraten; deshalb hüte dich vor (*ab*) ihm!« Als dem Laios bald darauf ein Sohn geboren worden war,

---

[1] *carnifex, -ficis* der Henker.   [2] *Oedipūs, Oedipodis.*   [3] *Delphī, -ōrum.*

zögerte er nicht, diesen einem Diener zu geben, damit er ihn töte (Konj. Impf.). Allein (= aber) dieser wurde von so großem Mitleid bewegt, daß er das Kind in dem rauhen Gebirge aussetzte, nachdem er dessen Füße durchbohrt hatte (Ind. Perf.), es° aber nicht[1] tötete. Ein *(quīdam)* Hirte, der in dieser Gegend lebte, fand den Knaben und brachte ihn° an den Hof des Polybos, des Königs von Korinth (Gen.), der ihn adoptierte[2] und wegen der durchbohrten Füße Ödipus nannte.

Fortsetzung

Nach vielen Jahren war Ödipus ein großer und starker junger Mann (= Jüngling), der alle seine Gefährten an Kraft und Schönheit (bl.Abl.) übertraf. Als er **20** einmal bei einem Gelage einen Freund sehr gereizt hatte, zückte jener sein Schwert und° war im Begriffe, ihn anzugreifen (Part.Fut.). Ödipus aber schlug ihn zu Boden und kränkte ihn° auf diese Weise sehr. Von Zorn entflammt rief sein (= dessen) Gegner aus: »Alle vornehmen jungen Leute sollen dich verachten, weil du nicht der Sohn des Königs, sondern der° eines Sklaven bist!« Voll Furcht (= fürchtend)[3], daß jener Wahres (Plur.) gesagt habe (Konj.Plqpf.), ging Ödipus selbst nach Delphi. Auch ihm antwortete der Gott: »Du wirst deinen Vater töten und deine Mutter heiraten.« Deshalb beschloß Ödipus, das Vaterland und die Eltern zu meiden und in ein anderes Land zu wandern.

3. Konjugation: Perfekt mit Dehnung des Stammvokals
Gr. § 92, Nr. 160–165

1. Autumno magni greges a pastoribus in prata aguntur. 2. Alexander **21** Magnus totam Asiam usque ad Indum in potestatem suam redegit. 3. Cur res inutiles emisti, puella? 4. Piratae Caesarem coegerunt magna pecunia se redimere. 5. Formica diligens autumno magnam cibi copiam colligit, ut hieme famem sedet. 6. Vis imbris et frigoris iam multa saxa fregit. 7. Multo labore fracti milites Drusi ad Rhenum redierunt.

> Iucundi acti labores

Suche Verba der 1., 2. und 4. Konj., die das Perf. ebenfalls durch Dehnung bilden!

---

[1] *neque tamen.*   [2] *adoptāre* an Kindesstatt annehmen, adoptieren.   [3] *timēre, verērī, nē* mit Konj.

22 1. Durch ungeheure Stürme sind schon oft große Schiffe zerschellt (= zerbrochen worden). 2. Laßt uns Gott Dank sagen, daß[1] die Gefangenen losgekauft werden konnten! 3. Gehorchet freiwillig, nicht gezwungen, Freunde! 4. Soldaten brachen den Räubern, die mit Christus gekreuzigt waren, die Gebeine. 5. Oft werden wir gezwungen, aus mehreren Übeln das kleinste auszuwählen.

23 1. Puer, qui intellexerit liberos a parentibus summo amore coli, praecepta eorum non negleget. 2. Colligite eas divitias, quae vobis demi'non possunt! 3. Hannibal cum ab hostibus cinctus esset, venenum sumpsit. 4. Cicero multum temporis in re publica consumebat. 5. Bello Peloponnesiaco multi Athenienses fame et pestilentia consumpti sunt. 6. ›Legere et non intellegere neglegere est‹, Cato dicebat. 7. Non vivimus, ut edamus, sed edimus, ut vivamus.

Beachte, daß mitunter zwischen m und s oder t ein Übergangslaut p eingeschoben wird! Bei welchen Verben ist das der Fall? Welche Komposita von *legere* haben ein Perfekt, das sowohl durch Dehnung als durch ein s gebildet wird?
Bestimme: dēlēctus – dēlētus – dēlectātus – exigeris – exigēris – exēgeris – legis – lēgis – lēgi (!).

24 1. Es ist töricht, fremde Angelegenheiten zu betreiben, die eignen (= die seinen) aber° zu vernachlässigen. 2. Vergeblich wirst du Mühe aufwenden, wenn du nicht verstehst[2] (Fut.), klug zu handeln. 3. Die Römer liebten den Kaiser Titus sehr, da sie eingesehen hatten, daß er gut und milde sei. 4. Vergeudet nicht die Zeit mit unnützen Dingen! 5. Wenn du ein Buch gelesen, aber nicht verstanden hast, lies es noch einmal! 6. Als Demosthenes einsah (Plqpf.), daß ihm (Refl.) der Tod sicher sei, holte er Gift hervor und nahm es°, damit er nicht lebend (= als Lebender) von den Feinden ergriffen würde.

Übersetze: du wirst in Besitz nehmen – du wirst besitzen – sammelt! – es ist vollendet – sie hätten gezwungen – das Getrennte – nimm und lies! – eingesehen zu haben – ihr habt gezwungen – laßt uns hervorholen!

Gr. § 92, Nr. 166–169

25 1. Notum est illud[3] Caesaris: ›Veni, vidi, vici!‹ 2. Cum Troia decimo anno a Graecis expugnata esset, Aeneas cum patre sene[4] et nonnullis sodalibus

---

[1] *quod.*   [2] *scīre.*   [3] *illud* jener Ausspruch.   [4] *senex, senis* hier adjektivisch.

urbem reliquit. 3. Tragoediae Aeschyli, Sophoclis, Euripidis a viris doctis collectae et nobis relictae sunt. 4. Anno post Chr.n. undeoctogesimo ignes e Vesuvio eruperunt. Ingens copia cinerum et lapidum in regiones circa sitas se diffudit. 5. Rebus secundis mores hominum saepe corrumpuntur. 6. Imperatori Constantino, qui cum adversariis pugnaturus erat, crux in caelo apparuit cum titulo[1]: ›In hoc signo vinces!‹

Überlege: Wie heißt der Verbalstamm der Verba *relinquere, rumpere, vincere* und *fundere*, da der Präsensstamm durch Einschiebung eines n erweitert ist? Wie lauten bekannte Substantive, welche diesen Stamm deutlich machen?
Bestimme: vincī – vīcī – vīxī – vīnxī – vīnctī – victī – fundī – fūdī – fūsī – rūpī – rumpī – relictī – relīquī – reliquī.

1. Heere, die durch unvorhergesehene Ereignisse (= Dinge) in Verwirrung **26** gebracht worden sind (= verwirrt worden sind), können leicht besiegt werden. 2. Kaiser Julian rief sterbend (Adj.) aus: »Galiläer[2], du hast doch (= endlich) gesiegt!« 3. Tacitus schreibt von den Germanen: Niemand lacht dort über die Laster (bl.Akk.), und nicht wird es Zeitgeist[3] genannt, andere zu verderben oder verdorben zu werden. 4. Es war bei den Spartanern die größte Schande (= sehr schändlich), den Schild zurückgelassen zu haben. 5. Als nach Rom gemeldet worden war, daß die Germanen die Legionen des Varus völlig besiegt hätten, hat Kaiser Augustus Tränen vergossen. 6. Schon oft ist das (Plur.), was der Vater in langer Arbeit (bl.Abl.) gesammelt und den Söhnen hinterlassen hatte, von diesen leichtsinnig vergeudet worden.

Bilde das Part.Fut. zu: zurücklassen – wegnehmen – besiegen – zerbrechen (zwei Verben) – zwingen – einsehen – verwirren.
Übersetze: zerstreuet! – du wirst überführen und fesseln – die siegenden Soldaten – ausgebrochen zu sein – er wird zurücklassen.

Gr. § 92, Nr. 210–214; dazu fīō § 100

1. Melius est iniuriam accipere quam facere. 2. Caesar bis pontem in Rheno **27** fecit, ut Germanos a finibus imperii Romani arceret. 3. Postquam Romani Marium copiis praefecerunt, Cimbri et Teutoni apud Vercellas et Aquas Sextias acceperunt magnas clades. 4. Omnia, quae sunt, a deo facta sunt. 5. Fiat voluntas tua! 6. Cum impetus in exercitum Artaxerxis fratris factus

---

[1] *titulus, -ī* Inschrift.   [2] *Galilaeus, -ī* Galiläer; hier ist damit Christus gemeint.
[3] *saeculum, -ī* Zeitalter, Jahrhundert, Zeitgeist.

esset, Cyrus Minor ab equitibus perfossus est. 7. Hostes victi scuta abiecerunt et quam celerrime fugerunt. 8. Pueri Spartiatarum assuefiebant famem et frigus tolerare.

> Dimidium facti, qui bene coepit, habet.
> Fac sapienter opus, fer patienter onus!

Überlege: Welche Formen von *fiō* gehen nach der 4. Konj., welche sind anders? Welche Komposita von *facere* haben *-fac* und *-fiō*? Welche *-fice* und *-ficior*?

28 1. Die Athener hätten Themistokles nicht an die Spitze der Flotte gestellt, wenn er nicht schon vorher den Pflichten aufs gewissenhafteste genügt hätte. 2. Die Germanen jagten (= flößten) den Römern durch ihren° bloßen *(ipse)* Anblick Furcht ein. Deshalb gewöhnte Marius seine° Soldaten an° ihre (= deren) Gestalt (Abl.) und an° ihr Geschrei (Abl.), so daß er schließlich den Krieg als° Sieger beendete. 3. Sag, was wahr ist, tue, was recht ist! 4. Täuscht nicht diejenigen, mit denen ihr ein Bündnis geschlossen habt! 5. Viele lügen, damit sie täuschen, viele, weil sie getäuscht worden sind. 6. Gott sprach: »Es werde Licht!«, und es ward Licht.

Übersetze: wir haben angefangen – es ist unternommen worden – öffnet! – du wirst bewirken – sie sollen wegwerfen! – die Unterworfenen (zwei Verb.) – es wird gemacht – sie wurden – sie werden getötet – sie werden gewöhnt.
Bilde das Passiv zu: facerent – efficiant – interfēcissent – patefaciam – praeficit – satisfēcisse – facere – assuēfaciēbant.

Besonderheiten der Deklinationen, Genusregeln
Gr. §§ 19, 26, 29, 33, 34 W

29 1. Senes infirmi labores magni itineris perferre non possunt. 2. Qui maiores virtute superaverit, idem apud posteros in summo honore erit. 3. Achilles Hectorem interfectum spoliis privavit eiusque corpus circa moenia Troiae traxit. 4. In Graecia Magna[1] dis et deabus multa templa erant aedificata, quorum reliquias hodie quoque admiramur. 5. Hannibal Alpes nivibus opertas superavit et copias de montibus arduis in valles frugiferas Italiae deduxit. 6. Oboedite precibus amicorum eisque adeste in rebus adversis!

---

[1] *Graecia Mãgna* Großgriechenland = Unteritalien. Woher kommt dieser Name?

1. Zufällig entdeckten wir auf einem *(quīdam)* Hügel die Reste einer alten **30** Burg, von *(ex)* der aus in früheren Zeiten Raubritter[1] den Kaufleuten nachstellten. 2. Wer große Kenntnisse in° vielen Dingen (Gen.) hat, kann die Freunde mit klugen Ratschlägen unterstützen. 3. Die Spartaner, die den Athenern keinen (= nicht) Waffenstillstand gewährt hatten, verwüsteten deren Land mit Feuer und Schwert; als sie schließlich den Hafen und die Stadt erobert hatten, forderten sie, daß jene freiwillig die Mauern zerstörten, alle Schiffe bis auf[2] zwölf ihnen (Refl.) auslieferten und die Verbannten zurückkehren ließen[3]. 4. Gib, o Gott, den Seelen der Toten die ewige Ruhe!

Quisquis, quidquid; quīcumque, quaecumque, quodcumque; quisquam, ūllus; nēmō, nihil; nūllus
Gr. §§ 54b; 56,3; 59 W

1. Quisquis (quicumque) sorte sua contentus est, iure beatus appellatur. **31** 2. Quodcumque coeperis neque perfeceris, tibi non proderit. 3. Cum Graeci in urbem Troiam invasissent, vix quisquam e Troianis servatus est. 4. Sine ulla spe salutis Hannibal a Romanis cinctus venenum sumpsit. 5. Germani liberi esse neque cuiusquam praeceptis parere volebant. 6. A nullo magis amamur quam a parentibus. 7. Vox unius – vox nullius! 8. Non is est pauper, qui nihil habet, sed qui nulla re contentus est.

> Quidquid agis, prudenter agas et respice finem!

Überlege: *quisquis* und *quīcumque* heißt: wer nur immer, jeder, der; was drückt also *-cumque* aus? Was heißt dann: *quāliscumque – ubīcumque – quotcumque?*
Was heißt irgend jemand? Welcher Unterschied besteht zwischen *aliquis, quis, quisquam, ūllus?*

1. Jeder, der die Werke der Natur betrachtet (Fut.ex.), wird Gottes Weisheit **32** bewundern. 2. Kaum irgend etwas ist schwieriger, als im Unglück wahre Freunde zu finden. 3. Sokrates war der weiseste Athener aller Zeiten und niemands (= und nicht irgend jemands) Leben und Tod fand[4] größere Bewunderung; denn durch nichts wurde seine Seelenruhe[5] gestört. Ohne alle Furcht nahm er den Tod auf sich. 4. Niemand (Dat.) haben die Götter mehr begünstigt als Sulla (Dat.), welcher aus[6] diesem Grund »Felix« genannt wurde.

---

[1] Verwende: *rapāx, -ācis* räuberisch. [2] *praeter* m. Akk. außer, bis auf. [3] zurückkehren lassen = zurückschicken. [4] *habēre.* [5] *tranquillitās, (-ātis* f) *animī* Seelenruhe. [6] *ob* m. Akk.

3. Konjugation: Perfekt mit Reduplikation u. P.P.P. auf -tus
Gr. § 92, Nr. 170–175

33 1. Rex Persarum Ephialti pecuniam dedit, quod per montes viam prodiderat. 2. Multi mercatores per maria navigantes merces emunt et vendunt. 3. Temporibus antiquis victores captivos sub corona vendebant. 4. Raro servi, qui sub corona venierant, redimebantur. 5. Memoriae proditum est Caesarem coniuratis non restitisse, cum ab eis perfoderetur. 6. Troiani, qui equum ligneum circumsistebant, non crediderunt armatos in alveum[1] equi se abdidisse. 7. ›Noli me tangere!‹, dixit Iesus Mariae Magdalenae, cum e sepulcro resurrexisset. 8. Si quis in re difficili bene responderat, Romani dicere solebant: ›Rem acu tetigisti.‹ 9. Arcus nimium tentus facile frangitur. 10. Urbs Roma anno septingentesimo quinquagesimo tertio condita est.

Überlege: Gibt es auch in den andern Konjugationen Verben, die das Perfekt durch Reduplikation bilden?
Bestimme: vendit – vēnit (!) – vēniit – venit – cōnstitit (!) – tangī – tetigī – tactī – dēdī – dedī – dēdidī – tenuit – tetendit.

34 1. Wenn du gewisse Blumen berührst (Fut.ex.), wirst du sie zugrunde richten. 2. Odysseus stellte sich in die Mitte der Halle[2] und spannte den Bogen, den er so lange nicht berührt hatte. 3. Zeigt dem Mann, der in die Stadt eilen will (= im Begriff ist zu eilen, Part.Fut.), den kürzesten Weg! 4. Livius überliefert, daß sich Hannibal im Palast (*in* m. Akk.) des Königs Prusias verborgen habe. 5. Es glückte dem Äneas, nach langen Irrfahrten Rom zu gründen (= daß er gründete). 6. Es ist ehrenvoll, schlimmen Leidenschaften Widerstand geleistet zu haben.

Übersetze: sie sollen glauben! – wir haben zugrunde gerichtet – du wirst zeigen – das verratene Heer – er hatte getrunken – ihr habt berührt – glaubt nicht!

3. Konjugation: Perfekt mit Reduplikation u. P. P. P. auf -sus
Gr. § 92, Nr. 176–179

35 1. Augustus ingentem auri vim pependit, ut templa et aedificia, quae bellis civilibus perierant, reficeret. 2. Sine dei voluntate ne passer[3] quidem de tecto, ne crinis quidem de capite cadet. 3. Deceditote, si arbor caeditur, ne cadens vos vulneret! 4. Ne reccideris in malas consuetudines; nam qui iterum atque iterum in vitia recciderit, non facile denuo resurget. 5. Miltiades principibus

---

[1] *alveus, -ī* der Bauch.   [2] stellte sich in der mittleren Halle *(ātrium)* auf.   [3] *passer, -eris* m der Sperling.

Arzt und Kranker

suasit, ut pontem a Dario in flumine Istro factum rescinderent; ›si pons rescissus erit‹, inquit, ›ille peribit et Graecia libera erit.‹

> Incidit in Scyllam, qui vult vitare Charybdim.

Bestimme: caedunt – cēdunt – cadunt – caesī – cessī – occīdent – occident – pendent (!) – cāsurus – cāsus – caesus – pendēret – penderet.

1. In alten Zeiten wurde das Geld nicht gezählt, sondern gewogen. 2. Die **36** untergehende Sonne verbirgt sich oft hinter (bl.Abl.) Wolken. 3. Die Soldaten des Varus, die im Teutoburger Wald[1] gefallen waren, wurden später von denen, die mit Germanicus jene Gegenden erreicht (= berührt) hatten, bestattet. 4. Horatius Cocles sagte zu den Römern: »Laßt uns die Brücke einreißen, damit die Feinde nicht in unsere Stadt einfallen!« 5. Wer erkrankt ist, bedarf des Arztes (Abl.), damit er geheilt wird.

Übersetze: sie sollen fällen! – er ist getötet worden – die eingerissene Brücke – gefällte Bäume – die untergehende Sonne – es ist herabgefallen.

---

[1] *saltus (-ūs) Teutoburgiēnsis.*

15

37 1. Germani in proelium euntes Herculem cecinisse[1] dicuntur. 2. Aeneas cum post longos errores ad litus Latii appulisset, ibi paulo post urbem Lavinium condidit. 3. Plinius Maior cupiditate spectandi impulsus ad radices montis Vesuvii contendit et, quamquam iam cineres navi incidebant, tamen ad litus appulit. 4. Alexander Magnus cum victoriam praeclaram apud Issum peperisset, matri et coniugi Darii, regis Persarum, quae in eius manus inciderant, pepercit. 5. Etsi homines fefelleris, homo improbe, deum non falles. 6. Divitiis saepe luxuria vel avaritia pariuntur. 7. Post Caesaris necem res publica Romana denuo bellis civilibus perculsa est.

Übersetze: cucurrit – succurritur – occurrit (!) – percellēbātur – expellāmus – pepercistī – peperistī – nē fefelleris! – canēs (!).

38 1. Du bist am schnellsten gelaufen und hast als° erster die Zielsäule[2] berührt. 2. Die Griechen haben viele berühmte Männer aus dem Vaterland vertrieben. 3. Bei° dem gestrigen Wettlauf (Abl.) hat weder Glaukus noch Philippus gesiegt: dieser war gefallen, jener hatte betrogen (= getäuscht), so daß er ausgeschlossen wurde. 4. Es ist leichter, Schätze zu erwerben, als die erworbenen zu behalten. 5. Die Perser, die bei Marathon gelandet waren, wurden von Miltiades besiegt und zum Meer zurückgetrieben. 6. Die Bitten seiner Mutter erschütterten den harten Sinn Coriolans so sehr, daß er vom *(ab)* Kampf abließ und seine Vaterstadt (= Vaterland, Dat.) schonte.

Übersetze: laßt uns zu Hilfe eilen! – ihr habt schön gesungen – die erschütterten Frauen – von Mitleid gerührt (= angetrieben) – sie hätten geschont – du bist getäuscht worden – ich werde begegnen.

Abenteuer des Odysseus bei den Lotophagen
(Wiederholung der Pronomina)

39 Vix quisquam vestrum illam fabulam audivit, quam vobis nunc narrabo: Tempestate vehementi navis Ulixis ad insulam Lotophagum appulsa est; hi erant homines minime mali, quorum cibus praecipuus erat loti flos[3]. Quicumque eum gustaverat[4], non iam temporum pristinorum memor erat. Ulixes autem post adventum socios quosdam in interiorem insulam[5] miserat, ut

---

[1] *canere aliquem* jmd. besingen.   [2] *mēta, -ae* Zielsäule.   [3] *flōs lōtī* m Lotosblüte.
[4] *gustāre* kosten.   [5] *interior īnsula* die innere Insel = das Innere der Insel.

viderent, qualis terra esset et quales homines in ea habitarent. Illi, qui magno studio omnia perspexerant, admirabantur lotum et gustabant. Statim praecepta Ulixis non iam recordabantur neque ad navem redibant. Sed Ulixes timens, ne illi in discrimine vitae essent, ipse unamquamque casam et omnia loca insulae pervestigabat. Et postquam eos invenit, vinctos reduxit ad navem. Auxilio autem dei cuiusdam sua cuique memoria reddita est.

Quaestiunculae: Quo navis Ulixis appulsa est? Cur socios quosdam in insulam interiorem misit? Cur illi non iam redierunt?

Das Saturnalienfest

Wer von euch weiß nicht, daß die Römer immer wieder versuchten, die **40** Erinnerung an° das goldene Zeitalter (Gen.) zurückzurufen? In jenen Jahren, deren Glanz sie gerne erneuert hätten, war jeder glücklich gewesen, und niemand (= und nicht irgendeiner) hatte an° den zum Leben notwendigen Dingen (Abl.) Mangel gelitten. Deshalb feierten sie auch in späteren Zeiten noch° das Saturnalienfest[1], durch das alle Römer (= die Herzen aller Römer) mit öffentlichen und privaten Vergnügungen erfreut wurden. Die Sklaven speisten zusammen mit den Herrn, die nicht selten selbst jenen dienten und gleichmütig (= mit Gleichmut) lachten, wenn einer der Sklaven sie verspottete. Die Gäste wählten irgendeinen zum° König (Akk.), dessen Pflicht es war, durch törichte Befehle (eine gewisse) Freude zu erregen. So wurde auf° jede beliebige Weise gelacht und gefeiert. Und nach dem Gelage trug jeder seine Geschenke, die er erhalten hatte, nach Hause.

3. Konjugation: Perfekt ohne Veränderung des Präsensstammes – Verba ohne Perfekt
Gr. § 92 Nr. 186–193

1. Defendite rem publicam, cives, et vitam vestram, bona, coniuges **41** liberosque tutamini! 2. Apud fortes ei reprehenduntur, qui in proelio terga verterunt. 3. Urbs a nullo defensa brevi evertetur. 4. Animadvertistis haud raro bonum neglegi, malum diligi. 5. Ira incensus Oedipus illum virum occidit, a quo verberatus erat; nam ignorabat eum patrem suum esse. 6. Cicero postquam Romam reliquit, navem conscendit et in Graeciam navigavit. 7. Catilina omnes bonos e medio tollere voluit. 8. Cimbri cum Romanos invaderent, magnum clamorem sustulerunt. 9. Laesa patientia furit.

---

[1] *Saturnālia, -ōrum.*

Bestimme und übersetze: dēfendī (!) – dēfēnsī – accendet – ascendet – accēdet – versus (!) – furentēs – furēs – sublātum est – sublevātum est.
Bilde den Imperativ I Sing. u. Plural von folgenden Verben: incendere – animadvertere – dēfendere – tollere – dēscendere – comprehendere.

42 1. Den Athenern, die sich an das Delphische Orakel wandten (Plqpf.)[1], riet der Gott, sich mit hölzernen Mauern zu verteidigen (= daß sie sich verteidigten). 2. Als die Griechen, welche Xenophon führte, einen (gewissen) großen Berg bestiegen hatten, erblickten sie das Meer. 3. Es ist wahrscheinlich, daß Kaiser Nero Rom anzünden ließ (= anzündete), auch wenn er später sagte, daß die Stadt von den Christen angezündet worden sei. 4. Wenn du jemand beleidigt hast, so bitte ihn um Verzeihung, wenn du von jemand beleidigt worden bist, so verzeihe ihm! 5. Da die Gänse ein lautes Geschrei erhoben, bemerkten die Wächter des Kapitols die Gallier, welche im Begriffe waren hinaufzusteigen. 6. Die überlebenden Bewohner Trojas haben die zerstörte Stadt verlassen und die Schiffe bestiegen, um eine neue Heimat zu suchen (damit sie suchten).

3. Konjugation: Verba auf -uō
Gr. § 92, Nr. 194–204

43 1. Mens et memoria exercendo acuuntur. 2. Iudices Socratem, quem adversarii impietatis arguerant, non absolverunt, sed capitis damnaverunt[2]. 3. Ad Calendas Graecas soluturus est[3], solebant Romani dicere, si quis aes alienum numquam solvere poterat aut volebat. 4. Sisyphus lapidem in montem altum volvebat, sed hoc opus perficere non poterat. 5. Sulla veteranis agros attribuit, ut numerum agricolarum bellis diuturnis deminutum augeret. 6. Iphigenia dixit se simulacrum deae, cum scelesti advenae id polluissent, ad mare ferre et fluctibus abluere velle. 7. Neminem adversa fortuna comminuit, nisi[4] quem secunda decepit.

8. Vis consili[5] expers[6] mole ruit sua (Horaz: Carm. 3, 4, 65)

9. Unus homo nobis cunctando restituit rem[7] (Urteil über das Verhalten des Quintus Fabius Maximus Cunctator).

---

[1] *adīre ōrāculum* sich an das Orakel wenden. [2] *capitis damnāre* zum Tod verurteilen. [3] *ad Calendās Graecās solvere* zum »Nimmermehrstag« zahlen. [4] *nisi* wenn nicht, außer. [5] *cōnsilium, -ī* Plan, Klugheit. [6] *expers, -tis* mit Gen. (aus *ex* u. *pars*) unteilhaftig, ohne. [7] erg. *pūblicam.*

Bestimme: solvitis – solūtīs – statuīs – statuis – statuī (!) – minūtus – minātus –
monitus – exuit (!) – exūrit – exussit – volvunt – volvērunt – voluērunt.
Stelle Wörter zusammen, die zur gleichen Wortfamilie gehören wie *acuere – arguere*
– ruere – minuere.

1. In alten Zeiten zogen die Sieger den getöteten Feinden die Rüstung aus. **44**
2. Nero soll, mit dem Kleid eines Schauspielers[1] angetan, den Untergang
Trojas besungen[2] haben, als Rom brannte. 3. Augustus trachtete danach°,
die verdorbenen Sitten der Römer zu bessern und die alte Tüchtigkeit
wiederherzustellen. 4. Zornentbrannt ergriffen die Juden den Stephanus
und steinigten ihn°. 5. Da Midas auf Befehl des Gottes seinen° Körper im
Paktolos abwusch (Perf.), führt jener Fluß seit dieser Zeit Gold in seinem°
Sand mit sich. 6. Ein redlicher Kaufmann zahlt am festgesetzten Tag seine
Waren.

Übersetze: er hatte gewälzt – laßt uns schärfen! – es ist beschlossen – sie sind zu-
sammengestürzt – ihr habt zugeteilt – fürchte nicht! – die verschüttete Quelle –
die freisprechenden Richter.

Wiederholung der gesamten 3. Konjugation
De Demosthene et iudicibus parum attentis

Demosthenes cum civem capitis accusatum[3] defenderet et animadverteret **45**
iudices parum attentos esse: ›Nunc‹, inquit, ›vobis rem novam et maxime
miram narrabo.‹ Et cum illi aures erigere inciperent, haec dixit: ›Adulescens
quidam asinum conduxerat, ut ex urbe nostra ad Megarenses veheretur.
Ipse in asino sedebat, asinarius[4] iuxta eum pedibus incedebat. Post complures
horas ille constituit quieti se dare. Cum descendisset de asino, ita consedit,
ut ipse umbra bestiae a solis radiis tegeretur. Sed asinarius id non concessit
dicens asinum solum conductum esse, non umbram. At adulescens affirmavit
umbram ab asino secerni non posse. Postremo asinarius adversarium in
iudicium venire coegit.‹ Demosthenes postquam ea verba fecit, narrare de-
stitit et de rostris descendit. Iudices autem eum circumsteterunt et de exitu
rei quaesiverunt. Sed ille: ›Quid?‹ inquit, ›de asini umbra cupitis audire,
causam hominis contemnitis? Ne neglexeritis officia, sed succurrite omnibus
miseris, memores iurisiurandi, quod iuravistis!‹

Quaestiunculae: Cur Demosthenes Atheniensibus de umbra asini narravit? Quid
adulescens faciebat, quid asinarius dixit? Quid *(= wozu)* Demosthenes iudices
admonere voluit?

---

[1] *histriō, -ōnis* Schauspieler.   [2] Vgl. Kap. 37 Anm. 1   [3] *capitis accūsāre aliquem* jmd.
auf Leben und Tod anklagen.   [4] *asinārius, -ī* Eseltreiber.

46 Nachdem Arminius im Jahre 9 n. Chr. alle germanischen Stämme (= St. der Germanen), die willens waren, die Gewaltherrschaft der Römer zu brechen und die Feinde aus dem Land zu vertreiben, vereinigt hatte, veranlaßte er durch eine List den Varus, sein Heer durch den Teutoburger Wald zu führen (= daß er führte). Hier griff er mit seinen Leuten[1], die er in den Wäldern verborgen hatte, die Legionen an. Diese widersetzten sich tapfer und versuchten durchzubrechen. Aber da die Wege durch gefällte Bäume versperrt waren und die Erde durch ungeheure Regengüsse in Sumpf (Plur.) verwandelt war, sahen die Römer bald ein, daß sie (Refl.) den Untergang nicht abwehren könnten. Von den drohenden Gefahren erschüttert, verzweifelten viele an[2] der Rettung und töteten sich; da° Varus ohne jede Hoffnung war°, stürzte er sich ins Schwert, damit er nicht in die Hände der Feinde fiele. Als dies dem Kaiser Augustus gemeldet worden war, soll er ausgerufen haben: »Varus, gib mir° meine Legionen wieder!«

Akkusativ mit Infinitiv W. + E.
Gr. §§ 154, 1; 155

47 1. Nemo negat ferrum utilius esse quam aurum. 2. Constat Alexandrum Magnum totam fere Asiam dicionis suae fecisse. 3. Fama fert Romulum et Remum a lupa inventos et nutritos esse. 4. Liberi parentibus promittunt se sedulos fore (futuros esse). 5. Imperator Augustus sperabat se mores Romanorum corrigere et virtutem priscam Romanam restituere posse. Sed scimus eius studia non ab omnibus civibus adiuta esse. 6. Spartiatae ante pugnam Marathoniam promiserunt se Atheniensibus succursuros esse. Sed inter omnes constat eos post pugnam advenisse. 7. Caesar Ariovisto dixit se iniurias eius puniturum esse. 8. Graeci cum equum ligneum aedificavissent, simulabant se de victoria desperantes litora Troiae relicturos esse.

48 1. Niemand kann behaupten, daß er nie irre, nie geirrt habe und nie irren werde. 2. Ihr habt gelesen, daß Hannibal, den die Römer im Palast des Königs Prusias umzingelt hatten, Gift genommen hat. 3. Der Philosoph Seneca glaubte, daß er die Menschen zu einem guten und glücklichen Leben erziehen könne. 4. Die Lehrer hoffen oft vergeblich, daß ihr eure Pflichten erfüllen und fleißig sein werdet. 5. Kyros versprach den Griechen, er

---

[1] *comes, -itis* Gefolgsmann. [2] *dē* m. Abl.

Themistokles

werde ihnen, wenn sie gesiegt hätten, eine große Menge Geld (Gen.) geben. 6. Als in der Schlacht bei Cannae viele Römer gefangen genommen worden waren, glaubten sie, daß der Senat sie bald zurückkaufen werde. Aber dieser verbot, daß ihre (= deren) Verwandten Geld sammelten und sie loskauften.

De prudentia Themistoclis

Cum Xerxes terra marique ingentes copias in Europam duceret, Themisto- **49** cles Atheniensibus suasit, ut in naves se suaque conferrent et urbem relinquerent. Huius consilium plerisque civitatibus Graecorum displicuit et in terra dimicare constituerunt. Itaque missi sunt delecti milites cum Leonida, rege Spartiatarum, ut Thermopylas occuparent et hostibus resisterent. Sed eos a Persis superatos esse inter omnes constat.
Tum Graeci classem communem apud Salamina collegerunt ibique adventum hostium exspectaverunt. Interea Xerxes Athenas ceperat, paucos senes et sacerdotes, quos in arce et in urbe invenerat, occiderat, omnia templa aedificiaque incendio deleverat.

Fortsetzung

Themistocles animos Graecorum perterritorum confirmavit et dixit illos **50** universos pares esse Persis, dispersos perituros esse. Et noctu misit servum fidum ad regem Persarum, ut nuntiaret adversarios eius in fuga esse. Is cum haec audivisset, credens dolum non subesse postridie alienissimo sibi loco proelium navale commisit. Victus ergo est magis consilio Themistoclis quam armis Graecorum.
Tamen Xerxes tantas habebat reliquias copiarum, ut etiam tum hostes opprimere posset. Sed iterum Themistocles adhibuit dolum: nuntiavit regi

Graecos pontem in Hellesponto factum deleturos et Persas reditu in Asiam exclusuros esse. Xerxes hoc verum esse ratus quam celerrime in Asiam rediit seque a Themistocle non superatum, sed conservatum esse iudicavit. Sic prudentia unius viri Graecia liberata est (nach Cornelius Nepos).

Quaestiunculae: Quid Themistocles Atheniensibus suasit, cum Xerxes magnum exercitum in Europam duceret? Quomodo Graeci patriam tueri volebant? Quid Xerxes post victoriam ad Thermopylas reportatam fecit? Quomodo Themistocles animos Graecorum confirmavit? Quid regi Persarum ante pugnam nuntiavit, quid post pugnam?

Der treulose Schulmeister von Falerii

51 Daß in den alten Zeiten die Römer sich durch Rechtschaffenheit und Frömmigkeit auszeichneten, Treulosigkeit und Hinterlist aber° verachteten, geht aus dem Beispiel hervor, das ich jetzt erzählen will.

Als Camillus die Stadt Falerii belagerte, hoffte ein (gewisser) Lehrer der Falisker, daß ihm die Römer Dank wissen würden (Fut.), wenn er die vornehmsten Knaben dieser Stadt in ihr (= deren) Lager führen würde (Konj. Plqpf.). Daher versammelte er zur gewohnten Stunde seine Schüler und verließ mit ihnen die Stadt, als ob[1] er spazierenginge. Als er nahe[2] dem römischen Lager war, rief er die Posten[3] an und sagte, daß er mit den Söhnen der Vornehmsten komme. Sogleich wurde die Sache dem Feldherrn gemeldet, der den Schulmeister mit den Knaben zu sich kommen ließ[4]. Aber er lobte dessen Tat nicht, sondern befahl, daß jener entkleidet[5] und gefesselt werde. Dann übergab er ihn den Knaben, damit sie ihn in die Stadt zurückführten. Die Falisker töteten den Verräter, dem Camillus aber° öffneten sie die Tore der Stadt, weil sie gesehen hatten, daß jener gerecht und rechtschaffen sei.

De expugnatione Troiae
(Wiederholung der 1. u. 2. Konjugation)

52 Cum Graeci per novem annos Troiam obsedissent, illa urbs vi capi non posse videbatur. Itaque multi de victoria desperantes suaserunt, ut in Graeciam renavigarent. Sed Ulixes Graecos admonuit, ut bono animo essent, et iussit eos dolum adhibere et equum ligneum aedificare. Hoc consilium placuit

---

[1] *quasi* mit Konj. als ob.   [2] *prope* m. Akk. nahe bei.   [3] *statiō, -ōnis* f der Posten.
[4] *admittere* zu sich kommen lassen.   [5] *dēnūdāre* entkleiden.

eiusque verbis paruerunt. Brevi opus finitum erat. Graeci cum alveum[1] equi lignei fortissimis armatis complevissent, simulabant se domum redire, neque quisquam remansisse videbatur. Frustra Laocoon, sacerdos quidam urbis, eos adhortatus est, ut insidias hostium timerent. Dei autem, qui Troianis suscensebant, adeo auxerant eorum stultitiam et insaniam[2], ut hi equum in urbem traherent. Postera nocte Graeci, qui in alveo equi latuerant, urbem occupaverunt neque cuiquam pepercerunt.

Polykrates

Polykrates, der Tyrann von (Gen.) Samos, übertraf die meisten Könige jener **53** Zeit an° Macht und Reichtum (Abl.). Immer war ihm das Glück gewogen und lächelte[3] ihm. Aber weil er selbst glaubte, daß sein Glück zu groß sei, suchte er den Neid der Götter abzuwehren. Deshalb warf er einen sehr wertvollen Ring[4] ins Meer. Aber die Götter verschmähten seine Gabe: in dem Bauch eines Fisches, der von den Dienern des Tyrannen aufgeschnitten worden war, fanden jene den weggeworfenen Ring und trugen ihn° zu ihrem Herrn. Dieser aber erschrak (Pass.) sehr, weil sein° Opfer den Göttern mißfallen hatte. Schaudernd und fürchtend beweinte er das drohende Geschick und wagte nicht (!), sich seiner Güter (bl.Abl.) zu freuen. Bald darauf wurden seine (= dessen) Truppen besiegt, er selbst, von niemand unterstützt, wurde gefangen und getötet.

Subjekt – Prädikat – Kongruenz
Gr. §§ 103–105

1. Socrates sapientissimus omnium Graecorum putabatur. 2. Nemo sapiens **54** nascitur. 3. Cum Catilina rem publicam in summum periculum vocaret, Cicero conservator patriae exstitit. 4. Marius septies[5] consul creabatur, quod idoneus existimabatur. 5. Quintus Fabius Maximus, qui homo prudens et imperator strenuus inveniebatur, dictator dictus est. 6. Honos et divitiae caduca sunt. 7. Pater et mater nobis carissimi sunt. 8. Hi sunt veri amici, quibus omnia pericula communia sunt. 9. Quae erat causa belli Peloponnesiaci, qui eius exitus?

---

[1] *alveus, -ī* Bauch. [2] *īnsānia, -ae* Verblendung. [3] *arrīdēre.* [4] *ānulus, -ī* Ring.
[5] *septiēs* siebenmal.

55 1. Man lobt die, welche den Gesetzen gehorchend dem Staat nützen. 2. Man pflegt Verräter zu verachten. 3. Wenn du als Lügner befunden wurdest (Fut. ex.), wird dir niemand mehr° glauben. 4. Romulus und Remus galten als die Gründer Roms. 5. Alexander wurde von den Persern als Gott bezeichnet. 6. Das ist das wahre Glück des Lebens, gute und treue Freunde zu besitzen. 7. Das galt als größte Schande bei den Germanen, den Gefolgsherrn (= Führer) in Gefahren im Stich gelassen zu haben.

Attribut – Prädikativum
Gr. §§ 106–108

56 1. Pugna Salaminia (= pugna ad Salaminem facta) classis Persarum devicta est et multae naves longae sunt demersae. 2. Platonis de Socratis morte dialogum legentes valde commovemur. 3. In summo monte arx erat, ex qua tota regio cerni poterat. 4. In media urbe sunt templa praeclara, ubi sacerdotes senes dis et deabus sacrificant. 5. Cato Maior erat vir vere Romanus, qui semper omnia officia rei publicae debita sequebatur. 6. Extremo anno Hannibal Alpes, primo vere Apenninum transiit. 7. Quae nobis adulescentibus placuerunt, ea nobis senibus non semper placebunt. 8. Cyrus Minor Graecos invitos contra Artaxerxem fratrem duxit. 9. Romani imperatorem Tiberium etiam absentem timebant; ab illo praesente adeo perterrebantur, ut nemo contradicere auderet. 10. Trepidi Romani fugerunt, cum elephantos Pyrrhi regis conspicati essent.

57 1. Als ein (gewisser) Hund ein Stück° Fleisch durch den Fluß trug, sah er auf dem Wasserspiegel sein Bild. 2. Jeder, der (= wer immer) jenes Buch des Sallust »Über die Verschwörung des Catilina« gelesen hat (Fut. ex.), wird stets des Satzes eingedenk sein: Das ist wahre Freundschaft, dasselbe zu wollen und dasselbe nicht zu wollen. 3. In früheren Zeiten wurden alle Kriege Ende des Herbstes (= im äußersten Herbst) eingestellt (= beendet), weil man im Winter nicht kämpfte. 4. Mit Freuden empfingen die Bürger Cicero, als er heil und unversehrt aus der Verbannung zurückkehrte. 5. Dem Alkibiades, der in seiner Anwesenheit zum Feldherrn gewählt worden war, entzogen[1] die Athener in seiner Abwesenheit dieses Amt wieder°. 6. Jedem, der (= wer nur immer) uns wider seinen Willen beleidigt hat, werden wir verzeihen.

---

[1] *magistrātum abrogāre* ein Amt entziehen.

ACHILLES
Detail aus einer Amphore, um 440 v. Chr.

Quomodo Gabii expugnati sint

Septem annos Gabii, oppidum celeberrimum Latii, a Tarquinio Superbo, **58** ultimo rege Romanorum, obsessi et postremo non virtute, sed dolo capti sunt. Sextus, minor natu filiorum regis, ad Gabinos se contulit, simulavit se a patre crudeliter virgis caesum esse, narravit regem omnibus intolerabili saevitia instare. Gabini misericordia commoti eum exceperunt et laeti promiserunt se eum a patris iniuriis tutaturos esse. Ut animos Gabinorum sibi conciliaret, Sextus exstitit hostis Romanorum; cum in proeliis fortiter Romanis obstare neque ullum periculum fugere videretur, dux creatus est. Sed dominus Gabinorum factus nobiles aut in exilium eiecit aut interfecit. Ita factum est, ut oppidum defensoribus nudatum facile Tarquinio patri tradere posset.

Hannibal

Es ist allgemein bekannt, daß Hannibal schon in seiner Kindheit ein Tod- **59** feind der Römer wurde. Das Wohlleben wurde von ihm für die Ursache allen Unglücks gehalten; mit Freuden aber übte er im Lager des Vaters die Kräfte und stärkte sie° durch den Gebrauch der Waffen. Da er sich durch Besonnenheit, Klugheit und Ausdauer auszeichnete, wurde er von den Soldaten, die ihn wie einen Gott verehrten, zum Feldherrn gewählt. Tapfer kämpfend fürchtete er die Feinde nicht, sondern griff die Römer mitten in Italien an. Was aber war das Ende dieses Krieges? Scipio, der den Römern ein für *(ad)* diesen Krieg geeigneter Feldherr zu sein schien, besiegte Hannibal in (bl. Abl.) der Schlacht bei Zama entscheidend.

Final- u. Konsekutivsätze sowie »daß« nach den verneinten Ausdrücken des Zweifelns
Gr. §§ 176, 177, 181, 1a W + E

1. Thetis Achillem filium oravit, ut verbis matris pareret et domi maneret. **60**
2. Caesar Ariovisto non permisit, ut in Gallia novas sedes sibi quaereret.
3. Ante pugnam Caesar haud raro legatos et centuriones convocabat, ut eis consilia sua aperiret. 4. Lycurgus e patria discessit, ut cives observarent diligentissime eas leges, quas ille dederat; postulaverat enim, ne prius eas abrogarent[1], quam redisset. 5. Nero tam crudelis erat, ut omnes cives eum timerent. 6. Tanta erat Aristidis iustitia, ut etiam adversarii eum diligerent. 7. Homines avari semper timent, ne divitias suas amittant. 8. Non dubito, quin amicus verus summum bonum sit.

---

[1] *abrogāre lēgem* ein Gesetz abschaffen.

61 1. Der sterbende Vater ermahnte die Söhne, sie sollten immer fleißig sein und ihre Pflichten erfüllen. 2. Der Vater Hektors flehte Achilles an, er solle nicht den Leichnam seines (Refl.) Sohnes den Hunden und Vögeln vorwerfen (Impf.), sondern nach Sitte (bl. Abl.) der Väter bestatten lassen° (Impf.). 3. Um sich zu retten (Impf.), eilte Pausanias in einen Tempel und setzte sich auf (*in* m. Abl.) den Altar. 4. So groß war der Zorn Alexanders, daß er Clitus, der ihn mit höhnenden Worten gereizt hatte, mit einer Lanze durchbohrte. 5. Wer ist so weise, daß er nicht irrt? 6. Es ist nicht zweifelhaft, daß Themistokles durch seine Klugheit Griechenland vor (*ab*) den Persern gerettet hat. 7. Da die Freunde des Sokrates fürchteten, daß er getötet werde (Konj. Impf.), bestachen sie die Gefängniswärter, um ihn zu befreien (Impf.).

Überlege: Wie wird der daß-Satz übersetzt nach: putāre, metuere, postulāre, cōnstat, contingit, suādēre, affirmāre? Bilde kurze lat. Sätze mit diesen Verben!

3. Konjugation: Verba auf -scō
Gr. § 92, Nr. 216–228

62 1. Pueri cum[1] artes difficiles discunt, sollertes et docti fiunt. 2. Ingenii vis praeceptis alitur et crescit. 3. Cum divitiae familiarum nobilium crevissent, Romani luxuria assueverunt, quam antea nondum noverant. 4. Ego puto eum optimum esse, qui ceteris ita ignoscit, tamquam[2] ipse cottidie peccet, et ita peccatis abstinet, tamquam nemini ignoscat. 5. Romani cum in magno discrimine essent, Pompeium imperatorem (*als F.*) poposcerunt; nam existimabant tum adversarios metu coactos quieturos esse. 6. Christus Petro dixit: ›Pasce agnos meos, pasce oves meas!‹ 7. Hieme nonnullae bestiae cortice[3] arborum pascuntur. 8. Si adoleveris, ea tibi proderunt, quae puer didiceris. 9. Nulli homines celerius in calamitatem incidunt quam ei, qui aliena concupiscunt. 10. Felix qui potuit rerum cognoscere causas! (Lucretius)

> Principiis obsta! Sero medicina paratur,
> Cum mala per longas convaluere moras.

Unterscheide: discunt – dīcunt – poscent – pāscent – cōnsuēvērunt – cōnscīvērunt – convīcērunt – nōvī – novī – ignōvī – īgnāvī.

---

[1] *cum* mit Ind. wenn.   [2] *tamquam* m. Konj. gleich als ob.   [3] *cortex, -icis* m die Rinde.

Die Ruinen von Karthago

1. Lerne mit Gleichmut das Unglück ertragen, mein Sohn! 2. Niemand **63** scheut sich, das zu tun, was er gelernt hat. 3. Wie viele Dinge haben wir in diesem Jahrhundert zum ersten Mal erkannt! 4. Durch Eintracht wachsen die kleinen Dinge, durch Zwietracht werden auch[1] die größten vermindert. 5. Wir sind gewohnt, nach dem Essen ein wenig zu ruhen. 6. An° manchen Orten (Abl.) weiden jetzt Herden, wo einst blühende Städte gewesen sind. 7. Als der Peloponnesische Krieg entbrannt war, schwanden die von den Athenern gesammelten Schätze rasch dahin und die Not wuchs von Tag zu Tag.

Übersetze: du hast geruht – sie verstummten – er hatte Selbstmord begangen – wir kennen – ihr werdet erstarken – erkennt! – du pflegst.

---

[1] *vel* auch.

De tertio bello Punico (nach Florus)
Wiederholung: Adjektiv und Komparation

64 Tertium bellum Punicum erat breve, cum intra quattuor annos finiretur, sed difficillimum et maximum; nam hoc bello Carthago, urbs inimicissima et aemula potentissima Romanorum, eversa est. Sed in urbe Roma tum erant duae factiones, quae inter se valde dissentiebant. Cato, alterius dux, summo odio in Carthaginienses incensus, admonuit cives, ut illam urbem delerent, at Scipio Nasica, vir prudentissimus, eos adhortatus est, ut eam servarent, ne Romani omnibus externis periculis liberati superbi et molles fierent. Medium senatus elegit, ut urbs tantum loco moveretur. Sed cum imperator Romanorum Carthaginiensibus imperaret, ut fines suos relinquerent, tantam iram movit, ut extrema tolerare vellent. Statim incolae urbis miserae bellum renovaverunt. Numero quidem[1] Romani superiores, sed[1] virtute Carthaginienses non inferiores erant. Postremo autem, cum res ad vitam maxime necessariae defecissent, Hasdrubal dux de victoria desperavit et cum triginta sex milibus militum se victoribus dedidit. Multo fortior erat eius uxor, quae cum duobus filiis medium in incendium se iniecit, rata mortem honestam meliorem esse quam vitam turpem.

Quaestiunculae: Quando erat tertium bellum Punicum? Quod consilium Romani ceperant? Qui erat finis huius belli?

Die alten Germanen

65 Mehrere römische Geschichtsschreiber, z. B. Cäsar, Tacitus und Plinius, berichten uns von den Sitten der Germanen. Die bekanntesten Stämme unserer Vorfahren wohnten am diesseitigen und jenseitigen Ufer des Rheins, jenseits der Donau und in dem zwischen Rhein und Elbe gelegenen Land. Sie kannten weder Städte noch untereinander verbundene Siedlungen[2], sondern lebten getrennt (Adj.) und weit zerstreut (Adj.) in sehr einfachen Häusern. Als *(prō)* Kleidung hatten die Germanen meistens Felle. Nur° selten kamen Kaufleute auf (bl. Abl.) äußerst schwierigen und gefährlichen Wegen zu ihnen und verkauften Schmuck oder Edelsteine. Besonders loben manche Schriftsteller die überaus guten Sitten der Germanen, die sie mit den schlechten und verderbten Sitten ihrer Volksgenossen vergleichen. Mit Recht sagt Tacitus in jenem Büchlein, das »Germania« betitelt ist (Präs.): Mehr vermögen[3] dort gute Sitten als anderswo[4] gute Gesetze.

---

[1] *quidem ... sed* zwar ... aber. [2] *sēdēs, -um* f Siedlungen. [3] *valēre*. [4] *alibī* anderswo.

3. Konjugation: Deponentia W + E
Gr. § 92, Nr. 229–237

1. Obsequimini precibus iustis amicorum eosque adiuvate! 2. Alexander **66** Magnus Darium, regem Persarum, qui post pugnam ad Issum factam fugerat, per ingentia spatia persecutus est. 3. Ne questi sitis de sorte vestra; nam stultum est id, quod mutari non potest, queri. 4. Multi homines tempore et occasione utuntur, ut divitias assequantur. 5. Speramus nos bona et diuturna pace fruituros esse. 6. Eumaius cum Ulixem cognovisset, magno cum gaudio dominum diu exspectatum complexus est.

> Nitimur in vetitum semper cupimusque negata.

1. Homer erzählt, daß Achilles den Tod des Patroklos sehr beweint und **67** beklagt habe. 2. Viele Menschen klagen immer, daß[1] die flüchtigen[2] Jahre so schnell dahineilen (= gleiten). 3. Mißbraucht nicht die Freiheit (Abl.), die ihr durch lange Kämpfe erreicht habt! 4. Nur° wenige Römer bekleideten (= verwalteten) das Konsulat (Abl.) öfters als einmal. 5. Als die Römer von Brennus, dem Führer der Gallier, besiegt worden waren, wurde ihnen eine ungeheure Menge Goldes als° Buße° auferlegt (= befohlen). Da die Gallier falsche Gewichte[3] (Abl.) benützten, klagten die Römer über° diese Ungerechtigkeit (Akk.); aber Brennus rief aus: »Wehe[4] den Besiegten!«

3. Konjugation: Deponentia und Semideponentia
Gr. § 92 Nr. 238–252

1. Cum legati ad Caesarem revertissent, Helvetii per vim flumen transgredi **68** conati sunt. 2. Lacedaemonii pueros assuefaciebant labores et dolores constanter perpeti. 3. Reminiscere beneficia accepta, obliviscere iniurias illatas! 4. Omnia, quae nata sunt, moriuntur et intereunt. 5. Achilles quamquam haud ignorabat se brevi moriturum esse, tamen contra Troiam profectus est. 6. Omnes optant, ut adipiscantur senectutem, sed adepti eam accusant. 7. Si ab eis decepti sumus, quibus maxime confisi eramus, etiam aliis diffidere solemus.

Bestimme: querī – quaerī – ūtī – ūtere! – nisi – nīsī – nītī – nanctī – nātī – nāscī – nōvī – navī – fīdunt – fiunt – moriēris – moreris – morerēris.

---

[1] *quod.*   [2] *fugāx, -ācis* flüchtig.   [3] *pondus, -eris* n das Pfund, Gewicht.   [4] *vae* wehe.

69 1. Dankbare Menschen erinnern sich empfangener Wohltaten. 2. Wer im Glück den Freund (Gen.) vergessen hat, dem zürnen wir mit Recht. 3. Bei den Alten war es Sitte, nicht bei *(ad)* Gastwirten[1] einzukehren, sondern die Gastfreundschaft (Abl.) von (Gen.) Freunden zu genießen (= gebrauchen). 4. Wir hoffen, daß ihr wohlbehalten von der Reise zurückkehren werdet. 5. Nachdem° Odysseus in die Heimat zurückgekehrt war (Part.) rächte er die Freveltaten der Freier[2] und tötete diese. 6. Als die Truppen Hannibals die Alpen überschritten, mußten° sie viele Mühen erdulden. 7. Der erfahrene Seemann erkennt an *(ex)* den Wolken, daß bald ein Sturm losbrechen wird.

Übersetze: sie werden angreifen (2) – vertraue! – sie hatten erlangt – laßt uns aufbrechen! – er wird sterben – ihr würdet vergessen – du hast dich gestützt – wir unterredeten uns – genießet!

De pio Fridolino (nach Stephan von Bourbon)
(Wiederholung der Adverbien Gr. §§ 41/42)

70 Dominus quidam habebat servum fidelissimum, Fridolinum, eique saepe negotia difficillima mandabat, quae optime et diligentissime explebat. Sed unus e nobilioribus ministris principis servo probo plurimum nocere studebat. Itaque eum falso apud dominum accusavit. Ille homini mendaci aures praebuit et summa ira incensus operarios[3] advocavit, qui haud procul ab urbe in ingenti fornace[4] aes conflabant[5], ut falces[6] fabricarentur[7]. ›Statim‹, inquit, ›inicite in flammas eum, qui cras prima luce ad vos veniet!‹ Et illi libenter mandato principis oboedire parati erant. Fridolino autem dominus vespere imperavit, ut postero die quam maturrime ad operarios fornacis propinquae festinaret eisque aliquid nuntiaret. Is cum esset vir maxime pius, missae[8] interfuit, priusquam illo[9] profectus est. Sed eius inimicus ratus illum iam pridem ab operariis esse interfectum, mane ad fornacem equo vectus Fridolinum praevenit[10]. Operarii autem eum capessiverunt et in flammas immiserunt, ut merito miserrimam mortem obiret.

Quaestiunculae: Cur dominus Fridolinum punire voluit? Quid operariis imperavit? Cur Fridolinus servatus eiusque inimicus necatus est?
Anmerkung: Nach dieser Grunderzählung dichtete Fr. v. Schiller die Ballade »Der Gang zum Eisenhammer«.

---

[1] *caupō, -ōnis* Wirt. [2] *procus, -ī* Freier. [3] *operārius, -ī* Schmied. [4] *fornāx, -ācis* f Ofen. [5] *cōnflāre* schmelzen. [6] *falx, falcis* f Sense. [7] *fabricārī* herstellen. [8] *missa, -ae* Messe. [9] *illō* dorthin. [10] *praevenīre aliquem* jem. zuvorkommen.

Als Scipio Africanus, der stets sehr gerecht gelebt und in allen Kriegen **71**
äußerst tapfer gekämpft hatte, am Ende (!) seines Lebens in seinem Landhaus
zu Liternum[1] verweilte, k a m e n einmal mehrere Piratenhäuptlinge, um ihn, den
sie sehr bewunderten, zu sehen (Konj. Impf.). Scipio glaubte zuerst fälschlich, daß jene ihm Gewalt antun wollten; aber sie w a r f e n die Waffen weg
und s a n d t e n Boten, die dem Scipio sagen sollten° (Konj. Impf.), daß sie ihm
nicht nachstellten, sondern seine Größe und seine Taten bewunderten. Als
Scipio das gehört hatte, b e f a h l er, daß schnell die Tore geöffnet und jene
hereingeführt[2] würden. Sie aber, von höchster Bewunderung erfüllt, e r g r i f -
f e n begierig die Rechte dieses Mannes und k ü ß t e n[3] sie lange. Dann l e g t e n
sie freigebig Geschenke nieder und k e h r t e n fröhlich zu ihren Schiffen
zurück.

Verba defectiva und einige Verba impersonalia
Gr. § 101 und 102 in Auswahl W + E

1. ›Dilexi iustitiam et odi iniquitatem‹, inquit Gregorius papa[4], ›propterea **72**
morior in exilio.‹ 2. Hannibal Romanos adeo oderat, ut iuraret se semper
inimicissimum eis fore. 3. Homines probi peccata odisse consueverunt, non
peccatorem. 4. Quae pati durum fuit, meminisse dulce est. 5. ›Semper eorum
meminerimus‹, ait Cicero, ›qui sanguinem pro patria profuderunt.‹ 6. ›Appa-
ret‹, inquit Demosthenes, ›Philippum Graeciam subacturum esse.‹ 7. Aeneae
contigit, ut e Troia ardente effugeret. 8. Inter omnes constat Platonem et
Aristotelem summos philosophos Graecorum fuisse. 9. Bene accidit, quod[5]
Cicero Athenas se contulit, cum ibi clarissimos magistros haberet.

> Rebus in adversis melius sperare memento!

1. Gedenke, Mensch, d a ß du sterblich bist! 2. Es ist angenehm, vergangener **73**
Leiden zu gedenken. 3. Niemandem ist es erlaubt zu tun, was ihm beliebt.
4. Die Germanen haßten die Grausamkeit und den Hochmut des Varus;

---

[1] *Literninus, -a, -um* Adj.   [2] *intrōdūcere* hereinführen.   [3] *ōsculārī* küssen.   [4] *papa*
Papst.   [5] daß.

deshalb beschlossen sie (= gefiel es ihnen), die römischen Legionen im Teutoburger Wald zu überfallen und niederzumachen. 5. Es glückte dem Pompejus, die Seeräuber in kurzer Zeit zu besiegen und die Sicherheit auf allen Meeren wiederherzustellen (ut-Satz mit Konj. Impf.).

Quomodo Carolus Magnus discipulos examinaverit (W)

74 Carolus Magnus quondam in scholam quandam se contulit et scientiam discipulorum examinare voluit. Itaque iussit pueros sibi epistulas offerre et fabulas, quas didicerant, recitare et carmina, quibus deum celebrabant, cantare. Tum filii infimorum magnam scientiam prae se ferebant, nobilium autem et principum pueri ab illis valde differebant; nam hi venari et piscari[1] maluerant quam discere et laborare.

Carolus Magnus aeterni iudicis iustitiam imitatus illos ad dexteram posuit et his verbis allocutus est: ›Gratiam referam vobis, pueri, quod tam seduli fuistis et laborem pigritiae praetulistis; si perrexeritis laborare et studere, vobis munera publica attribuam et in vos beneficia conferam.‹ Deinde ad sinistros se convertit eosque magna voce reprehendit: ›Vos, filii nobilium, officia neglexistis et confisi genere vestro et possessionibus parentium vos dedidistis luxuriae et inertiae. Scitote vos beneficia a me accepturos non esse, nisi mores mutaveritis! Nam nemo nisi adulescens impiger ab imperatore Carolo laudibus efferetur et summos magistratus adipiscetur.‹

Quaestiunculae: Cur Carolus Magnus scholam visitavit? Quid discipulos facere iussit? Quos pueros laudavit, quos vituperavit? Quibus laudibus illos extulit, quibus verbis hos reprehendit?

De vulpis consilio insidiarum pleno (W)

75 Cum leo in morbum gravem incidisset, omnes bestiae praeter vulpem ad specum eius se contulerunt, ut regem aegrotum visitarent. Lupus autem, qui vulpem oderat, id studuit, ut ira leonis adversus absentem exardesceret, et de eius sceleribus questus est. Cum loqueretur, vulpes speluncam[2] ingressa ultima verba lupi audiverat; statim dolum excogitavit, ut se defenderet et lupo noceret. Itaque leonem his verbis allocuta est: ›Ne mihi suscensueris,

---

[1] *piscārī* fischen.   [2] *spēlunca, -ae* Höhle.

rex potentissime, quod sero ad te profecta et tam diu otio usa esse videor!
Tui non oblita sum, sed die ac nocte adnisa sum[1], ut remedium morbi tui
adipiscerer. Noli diffidere mihi, sed consilium meum sequere! Nam hoc
morbo non morieris, si lupo vivo pellem detraxeris.‹ Hoc consilium leo
statim secutus est et illum interfecit.

De Iphigenia

Rex Agamemnon cum e bello per decem annos cum Troianis gesto revertis- **76**
set, a Clytemnaestra uxore occisus est. Orestes, filius eius, caedem patris
ultus est, sed a furiis[2] agitatus nusquam quietem invenit. Postremo ad
oraculum Delphicum profectus est et Apollinem oravit, ut labores et aerum-
nas[3] finiret. Deus imperavit, ut in terram Tauricam ad regem Thoantem
navigaret atque inde simulacrum Dianae e templo auferret. Statim Orestes
cum Pylade amico navem conscendit celeriterque in illam regionem pervenit.
Sed brevi Orestes et Pylades, qui se in specum abdiderant, a pastoribus quibusdam deprehensi et ad regem deducti sunt. Thoas autem iussit eos in
templum Dianae duci ibique immolari.

Fortsetzung

Zufällig war dort Iphigenie, die Schwester des Orestes, Priesterin[4]. Diese **77**
e r k a n n t e auf Grund *(ex)* gewisser Zeichen den Bruder und seinen (= dessen) Freund und b e s c h l o ß, als sie gehört hatte, warum jene gekommen waren (Konj.), mit ihnen das Bild der Göttin zu rauben. Deshalb b e r i c h t e t e
sie dem König, jene Jünglinge seien ruchlose und verbrecherische Menschen,
von denen das Bild befleckt[5] worden sei (Konj. Plqpf.). »Es ist notwendig«,
sagte sie, »daß ich das Bild zum Meer bringe und entsühne[6]. Den Bürgern
aber ist es unterdessen nicht erlaubt, die Stadt zu verlassen.« Auf diese
Weise (bl. Abl.) w u r d e das Bild der Diana geraubt und nach Griechenland
gebracht. Sobald[7] das Schiff in Griechenland (Akk.) gelandet war, v e r -
l i e ß e n die Furien den Orestes.

Quaestiunculae: Cur Orestes a furiis agitatus est? Quo iussu Apollinis se contulit?
Quem in illa regione invenit? Quomodo Iphigenia fratri affuit?

---

[1] *adnītī* sich anstrengen. [2] *furia, -ae* Furie. [3] *aerumna, -ae* Mühe, Leid. [4] *sacerdōs,*
-dōtis f. [5] *turpāre* besudeln, beflecken. [6] *expiāre* entsühnen. [7] *ubi* mit Ind.Perf.

Sokrates

Sokrates

Sokrates, der die schlechten
Sitten seiner Zeitgenossen
haßte, begab sich täglich
auf den Markt, um die
Jünglinge zu unterrichten
(Impf.) und ihre (= deren)
Sitten zu bessern (Impf.).
Einst sah er einen Jüngling
aus einem Gäßchen[1] her-

78 auskommen[2], der in (bl. Abl.) seiner Miene Bescheidenheit und Ehrbarkeit
verriet (= zur Schau trug). Dieser wollte schnell vorbeigehen, aber Sokrates zwang ihn stehenzubleiben (bl. Inf.) und fragte: »Wo können die zum
Leben notwendigen Dinge gekauft werden?« Jener erwiderte: »Wenn du
zum Markt gehst (Fut. ex.), wirst du Leute° finden, die sie verkaufen
(Konj.).« Sokrates fuhr fort zu fragen: »Wo glaubst du, daß die Menschen
weiser und besser werden?« Jener entgegnete°: »Ich weiß es nicht.« Darauf
sprach Sokrates: »Folge mir! So wirst du lernen, wie dies geschieht
(Konj.). Denn wenn du Schmerzen geduldig erträgst[3], Gefahren tapfer
bestehst[3], deine Pflichten nicht vernachlässigst[3] und stets nach dem Guten
und Schönen strebst[3], wirst du zur Weisheit, Tugend und zu einem glück-
seligen Leben gelangen.«

Überlege: Von welchen lat. Verben kommen folgende Fremdwörter: Kontribution,
Institut, Okzident, Kontakt, Impuls, Defensive, Konstitution, Absolution, Satis-
faktion, Exkurs, Zäsur, Fusion, Kollekte, Interdikt, konfus, korrupt?

---

[1] *angiportum, -ī* Gäßchen.   [2] *prōdīre* herauskommen, hier Part.Präs.Akk.   [3] Fut. I.

KASUSLEHRE

Akkusativ

Äußeres Objekt
Gr. § 110

1. Multi oratores Romani Ciceronem imitabantur neque quisquam eius **79** eloquentiam adaequavit. 2. Scipio imperator Carthaginem solo aequavit incolasque alios sub corona vendidit, alios interfecit. 3. Alexandrum in flumen frigidum ingressum vires defecerunt. 4. Bello Peloponnesiaco multi socii ab Atheniensibus defecerunt rati se hoc modo pericula instantia fugere posse. 5. Ne animo defeceritis in rebus adversis! 6. Nemo nostrum effugere potest mortem, quae, ut ait Horatius, etiam fugacem[1] virum persequitur. 7. Qui consiliis prudentis viri non obtemperat, is adiuvari non potest. 8. Alexander Magnus Clitum amicum ultus est, a quo verbis contumeliosis[2] lacessitus erat. 9. Ulixes procos[3] pro iniuria, quam illi per multos annos Penelopae, uxori eius, intulerant, ulcisci volebat. 10. Romani e nuntio causam cladis Cannensis quaerebant. 11. Pyrrhus a Romanis pacem petiturus erat, quamquam illos vicerat.

> Gloria virtutem tamquam[4] umbra sequitur.

1. Es ist schwer, dem Neid der Menschen zu entgehen. 2. So groß war die **80** Schnelligkeit der germanischen Jünglinge, daß sie mit den Pferden Schritt halten konnten (= dem Lauf der Pferde gleichkamen). 3. Nicht einmal Themistokles konnte dem Neid seiner Mitbürger entgehen; deshalb floh er aus dem Vaterland und bat den Perserkönig um Schutz und Hilfe. 4. Dem Vaterland wird von uns geholfen werden, solange[5] uns die Kräfte nicht fehlen werden. 5. Nach der schweren Niederlage bei Cannae fielen zahlreiche Bundesgenossen von den Römern ab. 6. Als die Bürger merkten, daß sich Sulla an den Gegnern rächen werde, flohen viele aus der Stadt. 7. Der Lehrer fragt die Schüler nach den Namen der Länder, Städte, Gebirge, Flüsse und Meere.

---

[1] *fugāx, -ācis* flüchtig. [2] *contumēliōsus, -a, -um* schmähend. [3] *procus, -ī* Freier.
[4] *tamquam* wie. [5] *dum* m. Indikativ solange.

81 1. Quem vestrum fallit (fugit, praeterit) quinto quoque anno Olympia[1] cele-
brata esse? 2. Sapientem virum iuvat vivere neque piget mori. 3. Quodcumque
vos dedecet, fugite! 4. Pudeat te mentiri! Nam omnes, quos mendacii non
puduerit, semper vituperabimus. 5. Quis est piger? Is, quem laborum
pigere solet. 6. Iam multos homines divites vitae pertaesum est, ut mortem
sibi consciscerent. 7. Miseret nos pauperum et inopum. 8. Deum eius misere-
bit, quem peccati paenituerit. 9. Galli, ut scribit Caesar, de summis rebus
saepe ineunt consilia, quorum eos brevi paenitet.

82 1. Es freute die alten Soldaten[2] Cäsars, von den bestandenen[3] Mühen zu
erzählen. 2. Jeder von uns weiß, daß Cäsar an Vercingetorix, der von ihm
abgefallen war, grausam Rache nahm. 3. Alexander, der, von Zorn entflammt,
den Clitus getötet hatte, schämte sich bald dieser Tat und wurde le-
bensmüde (= es ergriff ihn Lebensüberdruß). 4. Schämt euch, Dinge zu
tun, die ihr rasch bereuen werdet! 5. Kranke Menschen empfinden oft vor
manchen Speisen Widerwillen. 6. Den Achill verdroß der Übermut des
Agamemnon sehr. 7. Alexander der Große hatte Mitleid mit der gefangenen
Gattin des Darius.

Gr. §§ 112, 113, doppelter Akk. § 117

83 1. Omnes Athenienses crudelitatem Critiae, unius ex illis triginta tyrannis,
horruerunt. 2. Omnes fere homines queruntur calamitates vitae, sed vix
quisquam libenter moritur. 3. Romani, qui victorias Hannibalis querebantur
et sortem suorum lugebant, cunctationem Q. Fabii Maximi, qui dictator
dictus erat, indignabantur; nam timebant, ne Carthaginienses totam Italiam
dicionis suae facerent, nisi imperator proelium committeret. 4. Cavete adula-
tores, qui vos verbis blandis fallunt! 5. Ulixes cum insulam Sirenum praeter-
vecturus esset, se ad malum[4] navis alligari[5] iussit. 6. Ante proelium Caesar
castra circumire et milites admonere solebat, ut pericula fortiter subirent.
7. Xerxes ingentem exercitum Hellespontum traiecit, ut Athenienses eorumque socios pro clade ad Marathonem accepta ulcisceretur. 8. Rogatu Arver-
norum et Sequanorum ab Ariovisto Germani Rhenum traducti sunt.

---

[1] *Olympia, -ōrum* die Olympischen Spiele. [2] *veterānus, -ī* der alte Soldat. [3] *exigere*
eintreiben, zustandebringen, bestehen. [4] *mālus, -ī* Mastbaum. [5] *alligāre* anbinden.

Scipio und Hannibal (1. Teil)

Scipio der Jüngere, der Karthago dem Erdboden gleichgemacht hatte, soll einmal
mit Hannibal in der Unterwelt zusammengekommen[1]
sein. Er fragte ihn, wer ihm
der größte Feldherr zu sein
scheine (Konj. Impf.). Jener
erwiderte: »Sicher gilt mit Recht Alexander, der König der Makedonen, 84
als der bedeutendste, weil er nie mutlos wurde, nie vor den Feinden floh,
sondern immer tapfer die Gefahren auf sich nahm (= sich unterzog).
Mit einer kleinen Schar von° Makedonen (Gen.) zog[2] er durch fast ganz Asien;
auch hatte er sein Heer über alle Ströme dieses Landes gesetzt und wäre bis
nach Indien gekommen, wenn nicht die Soldaten vor jenem unbekannten
Land erschrocken wären und am Sieg verzweifelt hätten.«

Inneres Objekt
Gr. § 114, doppelter Akk. § 116 »Merke«

1. Hercules quamquam vitam iucundissimam vivere potuit, tamen durissi- 85
mam servitutem servire maluit, quod putabat se eo modo sempiternam
gloriam esse adepturum. 2. Scipio Minor cum Carthaginem expugnaturus
esset, acerrimas pugnas pugnavit, quod incolae salutem desperantes summum
audebant. 3. Consules sanctissimum iusiurandum iurabant se omni modo
rem publicam Romanam tutaturos et defensuros esse. 4. Id vos, adulescentes, oramus, ut libenter id faciatis, quod vos admonemus. 5. Vos eadem
studetis quae nos. 6. Id assentimur Horatio poetae, qui negat quemquam
sorte sua contentum esse. 7. Homo sapiens casibus fortunae nihil commove-
tur. 8. Caesar in concilio eos, qui multum valebant, primos sententiam rogabat.

---

[1] *convenire aliquem* besuchen, zusammenkommen mit.   [2] *peragrāre* durchziehen.

86 Als Scipio zu fragen fortfuhr (Plqpf.), antwortete Hannibal: »Pyrrhus kann als der zweite bezeichnet werden, weil er an (bl. Abl.) Kriegsruhm fast den Römern gleichkam und viele kühne Pläne faßte.« »In diesen beiden Punkten (= in beidem!) stimme ich dir bei«, sagte Scipio, »aber wer scheint dir jenen beiden° zu folgen?« »Ich selbst«, sprach Hannibal. Als aber Scipio, über diese Worte lachend, fragte (Plqpf.), was er sagte (Konj. Impf.), wenn er auch die Römer besiegt hätte, erwiderte jener: »Dann müßte (Konj. Impf.) ich als erster genannt werden, da ich dann Alexander, Pyrrhus und alle andern übertroffen hätte.«

Akkusativ der räumlichen und zeitlichen Ausdehnung

87 Gr. § 115, doppelter Akk. § 116 u. Z.

1. Graeci Troiam decem annos oppugnaverunt; totidem annos Ulixes maria pererravit. 2. Hannibalem novem annos natum Hamilcar pater secum in Hispaniam duxit. 3. Quot annos natus erat Alcibiades, cum mortem obiret? Ille quadragesimum sextum annum agens ab adversariis interfectus est. 4. Celeberrimum quoddam templum Dianae, quod erat in urbe Epheso, quadringentos pedes longum et ducentos pedes latum fuisse dicitur. 5. Piraeus ab Athenis abest quadraginta stadia, campus Marathonius XXVIII fere milia passuum ab urbe distat. 6. Quis Alexandrum Magnum bonas artes docuit? 7. Cicero patres de consiliis Catilinae nefariis docuit neque ea, quae facere vellet, celavit. 8. Themistocles Athenienses pericula instantia (= de periculis instantibus) non celavit, cum Xerxes ingentes copias Hellespontum traduxisset. 9. A nobis veri amici de curis nostris non celantur. 10. Caesar Haeduos frumentum, quod erant polliciti, poposcit (ab Haeduis frumentum postulavit).

88

1. Odysseus war zwanzig Jahre lang von seiner Heimat abwesend. 2. Plato stand im 38. Lebensjahr, als er Dionysios, den Tyrannen von Sizilien, besuchte (Ind. Perf.). 3. Obwohl° sie nur° wenige Tage arbeiteten (Part.), erbauten die Soldaten Cäsars einen 200 Fuß breiten und 50 Fuß hohen Wall. 4. Ceres soll die Athener den Ackerbau gelehrt haben. 5. Odysseus verheimlichte seiner Gattin Penelope seine Rückkehr, um sich an den Freiern rächen zu können (Impf.).

1. Athenienses Siciliam aggressuri Alcibiadem ducem classis declaraverunt. **89**
2. Si patria summo in discrimine erat, Romani hominem de re publica bene meritum dictatorem dicebant. 3. Orestes Pyladem amicum fidelissimum habebat, qui sua sponte omnia pericula cum illo subibat. 4. Eum deligemus amicum, qui in rebus adversis se fortem praebuerit (= fortiter se gesserit). 5. Cicero Caesari, cum eum pro hoste haberet, multum obesse studebat. 6. Croesus, rex Lydorum, propter divitias suas se ipsum beatissimum omnium mortalium putabat. 7. Speculatores Drusum de magnitudine silvarum Germaniae certiorem fecerunt. 8. Imperator Augustus cum de clade in saltu Teutoburgiensi accepta certior factus esset, interitum trium legionum valde luxit et questus est.

> Felix, quem faciunt aliena pericula cautum.

1. Atticus zeigte sich in fast allen schönen Künsten (Gen.) sehr erfahren. **90**
2. Vor der Niederlage bei Cannae e r n a n n t e n die Römer den Quintus Fabius Maximus zum Diktator, weil sie ihn für den klügsten Führer hielten. 3. Den Kaiser Nero, der sich immer grausam gegen die Bürger gezeigt hatte, haßten alle. 4. Die Athener, vom Verrat des Alkibiades benachrichtigt, betrachteten diesen als Feind und waren willens, sich an ihm zu rächen. 5. Horaz zeigte sich als so berühmter Dichter, daß er bald an Maecenas einen Gönner und Freund hatte. 6. Als Priamos vom Tod des Hektor benachrichtigt worden war, e i l t e er zum Zelt[1] Achills und f o r d e r t e von jenem den Leichnam (= Körper) seines Sohnes.

De Lycurgo
Wiederholung der 4. Konj. Gr. § 91

Optimo iure Graeci eis viris, qui primi vitam humanam certis legibus et **91** institutis vinxerant, divinos honores tribuebant. Nam illos non minorum beneficiorum auctores putabant quam eos, qui primi aratrum[2] invenerant, mare navibus aperuerant, aes e montibus hauserant. Neminem vestrum fugit Lycurgum Spartiatis leges dedisse, quibus summa severitate omnia scelera et flagitia puniebantur. Cuncti cives praeceptis huius viri oboediebant neque quisquam audebat ea neglegere. Severis enim poenis afficiebatur, quicumque leges violaverat. Quod[3] eae tam diu valebant, Graeci hanc fabulam

---

[1] *tabernāculum, -ī* Zelt.   [2] *arātrum, -ī* Pflug.   [3] *quod* was das anbetrifft, daß.

mentiti sunt: Lycurgus cum animadvertisset non omnes cives novis institutis et praeceptis assentiri, Spartiatas illa mutare vetuit, priusquam in patriam redisset. Postquam cives id iusiurandum iuraverunt, peregre abiit neque umquam in patriam revertit. Ne sepultus quidem est in patria eadem ex causa.

Übung: Unterscheide und übersetze: aperiuntur – operiuntur – opperiuntur – venit – vēnit – mētirētur – audiat – audeat – vinciet – vincet – vīxisse – vīnxisse – ōrdior – ōrdō - experti estis – expulsi estis.

Übersetze: Springe nicht herab! – sie mögen schöpfen – die gefesselten Sklaven – es war festgesetzt – sie waren begraben – laßt uns zu Hilfe kommen! – wir haben gefunden (!) – du hast geteilt – ihr werdet beistimmen – bemächtigt euch! – du schmeichelst – erprobe! – wir haben beurteilt – das Gefundene.

Präpositionen mit dem Akkusativ
Gr. § 147 W + E

92 1. Caesar iussit principes Gallorum ad se convenire, et ad unum omnes congregati sunt. 2. Ante vesperum hostes intra castra se receperunt. 3. Infra lunam omne mortale est, supra lunam aeternum et perpetuum. 4. Vercingetorix circa oppida legatos misit, ut principes omnium civitatum inter triginta dies convenire iuberent. 5. Romani nobiles non intra moenia, sed extra urbem iuxta Viam Appiam sepeliebantur. 6. Post mortem Pompei summa potestas penes Caesarem erat. 7. Secundum pugnam Cannensem Hannibal Romam non petivit, sed praeter urbem in Campaniam profectus est. 8. Secundum naturam omnes prudentes vivunt, contra naturam nemo nisi homo stultus. 9. Per somnum Bruto effigies Caesaris mortui apparuit, qui dicere videbatur: Ad Philippos iterum nos spectabimus. 10. Post hominum memoriam philosophi de rerum natura disputant.

> Iliacos intra muros peccatur et extra.

Die Römer in Germanien

93 In langen Kämpfen haben die Römer die Grenzen ihres Reiches bis an den Rhein und die Donau vorgeschoben[1] und längs dieser Ströme viele Lager errichtet, aus denen später Städte entstanden, die über die römische Herrschaft hinaus für dauernd bestehen° blieben. Da sie die besetzten Gebiete gewaltsam oder auf friedlichem Wege[2] in ihr Reich eingliedern[3]

[1] *prōferre* vorschieben. [2] *per pācem* auf friedlichem Weg. [3] *adiungere (imperiō)* eingliedern.

40

AMPHITHEATER IN OSTIA
Aufnahme Dr. W. Urbanek

wollten, wurden feste Straßen angelegt, durch welche alle Gebiete unter sich und mit Italien verbunden wurden. Es ist allgemein bekannt, daß von den Römern verschiedene Obstarten sowie der Weinstock[1] eingeführt wurden. Auch viele Wörter, die jetzt seit Menschengedenken in Deutschland verwendet[2] werden, sind aus der lateinischen Sprache abgeleitet[3]. So hatte die römische Bildung und Kultur bis in unsere Zeit (= Zeitalter) bei allen Völkern Europas großen Einfluß.

Kennst du einige solcher Städte, deren Gründung auf die Römer zurückgeht? Weißt du die lateinischen Namen dafür? Welche Fremdwörter und Lehnwörter aus dem Lateinischen sind dir bekannt?

Pronominaladverbien
Gr. § 43 W + E

1. Ubi bene, ibi patria. 2. Cadmus Europam sororem ab Iove raptam ubique **94** quaesivit, sed nusquam invenit. 3. Ne illuc tetenderitis, amici! Nam illinc pericula vobis instant. 4. Quo Aeneas, cum Graeci patriam eius solo aequavissent, navigavit? 5. In illo ›De re publica‹ libro Cicero Scipionem Africanum per somnum dicentem facit: ›Omnibus, qui patriam conservaverunt, adiuverunt, auxerunt, certus locus in caelo est definitus, ubi beati aevo sempiterno fruuntur; hinc profecti sunt, huc revertuntur.‹ 6. Hic fortasse vetitum est, quod alibi permittitur. 7. Ut aves autumno quidem alio volant et ibidem hiemant, vere autem huc revolant, ita plerique homines per totam vitam desiderant ea loca, ubi nati sunt et ubi beati erant. Itaque eodem redeunt et obliviscuntur omnes labores, quos alicubi adierunt.

Narratiuncula iucunda

M. Piso, orator Romanus, servis praeceperat, ne quid loquerentur nisi rogati. **95** Quamquam servos initio huius tam novi mandati pigebat, tamen illius verbis obsequebantur et faciebant, quod dominus eos admonuerat. Sed ea re Piso aliquando in magnas angustias[4] adductus est. Amicum enim quendam, qui Romam venerat, Piso cum multis aliis ad epulas invitavit. Die constituto ceteri convivae aderant praeter illum hospitem. Cum eum diu exspectavisset, Piso moram indignatus ipse proximas vias circumspexit et servos diversos dimisit, ut illum ubique requirerent. Sed frustra! Postremo Piso e servo

---

[1] *vītis, -is* f. Weinstock. [2] *adhibēre* verwenden. [3] *dūcere ab* ableiten von. [4] *angustiae, -ārum* Engpaß, Verlegenheit.

quaesivit, quid amicus dixisset, cum invitatus esset. ›Negavit‹, inquit ille,
›se venturum esse, quod non iam in urbe esset.‹ Piso ira incensus exclamavit:
›Cur hoc a te celatus sum?‹ Ille respondit: ›Quod me hoc non rogavisti.‹
Ceteri convivae cum hoc audivissent, responsum servi riserunt; Pisonem
autem praecepti paenituit et legem molestam abolevit[1].

Versucht, diese Erzählung als kleines Spiel zu gestalten!

Akkusativ als Adverbiale, Adverbiale der Herkunft, Lokativ
Gr. §§ 119; 136, 1 a und b. ohne Anm.; 145, 1 a

96 1. Herodotus in Graeciam, Aegyptum, Thraciam, Italiam profectus est;
idem venit in multas urbes velut Athenas, Olympiam, Corinthum, Thebas,
Memphim, ut paucas dicam. 2. Cicero adulescens Athenas, inde Rhodum,
in insulam celeberrimam, se contulit, ut philosophiam disceret. 3. Apollo
et Diana nati sunt Deli (= in insula Delo). 4. Horatius poeta Venusiae natus
iam puer a patre Romam delatus est, ut artibus bonis erudiretur. 5. Quem
vestrum fugit, quanta opera Aegyptii Memphi et Thebis exstruxerint?
6. Horatius cum Maecenate Roma Brundisium iter fecit, de quo in satira[2]
quadam narrat. 7. Athenis, Corintho, Phocaea, Chalcide, Mileto Graeci multas colonias in Asiam et Magnam Graeciam deduxerunt. 8. Romani nobiles
aestate ex urbe rus se conferebant, autumno rure in urbem redibant; sed
non solum quod aestum fugere, verum etiam quod procul a negotiis urbanis
esse volebant, libentissime ruri versabantur.

Übersetze: Thēbās – Rōmae – Dēlō – Carthāgine (2) – Delphīs (2) – Lesbum –
Salamīne (2) – Athēnās – Corinthī – Syrācūsīs (2)!
In welchen Fällen haben wir die alten Lokativ-Formen auf -ī? Wann steht auf
die Frage: wo? und woher? der gleiche Kasus?

De Dionysio Maiore

97 Dionysius Maior tyrannus, qui non solum Syracusis, sed etiam in universo
regno crudelissimum et violentissimum se praebebat, nullam iniuriam
horrebat. E multis exemplis impietatis eius, quae scriptores antiqui tradide-
runt, nonnulla narrabo:
Cum quondam Locris templum Proserpinae expilavisset[3], Syracusas renavi-
gavit. Quod navis secundo vento cursum tenebat, homines irridens, qui
affirmaverant deos ulturos esse homines improbos: ›Videtis‹, inquit, ›deos

---

[1] *abolēre* abschaffen, aufheben. [2] *satira, -ae* Satire. [3] *expīlāre* plündern.

Der Tempel der Hera in Olympia

per iocum poenam hominibus minari; nam non solum sacrilegos[1] pro sceleribus non ulciscuntur, sed etiam eis bonam navigationem praebent. Itaque
vobis melius est me amicum habere quam quemquam deum, qui vos adiuvare
non potest.‹

Fortsetzung

Als er (= derselbe) in Olympia den Tempel des Jupiter betreten hatte, zog 98
er dem Götterbild den goldenen Mantel[2] aus[3] und warf ihm einen Rock aus
Wolle[4] über[5], wobei er sagte (= sagend), der goldene Mantel sei im Sommer
zu° schwer, im Winter zu° kalt. Die Siegesstatuetten[6], die Opferschalen[7] und
Kränze, welche seit Menschengedenken hier geweiht wurden, nahm er alle
weg. Zwar waren die Bürger über die Gewaltherrschaft des Dionysios empört und beklagten sich über seine Ruchlosigkeit, aber sie wagten nicht,
von ihm abzufallen, da sie fürchteten, er werde sich an ihnen (Refl.) rächen
(Konj. Impf.). So führten sie viele Jahre lang ein überaus trauriges Leben
und nicht wenige kamen um.

---

[1] *sacrilegus, -ī* Tempelschänder.   [2] *amīculum, -ī* Mantel.   [3] *dētrahere.*   [4] *pallium
lāneum* Wollrock.   [5] *inicere* überwerfen.   [6] *victōriola, -ae* Siegesstatuette.   [7] *patera,
-ae* Opferschale.

Dativ

Objektsdativ im engeren Sinn
Gr. §§ 120, 121

99 1. Themistocles Spartiatis dixit eas civitates, quae magis intuerentur ea, quae suae dominationi quam quae toti Graeciae utilia essent, saluti omnium nocere. 2. Ariovistus postulatis Caesaris respondit pauca. 3. Qui Romae aliquem magistratum petebat, plebi magnificentissimos ludos apparabat, ut eam sibi conciliaret; idem haud raro gratis frumentum civibus distribuit. 4. Medici non omnibus aegrotis mederi possunt. 5. Qui nemini parcit, ei a nullo parcitur. 6. Cum Troia capta esset, a victoribus nemini temperatum est. 7. Minerva cum Ulixi faveret, eum in multis periculis adiuvabat. 8. Multi homines nulli rei magis student quam divitiis, quasi pecunia sola beati fiant. 9. Penelopa, quam Ulixes ante bellum Troianum in matrimonium duxerat, nemini procorum[1] nupsit. 10. Frustra amici Socrati persuadebant, ut e carcere effugeret. Ille enim sibi persuaserat (= illi enim persuasum erat) cives bonos decere legibus parere.

> Parcere subiectis et debellare superbos!

100 1. Der Kaiser Augustus versprach, Ländereien (= Felder) unter seine Veteranen zu verteilen (Inf. Fut.). 2. Perikles glaubte, es sei für die Athener nützlich, über möglichst viele Inseln und Städte zu herrschen. 3. Augustus begünstigte Dichter und Schriftsteller, die in ihren Büchern (bl. Abl.) die Römer zu überreden suchten, das Vorbild der Ahnen nachzuahmen (Konj. Impf.). 4. Catilina plante einen Umsturz (= strebte nach neuen Dingen) und begünstigte alle Schlechten, die bereit waren, ihm zu helfen. 5. Cäsar sparte weder Zeit noch Mühe, um die Wunden des Bürgerkrieges zu heilen (Konj. Impf.). 6. Alexander der Große befahl[2], daß ganz Theben dem Erdboden gleichgemacht und nur das Haus des Dichters Pindar geschont würde. 7. Der Perserkönig Xerxes ließ sich von Themistokles überreden (= wurde überredet), an einem für° seine Flotte (Dat.) ungünstigen Ort zu kämpfen (Konj. Impf.).

Gr. § 122

101 1. Cum Damocles Dionysio tyranno invideret, ille iussit mensam quidem exquisitissimis cibis impletam apportari, sed supra cervices convivae gladium

---

[1] *procus, -ī* Freier.   [2] nicht *iubēre*, sondern *imperāre, ut*.

acutum suspendi. 2. Cui fortuna favet, illi ab omnibus invidetur. 3. Ne invide-
ritis gloriae aliorum, sed studete eos laude aequare! 4. Spartiatae Atheniensibus bellum intulerunt, quod opibus eorum invidebant. 5. Ingentes Persarum copiae, quibus Xerxes praeerat, omnibus Graecis summum timorem
iniecerunt. 6. Et Alexander Magnus et Darius, rex Persarum, pugnae ad
Issum factae interfuerunt. 7. Quis dubitat, quin Cicero omnibus oratoribus
Romanis laude eloquentiae praestiterit? 8. Aiax cum ignominiae allatae
superesse nollet, manus sibi attulit.

1. Alle berühmten Fürsten Griechenlands nahmen am Trojanischen Krieg **102**
teil, aber nicht[1] alle überlebten ihn und kehrten heil nach Hause zurück.
2. Ich bin überzeugt, daß viele edle Makedonen Alexander um seinen Ruhm
beneideten. Nach dessen Tod hofften sie, seine Nachfolger zu werden. Ihr
alle wißt, daß sein Reich unter mehrere geteilt wurde, die viele Jahre lang
miteinander[2] Krieg führten. 3. Die Zimbern und Teutonen, welche die
Alpen überschritten hatten, jagten allen Römern großen Schrecken ein.
4. Isokrates, der im Alter von fast hundert Jahren starb, überlebte alle
seine Verwandten und Freunde. 5. Seid eifrig[3] auf die Wissenschaften bedacht, wenn ihr euch dem Staatsdienst widmen wollt!

Das Gerundium
Gr. § 157 a W

1. Aegyptii arte aedificandi ita florebant, ut etiam nunc eorum opera velut **103**
pyramides[4] admiremur. 2. Cum Catilina eiusque socii rem publicam ever-
tendi consilium cepissent, Cicero putabat adesse tempus agendi. 3. Orpheus
cantandi tam peritus erat, ut Plutoni et Proserpinae persuaderet, ut sibi
redderent Eurydicem uxorem. 4. Agendo et audendo res publica Romana
crevit. 5. Virtus ad beate vivendum necessaria est. 6. Socrates cottidie in
forum se contulit docendi causa. 7. In serviendo consumor (Aufschrift auf
einer Kerze!).

> Gutta[5] cavat[6] lapidem non vi, sed saepe cadendo.

1. Vielen Leuten scheint die Kunst zu befehlen leicht; dennoch wird niemand **104**
zum Befehlen geeignet sein, wenn er nicht vorher gelernt hat (Fut.II) zu

---

[1] *neque* und nicht, aber nicht. [2] *inter sē*. [3] eifrig = gewissenhaft. [4] *pȳramis, -idis*
Pyramide. [5] *gutta, -ae* Tropfen. [6] *cavāre* aushöhlen.

gehorchen. 2. Beim ersten Morgengrauen kamen in Rom viele Klienten zu den Häusern der Vornehmen, um sie zu begrüßen (= des Begrüßens halber). 3. Durch geduldiges Belehren, nicht durch ständiges Tadeln erziehen kluge Eltern ihre Kinder. 4. In früheren Zeiten war wenigen Leuten die Kunst zu schreiben bekannt. 5. Durch Schonung der Besiegten und durch gerechtes Handeln gewann Alexander die Herzen der Perser für sich. 6. Von Herrschbegierde entflammt ließ Pausanias keine Gelegenheit vorübergehen, seine Macht zu mehren.

Das Gerundivum
Gr. §§ 123 c; 158,2

105 1. Officia hodie explenda noli differre in posterum diem! 2. Leges omnibus hominibus observandae sunt. 3. Exempla bona vobis non solum admiranda, sed etiam imitanda sunt. 4. Cato senex semper apud patres loqui solebat: ›Ceterum censeo Carthaginem esse delendam.‹ 5. De gustibus[1] non est disputandum. 6. Civibus persuadendum est eos, qui urbibus prudentia et auctoritate praesunt, anteponendos esse illis, qui rem publicam neglegunt. 7. Hannibali Alpes transeunti maximi labores subeundi erant. 8. Nunc est bibendum, nunc pede libero pulsanda tellus[2] (Horaz).

> Ut[3] desint vires, tamen est laudanda voluntas.

106 1. Schlechte Menschen muß man meiden. 2. Man muß Gott mehr gehorchen als den Menschen. 3. Die Liktoren mußten stets auf Befehl der Konsuln die Übeltäter fesseln und in den Kerker werfen. 4. Erzähle nicht Dinge, die man verschweigen muß (= zu verschweigende D.)! 5. Nicht nur im Unglück, sondern auch im Glück muß man sich des Rates guter Freunde bedienen[4]. 6. Ein (gewisser) römischer Philosoph rät den Menschen folgendes (= dieses): »Du mußt dich auf *(in)* dich selbst zurückziehen[5] und mit denen verkehren[6], die dich besser machen können. Auch mußt du irgendeinen trefflichen Mann auswählen, dessen Beispiel du in allen Lebenslagen nachahmst (Konj.).«

Bilde nach dem Muster: *vir laudandus* ein Mann, der gelobt werden muß, ähnliche Beispiele mit folgenden Verben, zu denen ein passendes Substantiv gesetzt wird: dēlēre, mūnire, aggredī, adiuvāre, vincīre, vincere, respicere.

---

[1] *gustus, -ūs* m Geschmack.   [2] *tellūs, -ūris* f die Erde.   [3] *ut* gesetzt, daß; mag auch.
[4] *ūtī aliquā rē* gebrauchen, sich bedienen.   [5] *recēdere* sich zurückziehen.   [6] *versārī cum* verkehren mit.

Dativ des Interesses oder der Beteiligung
Gr. § 123a, b, d

1. Non scholae, sed vitae discimus. 2. Romani dicere solebant: ›Sero **107** venientibus ossa.‹ 3. Mucius Scaevola paratus erat pro patria morti se offerre. 4. Croeso, regi Lydorum, erant duo filii, quorum alter mutus[1] erat. 5. Veteres putabant aetate aurea hominibus cum deis consuetudinem fuisse. 6. Male natura hominibus consuluit (= prospexit), quod plerumque non futura, sed transacta perpendimus[2]. 7. Troiani quamquam Cassandram, quae res futuras providebat, saepe consuluerant, tamen verbis eius non oboediverunt, cum eos admoneret, ut Graecos caverent. 8. Athenienses in illas civitates, quae ab eis defecerant, crudelissime consulebant. 9. Demosthenes cum saluti civium timeret, Atheniensibus persuadebat, ut Macedonibus bellum inferrent.

1. Der Landmann weiß, daß er oft nicht für sich, sondern für seine Kinder **108** und Enkel Bäume pflanzt; denn für ihn° selbst werden nicht alle Bäume mehr° Früchte tragen. 2. Der Lyderkönig Krösus hatte so große Macht und so großen Reichtum, daß ihn alle Zeitgenossen beneideten. 3. Die Konsuln sollen für die Bürger sorgen und den Staat durch gute Gesetze ordnen! 4. Kaiser Nero verfuhr sehr grausam gegen die Bürger und schonte niemand[3], den er um seinen Ruhm beneidete. 5. Fragt nicht die um Rat, welche euch schmeicheln, sondern die, welche bereit sind, wirklich für euch zu sorgen!

Dativ des Zweckes
Gr. § 124

1. Quae tibi emolumento, ea crebro aliis detrimento sunt. 2. Aristidis iustitia **109** omnibus aequalibus admirationi erat. 3. Quod[4] Alcibiades Spartiatis suasit, ut Syracusanis Gylippum ducem auxilio mitterent, nobis documento est, quanto odio illi tum Athenienses fuerint. 4. Salus rei publicae omnibus bonis civibus magnae curae esse debet (valde cordi esse debet). 5. Quod aliis vitio vertis, ne dederis id tibi ipsi laudi! 6. Maecenas Horatio praedium in montibus Sabinis situm muneri dedit. 7. Caesar et Ariovistus locum colloquio ceperunt. 8. Non semper imperatori ignaviae tribui potest, quod receptui canit.

---

[1] *mūtus, -a, -um* stumm. [2] *perpendere* abwägen, erwägen. [3] *neque quisquam* und niemand. [4] *quod* was das betrifft, daß.

Die Wörter auf *-mentum* drücken vielfach ein Mittel aus; also *documentum* von *docēre* ein Lehr-»Mittel«, ein Beweis; von welchen Wörtern leiten sich dann ab: armāmenta, -ōrum; frūmentum; impedīmentum; īnstrūmentum; mūnimentum; ōrnāmentum; sacrāmentum; supplēmentum; was bezeichnen sie im wörtlichen Sinn und wie lautet die übliche Übersetzung dafür?

110 1. Ariovist forderte, daß ihm (Refl.) die Freundschaft der Römer Zierde und Schutz, nicht Schaden bedeuten solle° (= zur Zierde u.s.w. gereiche. Konj. Impf.). 2. Fast alle berühmten Männer waren für die Athener ein Gegenstand des Neides. 3. Die fleißige Ameise[1] möge uns zum Beispiel dienen (= sein). 4. Manche Römer m a c h t e n es dem Horaz zum Vorwurf, daß[2] er in der Schlacht bei Philippi seinen Schild zurückgelassen hatte und geflohen war. 5. Ein gewissenhafter Feldherr läßt es sich sehr angelegen sein, stets einen günstigen Platz für das Lager zu wählen (*ut*-Satz). 6. Jedermann weiß, daß Cäsar zu seinen Lebzeiten von manchen Zeitgenossen gehaßt wurde.

De Paridis iudicio

111 Cum Peleus Thetidem in matrimonium ducturus esset, omnes dei ad nuptias invitati sunt praeter Discordiam, illam tam infestam deam, quae hominum fortunae invidet. Itaque Discordia, ut offensionem sibi illatam ulcisceretur, malum aureum, in quo inscripserat: ›Pulcherrimae‹, in medios convivas iaculata est[3]. Statim magna controversia orta est inter Iunonem et Minervam et Venerem, quarum cuique persuasum erat sibi soli malum iure tribuendum esse. Postremo Iuppiter, cui concordia caelestium summae curae est, iussit deas altercantes[4] ad Paridem, regis Priami filium, duci. Quis autem illi adulescenti crimini vertit, quod nesciebat, cui dearum malum dono daret? Postquam Venus promisit se illum adiuturam esse, ut Helenam, uxorem Menelai, quae pulcherrima omnium mortalium putabatur, in matrimonium duceret, ei malum dedit. Ipse Spartam navigavit et a Venere adiutus Helenam abduxit Troiam, male providens suae et suorum civium saluti. Cum hac de causa illud tam atrox bellum exardesceret, cui omnes fere principes Graeciae intererant, Paris et Graecis et Troianis magno odio fuit.

Quaestiunculae: Quae erat causa odii Discordiae? Quid illa dea fecit? Quomodo Iuppiter deas altercantes placare conatus est? Cur Paris malum Veneri dedit? Cur bellum Troianum exarsit?

---

[1] *formīca, -ae* Ameise.   [2] quod.   [3] *iaculārī* werfen, schleudern.   [4] *altercārī* streiten.

De Numa Pompilio

Romulus, qui multos annos rei publicae Romanae praeerat, omnibus fere **112**
gentibus finitimis imperavit. Sed pugnando animi civium tam crudeles et
asperi erant facti, ut mores corrigendi esse viderentur. Itaque Numa Pompilius, qui Romulo successerat, existimavit eos paulum ab illa immanitate et
crudelitate revocandos esse. Ac primum agros, quos Romulus bello ceperat,
civibus divisit eosque docuit sine depopulatione[1] et praeda rebus ad vivendum necessariis providere et ab omni iniuria temperare. Idemque Pompilius
ratus animos cupiditate pugnandi ardentes caeremoniis religionum[2] mitigari,
numerum sacerdotum auxit. Sed ut cives per pacem inter se convenirent,
mercatus, ludos aliasque causas coeundi invenit. Quo factum est, ut res
publica per illum regem ad concordiam et mansuetudinem perveniret, quae
res Romanis magno usui erant.

---

[1] *dēpopulātiō, -ōnis* f Verwüstung.   [2] *caeremōniae religiōnum* feierliche Gottesdienste.

113 Nachdem die persische Flotte in° der Schlacht (Abl.) bei Salamis völlig besiegt worden war, s o r g t e Themistokles, der die Zukunft vorherzusehen schien,
unaufhörlich (Verb.) für das Wohl seiner Vaterstadt. Denn da er für ihre
(derselben) Freiheit und Vorherrschaft fürchtete, ü b e r r e d e t e er seine Mitbürger, den Piräus, der alle Häfen Griechenlands an° Größe und Brauchbarkeit[1] (bl. Abl.) übertraf, zu befestigen (Konj. Impf.) und durch Mauern mit
der Stadt selbst zu verbinden (Konj.Impf.).Aber da die Athener denThemisto-
kles für einen Mann hielten, der der Freiheit des Staates gefährlich sei
(Konj. Impf.), haßten ihn die einen wegen seines Ansehens, andere m a c h t e n
ihm zum Vorwurf, daß[2] er allzu stolz sei (Konj. Impf.), andere f ü r c h t e t e n,
er habe (Konj. Impf.) mit Pausanias, dem Todfeind der Athener, Umgang.
So k a m es, daß der Retter Griechenlands fliehen und sich° fern der Heimat
einen Ort zum Wohnsitz wählen mußte.

Direkte und indirekte Fragesätze W + E
Gr. §§ 167, 1; 2 ohne Zus.; 175 ohne Zus.

114 1. Quis Romae Augusto successit, cum ille septuaginta sex annos natus
mortem obisset? 2. Quo Hannibal, qui timebat, ne a Romanis caperetur,
se contulit? 3. Quando Socrates, qui tot adulescentes virtutem docuerat,
venenum sumpsit? 4. Nonne tibi persuasum est animam hominis esse
immortalem? 5. ›Visne‹, Dionysius, tyrannus Syracusarum, a Damocle quaesivit, ›ipse fortunam meam experiri?‹ 6. Considerate, quantam gratiam parentibus debeatis! 7. Quis vestrum nescit, quando urbs Roma condita sit?
8. Croesus a Solone quaesivit, nonne se beatum putaret. Ille respondit se
nescire, utrum rex esset vir iustus et pius et probus necne. 9. Incertum est,
uter Atheniensibus plus profuerit, Themistocles an Aristides.

115 1. Von wem und wann ist Karthago zerstört worden? 2. Wer weiß nicht,
wo im Jahre 9 n.Chr. jene so berühmte Schlacht stattfand (= gewesen ist),
in° der (Abl.) die Römer von Arminius besiegt wurden? 3. Bedenke,
wie kurz das Leben ist und wie schnell der Tod kommt! 4. Haben einst
Könige in Rom geherrscht, oder ist es immer eine Republik gewesen?
5. »Seid ihr nicht überzeugt«, sagte Sokrates, »daß die Seele unsterblich ist
und der Tod nur eine Reise in ein anderes Land?« 6. Glaubt ihr etwa, daß

---

[1] *usus, -ūs* m Nutzen, Brauchbarkeit.   [2] *quod.*

sich der freiwillig einer Gefahr unterzieht, der an der Rettung verzweifelt und mutlos ist? 7. Die Richter pflegen einen Angeklagten zu fragen, ob er sein Verbrechen bereue; auch wünschen sie oft zu erfahren, ob er wider Willen oder freiwillig die Gesetze verletzt hat.

Übungen über Akk. u. Dativ: uns wurde geholfen- die Gefangenen waren nicht geschont worden - den Freunden muß man helfen - du wirst um dein Wissen beneidet werden - es hat sich für euch geziemt - seid überzeugt! - deine Freundschaft möge mir Freude gewähren (mit *esse*) - ihr werdet jenen als Freund erwählen - ein günstiger Platz ist für das Lager gewählt worden.

Genitiv

Der Genitiv bei Substantiven
Gr. § 125

1. Omnium rerum principia parva sunt. 2. Ariovistus dixit Caesari Galliam **116** esse suam, non Romanorum. 3. Quae nunc parentum nostrorum sunt, ea post mortem eorum nostra fient. 4. Socrates recusavit e carcere effugere, quod suum et omnium bonorum civium esset legibus patriae semper parere. 5. Nostrum est aequam mentem etiam in rebus adversis servare. 6. Stulti (= stultum) est fortunae aliorum invidere, sapientis est bene facta imitari. 7. Xerxes ingentem exercitum Hellespontum traduxit, ut Athenienses ulcisceretur et totam Graeciam suae dicionis faceret.

1. Sulla versprach den Veteranen, daß große Ländereien (= Felder), die **117** im Besitz der Staatsfeinde seien (Konj.Impf.), ihr Eigentum würden (Fut.). 2. Als Hannibal sein Heer über die Alpen geführt hatte, brachte er ganz Gallien diesseits der Alpen[1] unter seine Botmäßigkeit. 3. Pflicht der Greise ist es, durch kluge Ratschläge für das Heil des Staates zu sorgen, Aufgabe der Jünglinge und Männer, durch tapfere Taten den Staat zu schützen. 4. Es ist unsere Pflicht, den Freunden im Unglück zu Hilfe zu kommen. 5. Es beweist Torheit, im Irrtum zu verharren.

Gr. §§ 126, 127

1. Taedium laboris est initium omnium vitiorum. 2. Apud Romanos primo **118** pecuniae, deinde imperii cupido crevit eaque quasi materies[2] omnium ma-

---

[1] *Gallia Cisalpīna* G. diesseits der Alpen. [2] *mātriēs, -ēi* f Ursache, Quelle.

lorum fuit. 3. In illo Taciti libro, qui Germania inscribitur, haec verba inveniuntur: ›Maneat, quaeso[1], duretque gentibus Germaniae, si non amor nostri, at certe odium sui!‹ 4. Ne didiceritis magistrorum causa, sed vestra causa! 5. Cum tridui viam Roma processissemus, Tarracinam advenimus, ubi templum antiquissimum Iovis est. 6. Homines cuiuslibet generis Catilinae consiliis favebant, quin etiam viri equestris et senatorii ordinis stabant ab illo[2]. 7. Obsidio Troiae erat Graecis res multi temporis et magni laboris. 8. Pericles, qui summae prudentiae et maximae eloquentiae erat, Athenienses admonuit, ut bono animo essent neque salutem patriae desperarent.

> Magna fuit quondam capitis reverentia cani[3].

119 1. Aus Liebe zum Vaterland (= bewegt von L.) haben wir für das Heil der Bundesgenossen gesorgt. 2. Als der römische Staat von langjährigen Bürgerkriegen heimgesucht worden war, schien keine Hoffnung auf bessere Zeiten mehr° zu bestehen (= übrig zu sein). 3. Wer sich von der Hoffnung auf ungerechten Gewinn und von Arbeitsscheu leiten läßt (Pass.), wird mit Recht verachtet. 4. Die, welche den Staat lenken, mögen immer bedenken, daß die Menschen nicht um der Gesetze, sondern die Gesetze um der Menschen willen da° sind! 5. Viele hochbegabte Jünglinge hatten mit Sokrates Umgang, der durch Gespräche der verschiedensten Art ihre Sitten zu bessern suchte. 6. Da Ovid in der Verbannung (= als Verbannter) sehr von Heimweh gequält wurde, war er gewöhnlich (Verb.) in trauriger und niedergeschlagener Stimmung.

Gr. § 128

120 1. Ariovistus cum magnum numerum Germanorum in Galliam duxisset, tertiam partem agri Sequani, qui erat optimus totius Galliae, occupavit. 2. Caesar tria milia passuum processit et locum idoneum castris cepit. 3. Tantum cibi et potionis est adhibendum, quantum natura desiderat. 4. Attica multum olei et vini, sed parum frumenti tulit; itaque quotannis magna vis frumenti importanda erat. 5. Plinius Maior ante lucem ibat ad imperatorem Vespasianum, inde ad delegatum[4] sibi officium. Reversus domum, quod temporis reliquum erat, studiis reddebat; post cibum saepe aestate, si quid otii ei erat, in sole iacebat. 6. Quem vestrum fugit regi Dario II

---

[1] *quaesō* bitte.   [2] *stāre ab aliquō* auf jemandes Seite stehen.   [3] *cānus, -a, -um* grau.   [4] *dēlēgāre* zuweisen, übertragen.

duos filios fuisse, quorum maior natu Artaxerxes, minor Cyrus erat? 7. Nihil bonum (= boni,) nihil utile tibi vere bonum et utile erit, nisi integro animo appetiveris. 8. Theramenes, unus ex illis triginta tyrannis, ad tantam avaritiam (= eo avaritiae) processit, ut multos cives necaret eorumque bona sua faceret.

> Videant consules, ne quid detrimenti capiat res publica!

1. Leonidas widersetzte sich mit einer Schar von 300 Spartanern den **121** vielen Tausenden von Persern, die Xerxes zusammen mit einer Flotte von 1200 Kriegs- und 3000 Lastschiffen gegen die Griechen geführt hatte. 2. Wenn du an° einem ganzen Tag (bl.Abl.) deinem Nächsten nichts Gutes getan hast, hast du diesen Tag nicht verloren? 3. Keiner der Sterblichen kann mit dem Geist erfassen[1], wieviel Weisheit und Macht Gott innewohnt (Konj.). 4. Wer von euch hat nicht schon° von Hamilkar und Hannibal gehört, von denen jeder um des Vaterlandes willen die größten Mühen und Gefahren auf sich nahm? 5. Die Germanen gingen soweit in ihrer Uneinigkeit, daß sie sich öfters lieber mit den Römern als mit ihren Landsleuten verbünden wollten.

Übersetze: wenig Arbeit – zu viel Tränen – ein großer Teil (= viel) des Tages – etwas Gutes – nichts Heilsames – nirgends auf der Welt – genug Geld – der letzte von allen.

Der Genitiv beim Adjektiv
Gr. §§ 129, 130

1. Alexander sui impotens Clitum, qui eum lacessiverat, hasta transfixit. **122** 2. Qui neglegens officii et laboris fugiens est, neque sibi neque aliis prodest. 3. Caesar tradit Gallos semper cupidissimos rerum novarum esse. 4. Nonne Romani semper appetentes gloriae praeter ceteras gentes et avidi laudis fuerunt? 5. Pueri veritatis amantes numquam mentiuntur. 6. Si quis scelerum conscius est, semper plenus timoris est. 7. Inter omnes constat laurum Apollinis, oleam[2] Minervae sacram fuisse.

> Venturae memores iam nunc estote senectae[3]!

Übersetze in möglichst gutes Deutsch: cupidus pugnandi – peritus rei militaris – studiosus litterarum – culpae conscius – memor officii – particeps coniurationis – expers consilii – gnarus viarum – plenus timoris – avidus praedae.

---

[1] *animō complectī* geistig erfassen.   [2] *olea, -ae* Ölbaum.   [3] *senecta = senectūs, -ūtis* f

123 1. Viele vornehme Römer, die ehrgeizig und pflichtvergessen waren, nahmen an der Verschwörung des Catilina teil (= waren teilhaftig); sogar Crassus soll von diesem Plan gewußt haben (Adj.). 2. Die Menschen besitzen von *(ex)* allen Lebewesen allein Sprache und Verstand (= sind teilhaftig). 3. Verres war so gewinnsüchtig (= begierig nach Gewinn), daß er, ohne an die alte römische Tugend zu denken (Adj.), aus seiner Provinz Sizilien viele Dinge von großem Wert davonschleppte. 4. Das ist ein rechtskundiger Mann, der in den Gesetzen und Vorschriften erfahren ist.

Der Genitiv beim Verbum
Gr. §§ 131, 133

124 1. In rebus adversis non tam decet temporum praeteritorum meminisse quam futura sapienter providere. Itaque non desinam vos de officio admonere. 2. Quid me heri admonuisti? 3. Caesar milites admonebat, ut maiorum reminiscerentur neque pristinae virtutis obliviscerentur. 4. Darius iussit servum quendam cottidie se de clade ab Atheniensibus accepta admonere his verbis: ›O rex, memento Atheniensium!‹ 5. Miltiades proditionis accusatus et quinquaginta talentis multatus est, quamquam huius flagitii convinci non potuerat. 6. Socratem, quem Apollo sapientissimum omnium appellaverat, Athenienses impietatis accusaverunt et capitis damnaverunt. 7. Cicero Catilinam perduellionis[1] arguit et effecit, ut cum multis sociis huius sceleris convinceretur.

125 1. Erinnert euch stets empfangener Wohltaten, vergeßt schnell zugefügtes Unrecht! 2. Als Krösus auf dem Scheiterhaufen[2] stand, dachte er an jenes Wort, mit dem Solon ihn einst an die Unbeständigkeit der menschlichen Dinge erinnert hatte. 3. In der Verbannung (= als Verbannter) erinnerte sich Ovid an seine Freunde, die er in Rom hatte verlassen müssen°, und sehnte sich nach dem Umgang mit ihnen und nach ihren Trostworten (= Worten voll Tr.). 4. Die Athener klagten Alkibiades in seiner Abwesenheit der Gottlosigkeit und der Tempelschändung[3] an; als jener erfahren hatte, daß er zum Tod verurteilt worden sei, kehrte er nicht nach Hause zurück, sondern floh nach Sparta. 5. Aristides wurde, obwohl er keines Unrechts überführt werden konnte, von den Athenern mit Verbannung bestraft.

---

[1] *perduelliō, -ōnis* f Hochverrat.   [2] *rogus, -ī* Scheiterhaufen.   [3] *sacrilegium, -ī* Tempelschändung.

Krösus auf dem Scheiterhaufen

126 1. Bona valetudo pluris est quam divitiae et opes. 2. Homines probi conscientiam bonam plurimi aestimant, quod in ea sola posita est vita beata. 3. Cum Hannibal multas partes Italiae possedisset, praedia minoris stabant quam antea; nam multi agricolae timebant, ne tota Italia Poenorum fieret. 4. Is non est strenuus mercator, qui merces tanti vendit, quanti emit. 5. Victoriae de Romanis reportatae Pyrrho tanto detrimento steterunt, ut exclamaret: ›De me actum erit, si iterum talem victoriam peperero!‹ 6. Cyrus Minor ad tredecim milia Graecorum magno stipendio conduxerat. Sed post mortem eius illi operam suam parvo locabant regi cuidam Thracum.

> Sperne voluptates! Nocet empta dolore voluptas.

127 1. Kein Besitz, keine Menge Gold und Silber ist höher zu schätzen als Tugend und Rechtschaffenheit. 2. Niemand zweifelt, daß derjenige Bürger nichts wert ist, der nicht für das Wohl des Staates sorgen will. 3. Zuweilen verkaufen Kaufleute Dinge, die sie sehr billig gekauft haben, äußerst teuer. 4. Die vornehmen Römer hatten sich oft fern der Stadt in den Bergen schöne Landhäuser um viel Geld gemietet, weil sie hofften, dort der Hitze zu entfliehen (Ac.I. Fut.). 5. Die Freiheit kostet immer viele Mühen[1] und Gefahren; aber tüchtige Bürger nehmen dieselben (Neutr. Pl.) gern auf sich, um dieses höchste Gut zu bewahren. 6. Nicht selten werden Gemälde heute teuer verkauft, die vor wenigen Jahren wenig kosteten.

Gr. § 135

128 1. Civium bonorum magni (multum) interest rem publicam ab omnibus periculis tutam esse. 2. Parentium plurimum (magnopere) interest liberos officiorum reminisci. 3. Non interfuit Scipionis, quot milites sibi essent, sed quanta virtute pugnarent. 4. Nihil mea refert, quid stulti de me loquantur. 5. Theodorus philosophus moriens naturam accusavisse dicitur, quod cervis[2] et cornicibus[3], quorum id nihil interesset, vitam diuturnam, hominibus, quorum maxime interesset, vitam brevem dedisset. 6. Cuius mercatoris nihil interest merces suas bene (magno) vendere?

129 1. Alkibiades lag wenig daran, wie[4] die Mitbürger über ihn (Refl.) urteilten. 2. Mir liegt sehr viel daran, daß ihr gute Menschen werdet. 3. Niemand

---

[1] *labor, -ōris.*   [2] *cervus, -ī* Hirsch.   [3] *cornīx, -īcis* f Krähe.   [4] *quōmodo.*

hatte größeres Interesse am Wiederaufbau(!) der Mauern Athens als Themistokles. 4. »Für das Vaterland«, sagte Regulus, »ist meine Rettung eine Sache von geringer Bedeutung; aber[1] mir liegt sehr viel daran, daß die Karthager von den Römern besiegt werden.« 5. »Was liegt dem Mond daran, daß ihn irgendein Hund anbellt[2]?«, sagte ein (gewisser) weiser Mann.

De legatis a Cambyse ad Aethiopes missis

Cambyses, rex Persarum, cum Aethiopibus bellum illaturus esset, specula- **130** tores, qui linguae Aethiopicae periti erant, misit eisque imperavit, ut magnam vim auri et dona pretiosa secum ferrent. Post iter periculorum et laborum plenum legati ad regem Aethiopum venerunt et haec fere verba fecerunt: ›Cambyses, cuius multum interest sibi tecum esse amicitiam, tibi has res magni pretii muneri mittit.‹ Rex autem Aethiopum, qui statim cognoverat illos speculandi causa venisse, respondit: ›Quid utile, quid magni mihi affertis? Cambysis minimum interest amicitiam nostram adipisci, sed cupidissimus est fines nostros occupandi. Neque[3] Aethiopum patriae amantium est imperio peregrini regis se subicere.‹ Cambyses postquam ea per legatos comperit, oblitus pristinae prudentiae sine ulla mora copias in Aethiopes duxit. Sed cum illi fortissime resisterent, ea expeditio[4] multis militibus stetit.

De Archimedis morte

Post cladem Cannensem et Syracusae et multa alia oppida Siciliae a Romanis **131** ad Hannibalem defecerunt. Romani autem, quos illius cladis pudebat, suum esse putabant eas urbes iterum suae dicionis facere et Syracusas primas oppugnare coeperant. Sed diu incolae incursionibus Romanorum resistebant, quod Archimedes, vir studiosus artium et litterarum peritusque rei militaris, invenerat multa tormenta[5] et machinas bellicas[6]. Post bellum duorum annorum Syracusae captae sunt. Dux Romanorum, qui eximiam prudentiam Archimedis admirabatur, illi parci iusserat. Archimedes autem, cum domi geometricas quasdam formas in pulvere scriberet, Syracusas captas esse non senserat. Miles quidam praedae cupidus in conclave eius invasit et videns eum rogavit, quisnam esset. Ille autem studiis intentus exclamavit: ›Noli turbare circulos meos!‹ Deinde miles gladium strinxit et illum transfixit.

Quaestiunculae: Quid post cladem Cannensem factum erat? Quam urbem Romani oppugnaverunt? Cur eam diu capere non potuerunt? Quid dux Romanorum iusserat? Quid miles Archimedem rogavit? Quid Archimedes respondit? Quae fuit sors Archimedis?

---

[1] *at* aber.   [2] *allatrāre* anbellen.   [3] *neque* aber nicht.   [4] *expedītiō, -ōnis* f Zug, Unternehmen.   [5] *tormentum, -ī* Geschütz.   [6] *machina bellica* Kriegsmaschine.

132 In einem früheren Kapitel[1] habe ich euch von der Jugend des Ödipus erzählt, der, durch die Antwort des Delphischen Orakels erschreckt, beschlossen hatte, nicht mehr° nach Korinth zurückzukehren. Auf seiner mehrtägigen Wanderung (= Marsch) begegnete ihm an einer engen Stelle (bl.Abl.) ein Wagen, dessen Lenker[2] ihn mit heftigen Worten aufforderte, beiseite zu gehen[3] (*ut* mit Konj. Impf.). Diese Schimpfworte[4] verdrossen Ödipus, und als der im Wagen sitzende Greis so weit in seiner Überheblichkeit ging, daß er ihn mit einem Stock[5] schlug, tötete Ödipus, von Zorn entflammt, den Herrn und den Diener, ohne zu wissen (nicht wissend), daß jener Greis sein Vater Laios sei. In Theben aber, wo nach dem Tod des Laios Iokaste, die Mutter des Ödipus, regierte, fügte ein sagenhaftes[6] Ungeheuer, die Sphinx, dem Land und Volk großen Schaden zu. Deshalb versprach die Königin, den (= denjenigen) Mann zu heiraten (AcI Fut.), der das Rätsel, das die Sphinx allen vorzulegen pflegte, löse[7] und auf diese Weise Theben rette[7]. Durch seine Klugheit gelang es dem Ödipus, jene Aufgabe zu erfüllen. Deshalb wählten ihn die dankbaren Bürger zum König und Iokaste heiratete ihn.

Fortsetzung

133 Als aber nach einigen glücklichen Jahren die Thebaner von einer gräßlichen Seuche heimgesucht wurden, hielt es Ödipus für seine Pflicht, dem Volk zu Hilfe zu kommen. Deshalb befragte er den Teiresias, einen Priester von großer Weisheit und Frömmigkeit. Dieser klagte den König selbst der schwersten Verbrechen an, weil er seinen Vater getötet[8] und seine Mutter geheiratet habe[8]. Zuerst glaubte Ödipus, jenen der Lüge überführen zu können; aber als Teiresias ihn an den Greis erinnerte, den er getötet habe[8], und als der Diener gefunden war, der den Knaben einst geschont hatte, zweifelte der König nicht mehr, daß das Orakel nichts Falsches verkündet habe[8]. Er verurteilte sich selbst wegen des Vatermordes[9] und der Ehe[10] mit° der Mutter (Gen.) zu einer sehr schweren Strafe. Er durchbohrte nämlich seine Augen und ging nach Athen in die Verbannung.

---

[1] *capitulum, -ī* Kapitel. [2] *aurīga, -ae* Wagenlenker. [3] *discēdere* beiseite gehen.
[4] *vōcēs contūmēliōsae* Schimpfworte. [5] *baculus, -ī* Stock. [6] *fābulōsus, -a, -um* sagenhaft. [7] Konj. Plqpf. [8] Konj. Plqpf. [9] *parricīdium, -ī* Vatermord. [10] *cōnūbium, -ī* Ehe.

Tod des Archimedes

Ablativ

Ablativus separativus

Gr. § 137

1. Mos erat apud Graecos hostes caesos armis privare. 2. Eae res, quibus **134** ad vitam indigemus, importandae sunt, si nostra terra eas non fert. 3. Qui (se) abstinet (a) voluptatibus et cupiditatibus, idem curis vacat. 4. Caesar, qui Ariovistum vicit eiusque copiarum reliquias e Gallia expulit, Gallos magno metu et periculo liberavit. 5. Philosophi est verum a falso discernere. 6. Caesar tradit Britannos non multum a Gallica consuetudine differre. 7. Bellis civilibus Sulla multis Romanis aqua et igni interdixit, qui ab eo dissentiebant, et haud pau-

cos nobiles senatu movit. 8. Leonidas cum Thermopylas occupavisset, ut Persas transitu intercluderet, fortiter pugnans mortem obire quam loco cedere maluit.

> Necessitas caret lege.

Rätsel: Mitto tibi navem prora[1] puppique carentem.

135 1. Mit Recht wird der getadelt, der seine Arbeiter[2] um ihren Lohn betrügt. 2. Um die Menschen von der Furcht vor dem Tod zu befreien, lehren viele Philosophen, daß der Tod ohne jedes Leid sei (= frei von j. L. sei). 3. Durch die Rede und das Denken unterscheiden sich die Menschen von den andern Lebewesen. 4. Diogenes, der sich aller körperlichen Gelüste (= Vergnügungen des Körpers) enthielt, bedurfte weniger Dinge. 5. Kaum hatte sich Sulla aus der Stadt entfernt, als[3] viele Optimaten von denen, die der Partei des Marius folgten, geächtet wurden. 6. Cäsar ließ durch[4] Leichtbewaffnete die Feinde, die ihm den Weg abschneiden wollten, aus den Stellungen vertreiben (= vertrieb)[5]. 7. Oft ist es nicht leicht, einen wahren Freund von einem falschen zu unterscheiden.

Gr. §§ 136; 138

136 1. Romani ordine senatorio orti eos, qui equestri loco vel humili genere nati ad summos honores suis virtutibus ascenderant, homines novos appellabant eosque haud raro despiciebant. 2. Graeci putabant se ab Hellene, Deucalionis filio, Romani se a Marte ortos esse. 3. Imperator strenuus et probus vitam militum pluris aestimat suo honore (= quam suum honorem). 4. Secundo bello Punico Romani neque maius neque periculosius bellum gesserunt. 5. Secundo bello Punico, quo Romani neque maius neque periculosius gesserunt, utrimque[6] summa vi est certatum. 6. Pericles, quo nemo umquam aut prudentior aut probior civitati Atheniensium praeerat, anno CCCCXXIX pestilentia absumptus est. 7. Homerus dicit ex ore Nestoris sermonem profluxisse melle dulciorem. 8. Opinione celerius Alexander Thebas pervenit et in incolas, qui ab eo defecerant, crudelissime consuluit.

9. Exegi[7] monumentum aere perennius[8]. (So sagt Horaz über sein dichterisches Werk; was meint er damit?)

---

[1] *prōra, -ae* Vorderdeck, Steven. [2] *operārius, -ī* Arbeiter. [3] *cum* m. Ind. Perf. [4] *per* durch, mittels. [5] *locō movēre* aus den Stellungen vertreiben. [6] *utrimque* auf beiden Seiten. [7] *exigere* zustande bringen, vollbringen. [8] *perennis, -e (per annōs)* dauernd, beständig.

Tunica propior pallio[1] est.

1. Obwohl Catilina aus vornehmem Geschlecht stammte, strebte er mit aller **137** Kraft danach, den römischen Staat zu verderben (*ut* mit Konj. Impf.), und er scheute sich nicht, gemeinsame Sache mit Leuten aus dem niedersten Stand zu machen (Inf.). 2. Oft nützt das Glück dem Menschen mehr als alle klugen Pläne (= Pläne voll Klugheit). 3. Die Feinde bemerkten zu spät, daß Cäsar unerwartet rasch zurückgekehrt war. 4. Unerwartet leicht ist es für mich (Dat.), die Freunde zu überreden, die Mühen geduldig auf sich zu nehmen. 5. Als die Germanen in das römische Reich eingefallen waren, jagten sie allen Bürgern ungewöhnlich große Furcht ein; weil es in Rom keinen besseren Feldherrn als Marius gab, wählte man diesen im Jahre 104 v.Chr. zum zweiten Male zum Konsul.

Übersetze: schneeweiß – pechschwarz[2] – federleicht[3] – honigsüß – sonnenklar

Ablativus instrumentalis
Gr. § 139

1. Memoria tenete illos versus et sententias, quae in hoc libro plurima **138** invenitis. 2. Plinius Maior non equo, sed sella[4] vehebatur, ne tempus discendi perderet. 3. Alexander Magnus, peritissimus rei militaris dux, milites fame et siti, aestu et frigore assuefecit. 4. Miltiades per cursorem[5] quendam post pugnam Marathoniam Athenienses de victoria docuit. 5. Demosthenes, qui Athenienses bello contra Philippum lacessiverat, post cladem fuga salutem petivit, ne supplicio afficeretur. 6. Eos, qui praemio digni sunt, praemio afficiamus! 7. Qui fretus auxilio deorum vivit contentus paucis rebus, iure beatus dicitur. 8. Romani Veis oppido potiti non essent, si custodes munere diligenter functi essent. 9. Cicero, cum ei saepe consilio Attici opus esset, illo familiarissime utebatur.

10. Vincere scis, Hannibal, victoria uti nescis! (Vorwurf des Reiterobersten Maharbal gegenüber Hannibal nach dem Sieg bei Cannae)

Unterscheide: opus est mihi ich brauche, habe nötig

utor   ich gebrauche

Nobis cibis opus est. Diligenter utimini viribus animi! Amici omnibus opus sunt. Maecenas Horatio amico utebatur.

---

[1] *pallium, -ī* Mantel. [2] *pix, picis* f Pech. [3] *plūma, -ae* Feder. [4] *sella, -ae* Sänfte.
[5] *cursor, -ōris* Läufer.

Übersetze in gutes Deutsch: Afficio te praemio. Nos damno afficiet. Poena afficimur. Tyrannus cives supplicio affecit. Nuntio tristi summo luctu affecti sumus, Victorem magnis honoribus afficimus.

139 1. Wer zu Schiff nach Griechenland fahren wollte, begab sich auf der Via Appia nach Brundisium. 2. Gewöhnt euch als Jünglinge an Schmerzen und Strapazen, damit ihr nicht bei *(in)* kleinen Dingen fremde Hilfe braucht! 3. Die dreißig Tyrannen, die sich in Athen nach dem Peloponnesischen Krieg der Herrschaft bemächtigt hatten, mißbrauchten oft ihre Macht und ließen viele Bürger hinrichten. 4. Wer seine Fähigkeiten richtig gebraucht und mit seinem Los zufrieden ist, ist glücklich zu nennen. 5. Nero, der den Philosophen Seneca zum Lehrer gehabt hatte, zeigte sich später dieses Mannes nicht würdig. 6. Pisistratus bemühte sich, sein Amt gut zu verwalten und die Bürger an Rechtschaffenheit und Fleiß zu gewöhnen.

Ablativus pretii u. causae
Gr. §§ 140 (W); 141

140 1. Pericles bello Peloponnesiaco, quod multae civitates contra Athenienses eorumque socios gerebant, praedixit victoriam etiam victoribus multo sanguine constaturam esse. 2. Cum innumerabiles incolae pestilentia et fame interissent, multae regiones Germanicae post illud bellum triginta annorum desertae et vastae erant. 3. Inundationibus[1] et inopia adductae saepe nationes quaedam patriam reliquerunt et novas sedes sibi quaesiverunt. Sed haud raro languerunt[2] caelo molli et luxuria inertiaque perierunt. 4. Cum Goliath robore gloriaretur neque quisquam metu coactus cum eo pugnare auderet, David sua sponte ad certamen prodiit eumque vicit. 5. Meo iudicio Pyrrhus cupiditate dominandi impulsus Romanos aggressus est. 6. Scriptor quidam narrat Macedones morte Alexandri gavisos esse nimiam severitatem et assidua belli pericula exsecrantes[3], devictas gentes eum non ut hostem, sed ut patrem luxisse.

141 1. Teuer kam den Athenern das Vertrauen auf Alkibiades zu stehen, der sich nicht scheute, aus Ehrgeiz sein Vaterland zu verraten (Inf.). 2. Mit einer großen Geldsumme wurde in Rom bestraft, wer eine Wasserleitung[4] beschädigt hatte; denn das Wasser war für die Stadt notwendig. 3. Krösus,

---

[1] *inundātiō, -ōnis* f Überschwemmung. [2] *languēscere* erschlaffen. [3] *exsecrārī* verfluchen. [4] *aquae ductus, -ūs* Wasserleitung.

Via Appia

der sich seines Glückes gerühmt hatte, wurde von Kyros gefangen (Part.) und wäre hingerichtet worden, wenn sich nicht der Sieger seiner erbarmt hätte. 4. Freiwillig, nicht notgedrungen (= von der Notwendigkeit gezwungen) laßt uns den Gesetzen des Staates gehorchen! 5. Es ist überliefert, daß sich Euklid oft aus Lernbegierde von Megara zu Fuß nach Athen begeben hat.

Übersetze: aus Liebe – aus Haß – im Zorn – aus Herrschbegierde – aus Not – aus Angst.

Ablativus limitationis, Ablativus mensurae
Gr. §§ 142, 143

1. Vir prudens futura rebus praeteritis metitur. 2. Multi philosophi disserebant amicos virtute, non utilitate aestimandos esse. 3. Hamilcar, cognomine Barcas, omnibus odio in Romanos praestitit. 4. Sextus, minimus natu e filiis Tarquinii Superbi, patrem licentia et crudelitate aequavisse dicitur. 5. Flumen Danuvius multo longior est Rheno. 6. Virtus multo pluris aestimanda est auro et argento, cum hae res homines nihilo meliores faciant. 7. Decem annis post Troiam captam Ulixes domum rediit. 8. Paulo ante necem Caesar admonitus erat, ut insidias quorundam caveret neque eo die **142**

curiam intraret. Nihilo minus Caesar illo se contulit et pugionibus[1] coniuratorum interfectus est. 9. Quo (quanto) plura homines possident, eo (tanto) magis timent, ne omnia amittant.

143 1. Es ist töricht, die Menschen nach ihrer° Kleidung und nach ihrem° Reichtum, nicht nach den inneren° Vorzügen (= Tugenden) zu beurteilen. 2. Der hochbetagte Isokrates übertraf alle seine Zeitgenossen an Beredsamkeit. 3. Tacitus erzählt, daß die Germanen die Zeiträume nicht nach der Zahl der Tage, sondern der Nächte bemaßen. 4. Zehn Jahre nach der Schlacht bei Marathon b r a c h e n die Perser wiederum gegen die Griechen auf, um mit einer viel größeren Macht[2] als zuvor an jenen Rache zu nehmen. 5. Je vaterlandsliebender die Menschen sind, umso bereitwilliger sind sie, die Mitbürger vor allen Gefahren zu schützen. 6. Nur° wenige Dichter, welche Rom berühmt m a c h t e n, waren der Geburt nach Römer. 7. Im Winter sind die Tage ungefähr halb so lang wie im Sommer (= um die Hälfte kürzer).

Ablativus modi
Gr. § 144

144 1. Officia cum diligentia et cura servate, pueri, et utimini omni occasione discendi magna industria! 2. Iure eos admiramur, qui res adversas aequo animo ferunt. 3. Iussu Caesaris acies triplex instructa usque ad castra Ariovisti accessit; tum demum Germani necessario suas copias eduxerunt et generatim[3] paribus intervallis[4] constituerunt. Eorum autem feminae passis manibus viros ad proelium proficiscentes multis cum lacrimis implorabant, ut more maiorum fortiter pugnarent. 4. Spartiatae cum Atheniensibus pacem fecerunt ea condicione, ut hi moenia delerent, omnes naves traderent, socios redderent liberos. 5. Nihil casu accidit, sed omnia voluntate et consilio dei fiunt. 6. Capillis tonsis Persae morte regum suorum dolere solebant.

145 1. Die Griechen, die freiwillig die Heimat verlassen und in fernen Ländern Kolonien angelegt hatten (= gegründet hatten), lebten dort nach väterlicher Sitte. 2. Nach Art und Gewohnheit der Ahnen l e h n t e es Fabricius ab, durch Geld bestochen die Pläne des Pyrrhus zu begünstigen. 3. Mit Gleichmut b e g i n g der Philosoph Seneca Selbstmord in der Absicht, den Nachstellungen des Kaisers Nero zu entfliehen (daß er . . . entfliehe, Konj. Impf.). 4. Die Germanen pflegten mit lautem Geschrei, das sie Barditus[5]

---

[1] *pūgiō, -ōnis* m Dolch.   [2] *vīrēs, -ium* Streitmacht.   [3] *generātim* nach Stämmen.   [4] *intervallum, -ī* Zwischenraum.   [5] *barditus, -ūs* m.

nannten, die Feinde anzugreifen. 5. Mit ausgebreiteten Armen eilte der Vater dem Sohn entgegen, der von Not und Elend ermattet, heimgekehrt war, und nahm ihn in sein Haus auf.

Adverbiale des Ortes und der Zeit W + E
Gr. §§ 145; 146

1. Diogenes philosophus aestate Corinthi, hieme Athenis versabatur. 2. In **146** oppido Segesta erat simulacrum Dianae, quod a civibus colebatur, visebatur[1] ab omnibus advenis. 3. Et in bello et in pace (= domi bellique) rei publicae viris patriae amantibus opus est. 4. Carmina Homeri tota Graecia saepe recitabantur et a pueris ediscebantur. 5. Piratae, qui aetate Pompei mercatoribus ingentem terrorem iniecerant, ab illo imperatore brevi omnibus locis devicti sunt. 6. Qui Via Appia proficiscitur, et dextra et sinistra multa sepulcra Romanorum nobilium videt. 7. A Germanis saepe inter se loco obsidum filiae et sorores principum vel nobilium postulabantur, quod eo modo foedus maiore diligentia observari putabant. 8. Agricola sedulus prima luce in agros egreditur, occasu solis (= multo die) revertitur.

1. Im Sommer verließen viele Römer die Stadt, um auf dem Land die **147** heißen Tage zu verbringen. 2. Als Alexander zu Babylon gestorben war, herrschte (= war) in der ganzen Stadt Schweigen und Trauer. 3. Cicero hatte Tiro als Schreiber; an vielen Stellen seiner Briefe wird deutlich, daß ihm dessen Wohl sehr am Herzen lag. 4. Auf dem ganzen Erdkreis, zu Wasser und zu Land, suchte Cadmus seine von Jupiter geraubte Schwester Europa. 5. Bei den Isthmischen Spielen[2] des Jahres 196 v. Chr. verkündete ein Herold[3] den Griechen im Namen des römischen Volkes, daß sie frei und unabhängig[4] seien.

Der Ablativus absolutus
Gr. § 163 b, c

1. Vere multae aves in nostras regiones redeunt, quae ineunte autumno **148** in meridiem calidum volaverunt. 2. Pace restituta Romae portae Iani claudebantur. 3. Milites putabant se castris munitis ab hostibus tutos fore. 4. Persis victis moenia Athenarum quam celerrime restituta sunt. 5. Ponte in Danuvio facto Darius copias in Scythas duxit. 6. Omni Gallia pacata

---

[1] *visere* besichtigen.   [2] *Isthmia, -ōrum.*   [3] *praecō, -ōnis* Herold.   [4] *immūnis, -e* unabhängig.

Caesar exercitum in hiberna remisit. 7. Athenienses adventu Darii audito auxilium a Spartiatis petiverunt. 8. Quarta regni parte promissa Fabricius ad Pyrrhum non transiit. 9. Nullo adiuvante Hercules summos labores subiit.

149 1. Beim Nahen des Winters pflegen viele Tiere Futter (= Speisen) zusammenzutragen, um im Winter nicht an Hunger zugrunde zu gehen. 2. Wenn die Sonne untergeht, kehrt der Bauer, müde von der Arbeit, heim. 3. Nach Beendigung der Bürgerkriege suchte Augustus die Sitten der Römer zu bessern. 4. Barfuß und mit zerrissenen Kleidern konnte der Kaufmann den Räubern entkommen. 5. Wenn sich zwei streiten[1], freut sich der Dritte. 6. Der Sieg bei Salamis war errungen, und die Athener wurden die Herrn eines großen Seereiches.

Ist eine Konjunktion oder »und« gesperrt, so ist das Partizip zu setzen!

§ 163b Zusatz

150 1. Tarquinio Superbo rege Pythagoras in Italiam venit. 2. Nerone imperatore (beachte die Stellung!) multi Christiani torti et interfecti sunt. 3. Exigua parte aestatis reliqua Caesar in Britanniam proficisci contendit. 4. M. Silano (et) L. Norbano consulibus Germanicus in Aegyptum profectus est. 5. Druso mortuo Germani Arminio duce arma corripuerunt, ut patriam servitute liberarent. 6. Menapiis inopinantibus Usipetes et Tencteri, qui in suas sedes regionesque se proficisci simulaverant, redierunt et omnes vicos et aedificia deleverunt. 7. Vobis praesentibus vera dicemus. 8. Regulo auctore Romani condiciones Poenorum repudiaverunt et illo Carthaginem reverso bellum gerere perrexerunt.

151 1. Wider den Willen seiner Mutter Thetis brach Achilles gegen Troja auf; denn jene wußte, daß er nach dem Tod (Verb.) Hektors ebenfalls[2] sterben werde. 2. In Anwesenheit einer großen Menschenmenge wurde der Leichnam Cäsars auf dem Forum verbrannt. 3. Unverrichteter Dinge kehrte Regulus aus Rom nach Karthago zurück. 4. Ohne Cäsars Hilfe (Verb.) hätten die Gallier Ariovist nicht besiegt. 5. Auf Veranlassung des Kaisers Augustus führte Germanicus, der Sohn des Drusus, einen Krieg gegen die Germanen. 6. Unter dem Konsulat des Lentulus und des Marcellus im Jahre 703 seit Gründung der Stadt entbrannte der Bürgerkrieg zwischen Cäsar und Pompejus.

---

[1] *altercāri* streiten. [2] *item* ebenfalls.

Übersetze: ohne daß jemand die Stadt verteidigte – in Abwesenheit des Vaters – gegen den Willen Gottes – ohne Wissen der Eltern – bei Sonnenuntergang – zu Lebzeiten der Mutter.

De extremo vitae tempore et de morte Caroli Magni
(Nach Einhard, Vita Caroli Magni, 30).

Extremo vitae tempore Carolus Magnus principes totius Francorum regni **152** magna sollemnitate congregavit et cum omnium consensu Ludovicum filium ad se arcessitum consortem regni et imperialis nominis[1] heredem destinavit; diademate[2] capiti eius imposito iussit illum imperatorem appellari. Dimisso deinde in Aquitaniam filio ipse more solito non longe a regia Aquensi[3] ad venandum proficiscitur et autumno praeterito domum revertitur. Mense Ianuario febri valida correptus decubuit[4]. Statim consuetudine sua cibo se abstinuit, ut hac continentia morbum depelleret vel certe mitigaret. Sed cum ad febrim lateris dolor[5] accessisset, septimo die, postquam decubuerat, sacra communione[6] accepta vita decessit.

Quomodo Canius dolo circumventus sit[7]

C. Canius, equestri loco ortus, qui omnibus rebus ad vivendum necessariis **153** abundabat, Roma Syracusas se contulit et haud procul ab urbe villam hortumque emere constituit. Opinione plures homines parati erant Canio domum et hortum vendere; sed cum emeret villam, magna pecunia fraudatus est. Nam argentarius[8] quidam, cuius multum intererat Canium possessionem suam magno emere, dolo turpi usus est. Quod villa omni iucunditate carebat, vicinum oravit, ut se adiuvaret. Is, natione Siculus, quem nemo calliditate aequabat, argentario suasit, ut magnam piscium copiam coemeret, et piscinam[9] impleret. Cum Canius visitaret praedium, complures piscatores, quos ille callidissimus paulo ante convocaverat, brevi ingentem copiam piscium rete[10] ceperunt. Canius tanta praeda gavisus statim constituit hac occasione bene emendi uti et villam pessime emit. Frustra eum paucis diebus post emptionis paenituit; nam intellexerat se magno cum suo detrimento parum cavisse a fraudibus viri Siculi.

Quaestiunculae: Ubi Canius villam hortumque emere voluit? Quid vicinus quidam ei, qui praedium vendebat, suasit? Cur Canius villam libenter emit?

---

[1] *nōmen imperiāle* der Kaisertitel. [2] *diadēma, -atis* n Kaiserkrone. [3] *rēgia Aquēnsis* Pfalz von Aachen. [4] *dēcumbere* sich niederlegen. [5] *lateris dolor* m Rippenfellentzündung. [6] *commūniō, -ōnis* Kommunion. [7] *dolō circumvenīre* überlisten. [8] *argentārius, -ī* Makler. [9] *piscīna, -ae* Fischteich. [10] *rēte, -is* n Netz (Abl. *rēte*).

154 Einst besuchte eine (gewisse) Stadtmaus ihre alte Freundin (masc.), die Landmaus, deren Leben sich sehr von dem Leben in der Stadt[3] unterschied. Dennoch nahm sie den Gast mit Freuden (Adj.) auf und setzte ihm nach gewohnter Weise mit größtem Eifer ihre Leckerbissen[4] vor. Die Stadtmaus, an bessere Kost gewöhnt, verschmähte dies alles und überredete die Freundin, ihre Behausung[5] zu verlassen und mit ihr (Refl.) in die Stadt zu gehen. Um Mitternacht kamen sie, vom Marsch ermüdet, in dem Stadthaus (Akk.) an, wo sie zufällig die Reste eines üppigen Gastmahles fanden. Doch während[6] die eine sich des neuen Reichtums freute, die andere sich mit all ihren Schätzen brüstete, hörten sie plötzlich Leute und Hunde kommen (Part. Präs.). Ängstlich suchten sie ihr Heil in der Flucht. Als sie aber der Gefahr entronnen waren, sagte die Landmaus zur° Stadtmaus (Dat.): »Dieses[7] Leben voll Gefahren und Schrecken brauche ich nicht. Ich will mit steinhartem Brot und meiner kleinen Höhle zufrieden sein, wenn ich von Gefahren frei sein werde.« Nach diesen Worten[8] kehrte sie aufs Land zurück.

Präpositionen m. Abl. W + E
Gr. § 148

155 1. Nisi Romani post pugnam Cannensem summa virtute ab Hannibale se defendissent, tum de eorum re publica actum esset. 2. Germani Arminio duce Romanos a tergo et ab utroque latere aggressi sperabant se victoriam de illis reportaturos esse. 3. Quem vestrum fugit, a quo Athenae appellatae sint? 4. E senatus consulto nonnulli, qui steterant a Catilina, sine ulla mora supplicio affecti sunt. 5. Cicero ex quo optime de re publica meritus e patria expulsus erat, cottidie fere ad amicos litteras dabat, quamquam saepe prae lacrimis vix scribere poterat. 6. Galli cum essent rerum novarum cupidi, seditionem aliam ex alia movebant. 7. Multi quidem coram civibus suis pietatem et probitatem prae se ferunt, cum ab omnibus bene audire velint, sed tamen animis pravis sunt. 8. Qui liberis miseris et orbis[9] pro patre est, summa laude dignus est.

> In dubio pro reo!
> De mortuis nil[10] nisi bene[11]!

---

[1] *mūs urbānus.* [2] *mūs rūsticus.* [3] *urbānus, -a, um* städtisch. [4] *bellāria, -ōrum* Leckerbissen. [5] *spēlunca, -ae* Behausung. [6] *dum* m. Ind. Präs. während. [7] *iste.* [8] mit *verba dīcere.* [9] *orbus, -a, -um* verwaist, beraubt. [10] *nīl = nihil.* [11] erg. *dīcās.*

1. Von frühester Kindheit an gewöhnten die Spartaner die Knaben an **156**
Mühen und Schmerzen. 2. Von Tag zu Tag wartete Hannibal auf die Hilfe
(bl. Akk.) der Karthager, da er fürchtete, daß er dem Angriff der Römer
nicht länger widerstehen könne (Impf.). 3. Diviciacus schickte zu Cäsar
Gesandte wegen des Friedens. 4. Nicht selten wurde dem(jenigen) Feldherrn, der sich um die Heimat sehr verdient gemacht hatte, auf Grund
eines Senatsbeschlusses die Bürgerkrone[1] verliehen. 5. Die Bürger, die zum
Besten des Staates gehandelt hatten, wurden in Gegenwart des Volkes von
der Rednerbühne aus gelobt. 6. Es ist nicht zweifelhaft, daß (*quin* mit Konj.)
der selbst schlecht wird, der es mit schlechten Freunden hält.

Präpositionen mit Akk. u. Abl.   W + E
Gr. § 149

1. Cum Romani ponte in Rheno facto amnem transissent et in Germaniam **157**
advenissent, Germani se in silvas abdiderunt. 2. Pueri anxii res in maius
efferre solent. 3. Cum clades Cannensis Romam nuntiata esset, timor in dies
crevit; nam omnes metuebant, ne Hannibal urbem ipsam aggrederetur. 4. Horatius narrat se a Maecenate in amicis numerari. 5. Samnites, qui Romanos
apud Caudium anno a. Chr. n. CCCXXI vicerant, iusserunt eos arma in terra
ponere eosque sub iugum miserunt. 6. Horatius Cocles in ponte sublicio[2]
constitit et Romanos ab hostibus instantibus defendit. 7. Sub vesperum agricola, qui totum diem in arando consumpserat, fessus ex agris revertit.

Übersetze: in diem vivunt – pro numero hostium – multis cum lacrimis – bis in
die – in tempore – sub monte – ab urbe condita (a.u.c.) – ex illo tempore – in
summis angustiis.

1. Wer in den Tag hinein lebt und sich nicht mit ernsten Dingen beschäftigt[3], **158**
wird mit Recht getadelt. 2. Bienen sollen sich auf den Lippen[4] des Knaben
Plato niedergelassen haben. 3. Verschiebe nicht auf den folgenden Tag, was
du heute vollenden kannst! 4. Hannibal übernachtete[5] oft wie ein einfacher
Soldat[6] unter freiem Himmel. 5. Die Sieger fordern die Gefangenen auf, die
Waffen auf die Erde zu legen. 6. Marius schlug am Fuß der Alpen ein Lager,
um die Germanen, wenn sie von den Bergen herabstiegen, anzugreifen.

Übersetze: Auf Grund eines Vertrages – du wirst zur Schau tragen – von vorn –
in der Stadt ankommen – hier (!) ankommen – rechtzeitig – beim Überlegen.

---

[1] *corōna cīvica* Bürgerkrone. [2] *pōns sublicius* Pfahlbrücke. [3] *versārī in aliquā rē* sich
beschäftigen mit etwas. [4] *labium, -ī* Lippe. [5] *pernoctāre* übernachten. [6] *mīles gre-
gārius* einfacher Soldat.

Marius

Quomodo Marius a militibus Sullae persequentibus evaserit
(nach Velleius Paterculus)

Marius equites Sullae fugiens cum erraret ad Circeos cum paucis comitibus et in dies magis egeret omnibus rebus ad vitam necessariis, aliquando sub vesperum agricolis quibusdam occurrit eosque oravit, ut sibi potio-

159 nem et cibum praeberent. Hi postquam audiverunt, quis esset et qua de causa in eas regiones se abdidisset, suaserunt, ut statim abiret. ›Per agros‹, inquit unus e pastoribus, ›equites ab hostibus dispositi sunt, qui tibi instant ab omnibus partibus.‹ Marius eo modo de adventu hostium certior factus cum suis in silvam fugit et prima luce secundum oram vicos finitimos circumiit, ut sibi et comitibus suis cibaria quaereret. Prae lassitudine[1] vix se sustinere[2] potuit; nihilo minus invictum animum prae se tulit et amicos quoque, qui iam dudum animo defecerant, confirmavit.

Fortsetzung

160 Nocte cum in Campaniam fugere vellet, ab utroque latere subito equites hostium appropinquare vidit. Hi putabant illum a se iam captum esse, sed cum maximo stupore equitum Marius in mare se deiecit et ad naviculam litus praetervehentem adnatavit. Nautae quidem eum in navem sustulerunt, sed paulo post exposuerunt. Tum Marius ad paludes Minturnenses[3] contendit, vestem exuit, usque ad mentum[4] in lutum[5] se immersit, caput arundine[6] texit. Sed ne hoc quidem loco tutus erat ab equitibus Sullae. Detectus et

---

[1] *lassitūdō, -inis* f Erschöpfung. [2] *sustinēre* aufrecht halten. [3] *Minturnēnsis, -e* Adj. zu *Minturnae*, Stadt in Latium. [4] *mentum, -ī* das Kinn. [5] *lutum, -ī* Morast. [6] *arundō, -inis* f Röhricht.

Minturnas in vincula abreptus est. Ut eum necaret, servus publicus[1], natione Germanus, missus est, qui forte ab eo erat captus bello Cimbrico. Ille cum agnovisset Marium, gladio abiecto e carcere fugit. Tum Minturnenses tanti viri miseriti eum pecunia et vestitu subornaverunt et in navem imposuerunt. Et Marius in Africam direxit cursum ibique prope ruinas Carthaginis vitam miserrimam vixit.

Quaestiunculae: Cur agricolae Mario suaserunt, ut statim abiret? Quomodo Marius invictum se praebuit? Quid fecit, ut hostes subsequentes effugeret? Quo Marius postremo fugit?

Ansprache Hannibals an seine Soldaten

Als Hannibal in Italien angekommen war und durch Kundschafter erfahren **161** hatte, daß Publius Cornelius Scipio in der Nähe des Ticinus-Flusses ein Lager geschlagen habe, sprach er vor den Soldaten ungefähr folgendes: »Hier müssen wir siegen oder sterben, Kameraden (= Gefährten); denn auf beiden Seiten schließen uns Meere ein[2], vor uns ist ein gewaltiger Strom, der Po[3], hinter uns dräuen[4] die Alpen, die wir eben unter großen Verlusten[5] an Menschen und Tieren überschritten haben. Wohin also sollen wir, wenn wir° eine Niederlage erlitten haben (Part. Pass), fliehen (Konj. Präs.)? Deshalb wisset in Anbetracht[6] der großen Gefahr, daß unser Heil nur auf dem Sieg beruht! Es wird um uns alle geschehen sein, wenn wir uns nicht nach[6] Kräften bemühen (Fut. II), den Sieg über die Feinde zu erringen. Erfüllt alle ohne Ausnahme eure Pflicht; dann wird es den Feinden, die ihr Vaterland gegen euch verteidigen müssen°, nicht gelingen, über euch zu triumphieren.

Zusammenhängende Stücke über den ganzen Lehrstoff

Kassandra

Obwohl Kassandra, die Tochter des Priamos, mit der Kunst, die Zukunft **162** vorauszusehen, begabt war, schenkten ihr die Trojaner keinen Glauben; die einen ärgerten sich über die Worte der Jungfrau, die andern lachten über ihre Torheit, da sie überzeugt waren, daß jene verrückt (= des Geistes nicht mächtig) sei. Aber wider Erwarten schnell trat ein, was Kassandra

---

[1] *servus pūblicus* Staatssklave.   [2] *claudere* einschließen.   [3] *Padus, -ī* Po.   [4] *urgēre.*
[5] Abl.abs.   [6] *prō* in Anbetracht; nach.

gefürchtet hatte; als nämlich bald nach dem Tod des Achilles die Griechen das hölzerne Pferd gebaut und viele Bewaffnete in dessen Bauch[1] verborgen hatten, strömten die Trojaner in der Meinung, die Feinde seien nach Hause zurückgekehrt, auf dem Markt (*in* mit Akk.) zusammen und forderten, daß das Wunderwerk[2] in die Stadt gezogen werde (Impf.). In dieser Lage[3] scheute[4] Kassandra keine (= nicht) Mühe, um die Trojaner von ihrem Vorhaben[5] abzubringen. Aber vergebens! So kam es, daß die Griechen nach der Eroberung Trojas die Einwohner töteten oder in die Sklaverei verkauften.

Die Einführung der Königsherrschaft bei den Medern

163 Die Herrschaft über° Asien (Gen.) hatten einst die Assyrier inne. Als von diesen die Meder abgefallen waren und ihre Freiheit wiedergewonnen hatten, wurde nach dem Sieg, der den freiheitsliebenden Medern viel Blut gekostet hatte, die Königsherrschaft auf folgende Weise eingeführt[6]: Es lebte damals bei den Medern Deiokes, ein einflußreicher und charakterfester Mann. Dieser verwaltete in seinem Dorf das Amt des Richters mit so großer Unparteilichkeit[7], daß ihn auch andere Gemeinden[8] zum Richter machten. Deiokes aber, der nach der Königsherrschaft strebte, verheimlichte den Medern seine Pläne.

Fortsetzung

164 Um aber das, was er wollte, zu erreichen, legte er bald darauf sein Amt nieder. Da von dieser Zeit an die Menschen vor Räubern und Mördern[9] nicht mehr sicher waren, kamen die Meder an einem bestimmten (= festgesetzten) Ort (*in* mit Akk.) zusammen, um zu beraten (= des Beratens halber), ob man nicht den Deiokes zum König wählen solle (Konj. Impf.); denn sie hofften, daß er dann aufs gewissenhafteste für die Bürger sorgen werde. Zum König gewählt ließ Deiokes sogleich einen prächtigen Palast bauen (= baute) und überredete die Meder, ihre Dörfer zu verlassen und eine große Stadt zu gründen, welche dann Ekbatana genannt wurde.

---

[1] *alveus, -ī* Bauch. [2] *opus mīrābile* Wunderwerk. [3] *tempus, -oris.* [4] = schonte, [5] *prōpositum, -i* Vorsatz. [6] *cōnstituere.* [7] *aequitās, -ātis* f Unparteilichkeit. [8] *civitās. -ātis* f. [9] *percussor, -ōris* Mörder.

De taciturnitate Papirii pueri

(nach Gellius I 23 ff)

Prioribus temporibus mos erat Romae senatores cum filiis praetextatis[1] **165** in curiam introire. Aliquando, cum in senatu res maior quaedam consultata et in posterum diem dilata esset, patres vetuerunt eam rem enuntiari, priusquam decreta esset. Mater Papirii pueri, qui cum patre in curia fuerat, percontata est[2] filium, quidnam in senatu patres egissent. Cum puer dixisset sibi tacendum esse, mater facta est cupidior audiendi et quaesivit instantius[3]. Tum puer matre urgente consilium lepidi[4] mendacii cepit. Dixit in senatu actum esse, utrum melius videretur, ut unus duas haberet uxores an ut una duobus viris nupta esset. Illa ubi hoc audivit, statim domo egressa ad ceteras matronas se contulit. Venit ad senatum postridie matrum familias caterva. Lacrimantes orabant, ut potius una duobus nupta fieret quam ut duae uni. Patribus autem mirantibus puer narravit, quid mater audire cupivisset et quid ipse matri dixisset. Et patres fidem et ingenium pueri laudaverunt.

De Tullo Hostilio

Tullum Hostilium, quem populus Romanus Numa Pompilio mortuo regem **166** creaverat, semper fortem se praestitisse constat. Cum esset belli cupidus, Albam Longam, urbem vicinam, regno suo adiungere decrevit. Sed ad regem, qui nocte clam fines Albanorum aggressus erat, Mettius Fufetius, eorum princeps, legatum misit, ut nuntiaret ipsum cum Tullo Hostilio collocuturum esse. Cum duces ad colloquium convenissent, Mettius: ›Nobis deliberandum est, quomodo sine magna clade, sine multo sanguine utriusque populi decerni[5] possit, utra gens alteri imperet. Nam timeo, ne Etrusci exitum huius belli exspectent, ut victos et victores bello fessos aggrediantur et subigant. Itaque pro utroque exercitu terni[6] inter se pugnanto!‹ Tullus Hostilius non timuit, ne falleretur, et assensus est. Ceteris interfectis unus e Romanis victoriam peperit. Sed fide a perfido illo Mettio fracta Tullus omnes milites Albanorum cepit et ira incensus proditorem ipsum crudelissimo supplicio affecit. Deinde legionibus Albam ductis totam urbem praeter templa deorum incendio deleri iussit.

---

[1] *praetextātus* mit der Toga praetexta bekleidet, die gewöhnlich mit 16–17 Jahren abgelegt wurde. [2] *percontārī* fragen. [3] *instāns, -ntis* drängend. [4] *lepidus, -a, -um* heiter, gefällig, drollig. [5] *dēcernere* entscheiden. [6] *ternī, -ae, a* je drei.

De Publio Cornelio Scipione Africano Maiore

167 Cum M. Naevius tribunus plebis P. Cornelium Scipionem Africanum, qui Hannibalem devicerat, corruptionis accusaret diceretque eum ab Antiocho rege pecuniam accepisse, ut secundis condicionibus pacem faceret, et cum alia quaedam tali viro indigna crimini ei daret, Scipio: ›Admoneo‹, inquit, ›vos, Quirites, diem esse hodiernum, quo Hannibalem imperio vestro inimicissimum magno proelio vici. Ne simus igitur ingrati adversus deos et relinquamus illum nebulonem[1]; statim hinc eamus, ut Iovi Optimo Maximo gratias agamus!‹ Cum id dixisset, se avertit et ad Capitolium ire coepit. Tum contio universa tribuno relicto Scipionem in Capitolium comitata atque inde ad aedes eius cum laetitia et gratulatione sollemni prosecuta est.

De electione Chuonradi II
(Wipo, gesta Chuonradi II 2 gek.)

168 Cuncti principes imperii cum convenissent inter Moguntiam[2] et Wormatiam[3], cis et ultra Rhenum castra locabant. Diu certabant, quis regnare deberet, quod alium aetas immatura, alium virtus non explorata recusabat; postremo inter multos pauci electi sunt et de paucis duo, quorum uterque Chuonradus[4] appellabatur, nobilissimo genere natus. Hi autem ipsi inter se convenerunt, ut, si quem maior pars populi et principum laudaret[5], alter sine mora ei cederet. Tum Chuonradus maior natu omnibus spectantibus cognatum osculatus est.

Archiepiscopus[6] Moguntinus, cuius sententia ante alios accipienda erat, rogatus a populo, uter sibi videretur regno dignus, abundanti corde elegit Chuonradum maiorem. Hunc ceteri episcopi et principes sequebantur. Fit clamor populi, qui principibus consentiebat. Tum imperatrix[7] Chunagunda regalia insignia[8], quae ei Imperator Henricus reliquerat, Chuonrado obtulit.

Quomodo Henricus IV. Alpes transgressus sit
(Lamberti Annales)

169 Hiems erat asperrima et montes, quos rex transiturus erat, ita mole nivium et glacie obriguerunt[9], ut omnes in summo periculo vitae versarentur. Sed dies anniversarius[10], quo rex in excommunicationem venerat[11], imminens

---

[1] *nebulō, -ōnis* m Windbeutel. [2] *Moguntia, -ae* Mainz. [3] *Wormatia, -ae* Worms.
[4] *Chuonradus, -ī* Konrad. [5] *laudāre* küren. [6] *archiepiscopus, -ī* Erzbischof. [7] *imperātrix, -icis* Kaiserin. [8] *insignia rēgālia* Reichsinsignien. *obrigēscere* erstarren. [10] *diēs anniversārius* Jahrestag. [11] *in excommūnicātiōnem venīre* exkommuniziert werden.

Relief auf einem
frühchristlichen
Sarkophag in
Rom

nullam moram itineris patiebatur. Nam nisi ante eum diem anathemate[1] absolveretur, regnum in perpetuum amitteret. Itaque quosdam ex indigenis locorum peritos et praeruptis Alpium iugis assuetos mercede conduxit, ut agmen per abruptum montem et per moles nivium praecederent et subsequentibus asperitatem itineris levarent. His ducibus cum in verticem montis pervenissent, nulla ulterius progrediendi[2] facultas erat. Ibi viri periculum superare conantes, nunc manibus et pedibus rependo, nunc ducum umeris[3] innitendo tandem ad campestria[4] pervenerunt. Reginam et alias feminas boum coriis[5] impositas duces devorsum[6] traxerunt.

Christliches Lied aus dem 11. Jahrhundert
Verfasser unbekannt

Media vita in morte sumus:
Quem quaerimus adiutorem,
Nisi te, domine,
Qui pro peccatis nostris
Iuste irasceris?

Sancte deus, sancte fortis,
Sancte et misericors salvator[7],
Amarae[8] morti ne tradas nos.

170

---

[1] *anathema, -atis* n Bann. [2] *ulterius prōgredī* weitergehen. [3] *umerus, -ī* m Schulter.
[4] *campestria, -ium* n Ebene. [5] *corium, -ī* n Leder, Haut. [6] *dēvorsum* hinunter. [7] *salvātor, -ōris* Retter. [8] *amārus, -a, -um* bitter.

Wortschatz

1 officīna   die Werkstätte, die Fabrik   in-cōnsīderātus, a, um   unbedacht, übereilt
officium   die Pflicht, das Pflichtgefühl   (cōnsīderāre)
     sīn, sīn autem   wenn aber

antepōnō	anteposuī	antepositum	antepōnere vorziehen
excolō	excoluī	excultum	excolere bearbeiten, ausbilden

Merke: in bonās artēs incumbere   sich auf die schönen Künste verlegen, sich d. sch. K. widmen

pigritiae succumbere   der Faulheit erliegen
id studēre, ut   danach streben, daß

Unbestimmte Fürwörter (prōnōmina indēfīnīta)
(ūnus-)quisque, quīlibet, quīvīs, uterque
Gr. § 57

2/3 per-petrāre   vollführen, erreichen, durchsetzen   reī pūblicae perītus   in der Staatsverwaltung erfahren, der Staatskunst kundig

Merke: uterque frāter **valet**.   (Jeder der beiden Brüder **ist** gesund.) Beide Brüder **sind** gesund.

nēminem nostrum fugit   jeder von uns weiß

ferre *(to bear)*
Gr. § 95

4/5 nēmō ferē   fast niemand, so ziemlich niemand

Merke: aegrē (= graviter) ferre aliquid   über etwas ungehalten sein, sich über etwas ärgern
aequō animō ferre aliquid   etwas mit Gleichmut tragen
aequissimō animō ferre   mit größtem Gleichmut tragen

odiō ferrī   sich vom Haß hinreißen lassen
Haec terra māgnōs virōs tulit.   Dieses Land hat große Männer hervorgebracht.

Komposita von ferre
Gr. § 96

afferre – auferre – cōnferre – differre – efferre – īnferre – offerre – perferre – referre **6/7**

| af-ferre | herbeitragen, berichten | sē cōn-ferre | sich (wohin) begeben |
| au-ferre | wegtragen, hinwegraffen | | |

prae-ferō praetulī praelātum praeferre — vorantragen, zur Schau tragen, vorziehen *(to prefer)*

Merke:

beneficia cōnferre in aliquem	einem Wohltaten erweisen
differre aliquid in crāstinum diem	etwas auf den morgigen Tag verschieben
iniūriam īnferre (afferre) alicui	einem Unrecht zufügen
grātiam referre alicui	einem Dank abstatten
clādem accipere	eine Niederlage erleiden

3. Konjugation
Gr. § 92, Nr. 100–118, 205–207 (W) Ergänzung:

sēcernere – oppōnere – dispōnere – incolere – cōnserere – arripere   **8/9**

| vestīgāre | nachspüren, ausfindig machen *(to investigate)* | etsī | wenn auch, wenngleich |

Merke: castra pōnere — ein Lager aufschlagen
manūs cōnserere cum aliquō — mit jmd. handgemein werden, in Nahkampf geraten

velle, nōlle, mālle
Gr. § 97

in-commodum	die Unbequemlichkeit, der Nachteil	invītus, a, um	unwillig, wider Willen, ungern	**10/11**
cūriōsus, a, um	eifrig, wißbegierig, neugierig *(curious)*	Invītus labōrō.	Gegen meinen Willen, ungern arbeite ich.	
intentus, a, um (alicui rei)	gespannt, aufmerksam auf etw., beschäftigt mit etw. *(to intend)*			

Merke: iniūriam accipere   Unrecht erleiden
prō vērō habēre aliquid   etwas für wahr halten

12/13 tantum–quantum so viel – wie | quam plūrimī   möglichst viele, so viele wie möglich

3. Konjugation
Gr. § 92, Nr. 119–143, 208 (W) Ergänzung:

14/15 *rēpere – serpere – dēscrībere – praescrībere – ēdīcere – interdīcere – vehī – distinguere*

nārrātiō, -ōnis f. (nārrāre)	die Erzählung	pūgiō, -ōnis m.	der Dolch
populāris, -is m. (populus)	der Landsmann	pūblicāre (pūblicus)	für die Staatskasse einziehen, beschlagnahmen *(to publish)*

Gr. § 92, Nr. 144–159, 209 (W) Ergänzung:

16/17 *explōdere – ēlīdere – illūdere – rādere – rōdere – cōnectere – spargere*

arēna   der Sand, Kampfplatz
proelium nāvāle, pūgna nāvālis   die Seeschlacht

bellum nāvāle   der Seekrieg
fūrtum (fūr)   der Diebstahl

in-clūdō	inclūsī	inclūsum	inclūdere (claudere)	einschließen *(to include)*
in-dīcō	indīxī	indictum	indīcere	ankündigen, erklären
suc-cēdō	successī	successum	succēdere (alicui)	einem nachfolgen, jmds. Nachfolger sein *(to succeed, the successor)*

Merke: sē fortiter gerere   sich tapfer zeigen
locō cēdere   von der Stelle weichen
dē vītā dēcēdere   aus dem Leben scheiden, sterben

18 tabella   das Täfelchen, der kurze Brief (Tabelle)

tribūnal, -ālis n.   der Richterstuhl, der Gerichtshof *(the tribunal)*

quaestiuncula (quaerere)   kleine Frage

tunc (= tum) (Adv.)   damals

Merke: capitis (od. capite) damnāre   jmd. zum Tode verurteilen
     aliquem
     iūs dīcere   Recht sprechen
     propius accēdere   näher heranrücken, herangehen
     neque quisquam   und keiner, und niemand

rēgia (erg. domus) der Königspalast, Königshof	prō-flīgāre zu Boden schlagen īrā īnflammātus von Zorn entflammt, aus Zorn	**19/20**

3. Konjugation: Perfekt mit Dehnung des Stammvokals
Gr. § 92, Nr. 160–163

agere – peragere – redigere – exigere – subigere – cōgere – frangere – perfringere – **21/22**
emere – redimere – dirimere – legere – colligere – dēligere – ēligere.

formīca	die Ameise	sēdāre beruhigen, stillen

Merke: grātiās agere   Dank sagen
     in crucem agere, crucī affīgere   kreuzigen
     in potestātem suam redigere   unter seine Gewalt bringen
     aliquem māgnā pecūniā redimere   jmd. für viel Geld loskaufen

3. Konjugation: Perfekt mit Dehnung des Stammvokals
Gr. § 92 Nr. 162–165

dēmere – prōmere – cōnsīdere – possīdere – edere

pestilentia	die Seuche, Pest *(the pestilence)*	iterum (Adv.) zum zweitenmal, noch einmal	**23/24**
vīvus, a, um	lebend	com-prehendere ergreifen, begreifen neque tamen aber nicht

Merke: operam cōnsūmere   Mühe aufwenden
     multum temporis cōnsūmere   viel Zeit auf etwas verwenden
     in aliquā rē
     pestilentiā cōnsūmī   von der Pest dahingerafft werden, an
                         der Pest sterben

Gr. § 92, Nr. 166–169

relinquere – rumpere – corrumpere – ērumpere – vincere – convincere – dēvincere – **25/26**
fundere – cōnfundere – diffundere

tragoedia	das Trauerspiel, die Tragödie	moribundus, a, um	sterbend
sodālis, -is m.	der Kamerad, Gefährte	circā (Adv.)	ringsum, in der Umgebung
diūturnus, a, um	lange dauernd, lang		

Merke: 1. fundere ac fugāre — in wilde Flucht schlagen
2. labor diūturnus (Adjektiv!) — die lange Arbeit
Diū labōrāmus. (Adverb!) — Wir arbeiten lange.

Gr. § 92, Nr. 210–214 fierī Gr. § 100

27/28 *dēcipere – praecipere – suscipere – incipere – assuēfacere – patefacere – satisfacere – afficere – dēficere – interficere – perficere – praeficere – abicere – adicere – ēicere – obicere – subicere – aufugere – perfugere – fodere – perfodere – trānsfodere*

aspectus, -ūs m.   der Anblick *(the aspect)*

Merke: foedus facere, foedus inīre — ein Bündnis schließen
pontem in fluviō facere — eine Brücke über den Fluß schlagen
dūcem cōpiīs praeficere — den Feldherrn an die Spitze der Truppen stellen
quam celerrimē fugere — möglichst schnell fliehen, so schnell wie möglich fliehen

Die Konjunktion **postquam** leitet immer einen Nebensatz ein; gewöhnlich folgt der Ind. Perf., im Dt. Plqpf.

Mercātor postquam pecūniam accēpit, discessit. — Nachdem der Kaufmann das Geld empfangen hatte, ging er weg. (Stellung des gemeinsamen Subjekts!)

Vergleiche damit das Zeitadverb **posteā**:

Mercātor pecūniam accēpit. Posteā discessit. — Der Kaufmann empfing das Geld. Nachher ging er weg.

Besonderheiten der Deklinationen, Genusregeln
Gr. §§ 19, 26, 29, 33, 34

29/30 indūtiae, -ārum	der Waffenstillstand	prīvāre aliquem aliquā rē	jmd. einer Sache berauben, jmd. etwas wegnehmen
scientia	das Wissen, die Kenntnisse *(the science)*	trādere	übergeben, ausliefern, überliefern

Merke: hostem spoliīs (Abl.) prīvāre   den Feind der Rüstung berauben, dem
Feind die Rüstung wegnehmen

terram ferrō ignīque vāstāre   ein Land mit Feuer und Schwert verwüsten

quisquis; quīcumque; quisquam, ūllus; nēmō, nihil; nūllus
Gr. §§ 54b; 56,3; 59

quisquis	wer nur immer; je- der, der *(whoever)*	quisquam	(irgend-)jemand, (irgend-)einer
quidquid	was nur immer; alles, was *(whatever)*	quicquam ūllus, a, um	(irgend-)etwas (irgend-)ein
quīcumque (quaecumque, quodcumque)	wer (welcher) nur immer; jeder, der		
spēs salūtis	Hoffnung auf Ret- tung	mortem obīre	sterben, den Tod auf sich nehmen
quālis, -e	wie beschaffen, was für ein (Qualität)	respicere	berücksichtigen, achten auf
contemplārī	betrachten, beschauen	neque umquam	*(to respect)* und niemals

31/32

Merke: *Quisquis* und *quīcumque* sind Relativpronomina, *(ūnus-)quisque* dagegen
ist Indefinitpronomen:

1. Quisquis veniet, mē adiuvābit.   **Wer auch immer** kommen wird
(Jeder, der kommen wird), wird
mich unterstützen.

2. Ūnusquisque dōna tulit.   **Jeder** brachte Geschenke.
Suum quisque dōnum tulit.   **Jeder** brachte sein Geschenk.

3. Konjugation: Perfekt mit Reduplikation
Gr. § 92, Nr. 170–175

bibere – cōnsistere – dēsistere – resistere – circumsistere – dēdere – ēdere – prōdere – **33/34**
reddere – trādere – abdere – addere – condere – crēdere – perdere – vendere – pungere –
tangere – attingere – tendere – contendere – ostendere

acus, -ūs f.	die Nadel	nimis, nimium	zu viel, übermäßig
armātus, a, um	bewaffnet, Subst.: der Bewaffnete	(Adv.) (nimius) dīcere aliquid	etwas zu einem sagen
sē abdere	sich verbergen	alicui	

re-surgō resurrēxī resurrēctūrus   resurgere wieder aufstehen, auferstehen
contingit contigit contingere (unpers.!)   es gelingt, es glückt

Merke: sub corōnā vendere   in die Sklaverei verkaufen
       sub corōnā vēnīre   als Sklave verkauft werden
       memoriae prōditum est   es ist geschichtlich überliefert
       rem acū tangere   den Nagel auf den Kopf treffen

Gr. § 92, Nr. 176–179

35/36 *pendere – cadere – incidere – dēcidere – occidere – recidere – caedere – occīdere – rescindere*

crīnis, -is m.   das Haar | ingēns vīs aurī   eine ungeheure
dēnuō (Adv.)   erneut, wieder | Menge Gold

Merke: in morbum incidere   in eine Krankheit fallen, erkranken
       in manūs hostium incidere   den Feinden in die Hände fallen

Gr. § 92, Nr. 180–185, 215

37/38 *currere – succurrere – accurrere – occurrere – pellere – appellere – expellere – impellere – repellere – percellere – parcere – canere – fallere – parere*

nex, necis f.   der Mord, der (ge- | hesternus, a, um gestrig
  (necāre)   waltsame) Tod | (herī)
certāmen pedum der Wettlauf | obtinēre   behalten, innehaben
cupiditās   die Neugierde
  spectandī

Merke: ad lītus appellere (*erg.* nāvem)   an der Küste landen
       ad rādicēs montis contendere   an den Fuß des Berges eilen
       Irā impulsus hoc fēcī.   Aus Zorn habe ich das getan.
       victōriam parere dē aliquō   einen Sieg erringen über jmd.
       laudem sibi parere   sich Ruhm erwerben

Beachte: *Dīcī* (gesagt werden) und *vidērī* (scheinen) werden im Lateinischen immer persönlich konstruiert. Im Deutschen ist in diesen Fällen meistens eine andere Wiedergabe erforderlich:

Deī Niobam pūnivisse **dīcuntur.**   Es wird gesagt (man sagt), die Götter
                       hätten Niobe bestraft. Die Götter
                       sollen Niobe bestraft haben (vgl.
                       I am said to).

Māgnam laudem tibi peperisse vidēris.		Du scheinst dir großen Ruhm erworben zu haben. Anscheinend hast du dir großen Ruhm erworben.		

discrīmen vītae	die Lebensgefahr	re-cordārī ali-	sich an etwas	**39**
per-vestigāre	durchsuchen, erforschen	quid (cor) minimē (Adv.)	erinnern am wenigsten, keineswegs	

Merke: 1. Quis vestrum id audīvit? Wer von euch hat das gehört?
Nēmō nostrum id audīvit. Keiner von uns hat das gehört.

2. Nach den Verben des Fürchtens heißt *nē* daß:
Timeō, nē sērō veniam. Ich fürchte, daß ich zu spät komme.
Ich fürchte, ich komme zu spät.
Ich fürchte, zu spät zu kommen.

memoria	das Gedächtnis, die Erinnerung	saeculum	das Jahrhundert, das Zeitalter	**40**
convīvium	das Gastmahl, das Gelage			

3. Konjugation: Perfekt ohne Veränderung des Präsensstammes
Verba ohne Perfekt Gr. § 92, Nr. 186–193

accendere – incendere – dēfendere – offendere – prehendere – comprehendere – re- **41/42**
prehendere – ascendere – cōnscendere – dēscendere – vertere – ēvertere – animadvertere
– excellere – furere – tollere

super-stes, -stitis (Abl. -e; Gen.Pl. -um)	überlebend	veniam petere ab aliquō	jmd. um Verzeihung bitten
vērīsimilis, -*e*	wahrscheinlich	veniam dare alicui	jmd. verzeihen

Merke: tergum vertere den Rücken wenden, fliehen
Mīles tergum vertit. Der Soldat flieht.
Mīlitēs terga vertunt. Die Soldaten fliehen.
īrā incēnsus zornentflammt, im Zorn
ē mediō tollere aus dem Wege schaffen, beseitigen
māgnum clāmōrem tollere ein lautes Geschrei erheben

3. Konjugation: Verba auf -uō
Gr. § 92, Nr. 194–204

43/44 *acuere – abluere – dīluere – minuere – statuere – cōnstituere – īnstituere – restituere – tribuere – exuere – induere – solvere – absolvere – volvere – ruere – corruere – dīruere – obruere – arguere – metuere*

at-tribuō	attribuī	attribūtum	attribuere	zuteilen (das Attribut)
dis-tribuō	distribuī	distribūtum	distribuere	verteilen *(to distribute)*
dē-minuō	dēminuī	dēminūtum	dēminuere }	vermindern, schwächen
com-minuō	comminuī	comminūtum	comminuere }	
pol-luō	polluī	pollūtum	polluere	besudeln, beflecken, entweihen

ád-vena m. der Ankömmling,	prīscus, a, um alt, altehrwürdig
(ad-venīre) Fremdling	lapidibus obruere steinigen
im-pietās, -ātis f. die Gottlosigkeit	

Merke: exuere aliquem spoliīs jmd. die Rüstung ausziehen

45/46

causa der Grund, Sachverhalt, die Streitsache, der Prozeß	rōstrum der Schnabel, der Schiffsschnabel	
iūsiūrandum n. der Eid	rōstra, -ōrum die Rednerbühne (auf dem Forum in Rom)	
iūrisiūrandī		
iūsiūrandum einen Eid leisten		
iūrāre		

inter-clūdō interclūsī interclūsum interclūdere versperren, abschneiden

Merke: praedam in silvās (Akk.) abdere die Beute in den Wäldern verstecken
quiētī sē dare sich ausruhen
dēspērāre dē salūte, oder: an der Rettung verzweifeln
dēspērāre salūtem
pedibus incēdere zu Fuß (einher-) gehen
in gladium incumbere sich ins Schwert stürzen

I. Der Akkusativ mit Infinitiv (AcI) drückt im Lateinischen eine Behaup- 47/48
tung aus. Er steht nach den Verben des Sagens, Meinens, Denkens
und der sinnlichen Wahrnehmung sowie der Gemütsbewegung (vgl.
Gr. § 154,1). In diesen Fällen wird er als Objekt oder (bei passivem
Verbum) als Subjekt verwendet:

Miles nuntiat hostes victos esse.	Der Soldat meldet, daß die Feinde besiegt wurden. Oder: Der Soldat meldet den Sieg über die Feinde.
Nuntiatum est hostes victos esse.	Es wurde gemeldet, daß die Feinde besiegt seien. Der Sieg über die Feinde wurde gemeldet.

Der AcI kann außerdem als **Subjekt** stehen nach einer Reihe von
unpersönlichen Verben:

Constat patrem brevi rediturum esse.	Es ist bekannt, daß der Vater bald zurückkehren wird. Oder: Die baldige Rückkehr des Vaters ist bekannt.

II. Der AcI ist ein Satzteil (Subj. oder Obj.), kein Nebensatz; daraus ergibt sich:

a) Der AcI wird im Lateinischen nicht durch ein Komma abgetrennt.

b) Ein innerhalb des AcI stehendes Personal- oder Possessivpronomen
der 3. Person, das sich auf das Subjekt des regierenden Verbums
(also das des Gesamtsatzes) bezieht, muß durch die reflexiven Formen
des Personal- und Possessivpronomens *(sui, sibi, se* und *suus)*
ausgedrückt werden.

Pater dicit se erravisse.	Der Vater sagt, daß er geirrt habe. Aber:
Scio eum erravisse.	Ich weiß, daß er geirrt hat.

III. Für die Übersetzung des AcI gilt folgendes:

a) Vom Lateinischen ins Deutsche:
Der Akkusativ des AcI wird zum Subjekt des deutschen daß-Satzes.
Der Infinitiv wird zum verbum finitum (Prädikat) des deutschen
daß-Satzes.

b) Vom Deutschen ins Lateinische:
Das Subjekt des deutschen daß-Satzes wird in den Akkusativ gesetzt.

Das Verbum finitum des daß-Satzes wird Infinitiv; ein Prädikatsnomen tritt ebenfalls in den Akkusativ.

IV. Wir haben dafür folgende Infinitive zur Verfügung:

Aktiv: Inf. Präs. laudāre, dēlēre, audīre, legere, esse

» Perf. laudāvisse, dēlēvisse, audīvisse, lēgisse, fuisse

» Fut. laudātūrum (am), dēlētūrum, audītūrum, lēctūrum esse, futūrum esse = fore

Passiv: Inf. Präs. laudārī, dēlērī, audīrī, legī

» Perf. laudātum (am), dēlētum, audītum, lēctum esse

» Fut. Ersatz mit Supin (wird später gelernt)

V. Ein Pronomen als Subjekt des daß-Satzes muß übersetzt werden:

Dico me erravisse   dico nos erravisse
dico te erravisse   dico vos erravisse
dico eum erravisse   dico eos erravisse

VI. Der lat. AcI kann im Deutschen verschieden wiedergegeben werden:
Nuntius hostes fugisse dixit.

a) durch einen daß-Satz, was aber möglichst vermieden werden soll.
Der Bote sagte, daß die Feinde geflohen seien.

b) durch einen konjunktionslosen Nebensatz im Indikativ oder Konjunktiv.
Der Bote sagte, die Feinde seien geflohen.
Der Bote sagte, die Feinde sind geflohen.

c) mit Hilfe eines Zwischensatzes:
Die Feinde sind, wie der Bote sagte, geflohen.
Die Feinde sind, so sagte der Bote, geflohen.

d) durch ein Substantiv:
Der Bote meldete die Flucht der Feinde.

diciō, -ōnis f.   die Botmäßigkeit, Gewalt

simulāre   sich stellen als ob
(mit AcI)

Merke: aliquid suae diciōnis facere   etwas unter seine Gewalt bringen
Negat sē aegrōtāre.   Er streitet ab, krank zu sein.
   Er behauptet, nicht krank zu sein.

Graecī simulābant sē reditūrōs esse.   Die Griechen gaben vor zurückzukehren. Die Griechen stellten sich, als ob sie zurückkehren wollten.

49 terrā marīque   zu Wasser und zu Lande

aliēnus, a, um	fremd, ungeeignet	sub-esse	darunter sein, versteckt sein, vorliegen	**50**
pār (Gen.paris)	gleich, gewachsen		
ergō (Adv.)	also, daher	noctū (Adv.)	bei Nacht, nachts

Merke: Caesar **animōs militum** cōnfirmāvit. — Cäsar sprach **seinen Soldaten** Mut zu.

per-fidia (perfidus)	die Treulosigkeit *(the perfidy)*	in-vocāre	anrufen	**51**
solitus, a, um (solēre)	gewohnt, üblich	appāret	es ist klar, es geht (deutlich) hervor *(to appear)*

re-nāvigāre — zurücksegeln — **52/53**

in-secō — īnsecuī — īnsectum — īnsecāre — aufschneiden, zerschneiden

Merke: bonō animō esse — guten Mutes sein
Bonō animō sumus. — Wir sind guten Mutes.

Subjekt – Prädikat – Kongruenz
Gr. §§ 103–105

prōditor, -ōris m. (prōdere)	der Verräter	cadūcus, a, um (cadere, cāsus)	hinfällig, vergänglich, nichtig	**54/55**
homō mendāx, -ācis	der Lügner	dē-serere	verlassen, im Stich lassen (Deserteur)

ex-sistō — exstitī — exsistere — hervortreten, auftreten als *(to exist)*

Merke: in summum perīculum vocāre — in die höchste Gefahr bringen

Attribut – Prädikativum
Gr. §§ 106–108

diálogus, -ī m. (gr. Lehnw.)	das Gespräch (der Dialog)	trepidus, a, um	ängstlich, besorgt	**56/57**
nāvis longa	das Kriegsschiff	sacrificāre (sacer)	opfern *(to sacrifice)*
incolumis, -e	unversehrt, heil	vir vērē Rōmānus	ein echter Römer
maestus, a, um	traurig		

contra-dīcō — contradīxī — contradictum — contradīcere — widersprechen *(to contradict)*

ex-cipio — excēpī — exceptum — excipere — aufnehmen, empfangen

Merke: extrēmō annō — bei Jahresende

Unterscheide:

Mercātor **laetus** rediit. (Prädikativum) — Der Kaufmann kehrte froh zurück.
Mercātor **celeriter** rediit. (Adverb) — Der Kaufmann kehrte schnell zurück.

58 saevitia (saevus, saevīre) — die Wildheit, Grausamkeit *(savage)* — nūdāre (nūdus) — entblößen
dēfēnsor, -ōris m. (dēfendere) — der Verteidiger — nūdāre alqm alqā rē — jmd. einer Sache berauben
intolerābilis, -e (tolerāre) — unerträglich *(intolerable)* — conciliāre sibi aliquem — jmd. für sich gewinnen *(to conciliate)*
grandis nātū — bejahrt, alt — dē-populārī — entvölkern, verwüsten

Merke: virgīs caedere — mit Ruten peitschen
in exilium ēicere — verbannen

59 dūritia — die Härte, Ausdauer — inimīcissimus, -ī — der Todfeind
temperantia — die Selbstbeherrschung, Besonnenheit — pūgna ad Zamam facta — die Schlacht bei Zama

Final- u. Konsekutivsätze sowie »daß« nach den verneinten Ausdrücken des Zweifelns

Gr. §§ 176; 177; 181, 1a

I. Finalsätze (Absichts- u. Begehrungssätze):

60/61 a. Legibus servimus, ut liberi esse possimus. — Wir dienen den Gesetzen, daß (damit) wir frei sein können.
Wir dienen den Gesetzen, um frei sein zu können.

Caesar legatos misit, ut condiciones pacis hostibus nuntiarent. — Caesar schickte Gesandte, daß (damit) sie die Friedensbedingungen den Feinden meldeten.

Multi ideo leges observant, ne puniantur. — Viele beobachten deshalb die Gesetze, daß (damit) sie nicht bestraft werden.

b. Oramus, ut nobis adsitis. — Wir bitten, daß ihr uns beisteht.
Wir bitten, ihr möget uns beistehen.
Wir bitten euch, uns beizustehen.

Pater liberis imperat, ne mentiantur. — Der Vater befiehlt den Kindern,
daß sie nicht lügen.
sie sollen nicht lügen.
nicht zu lügen.

Die Finalsätze drücken aus:

    a. nach einem beliebigen Verbum des übergeordneten Satzes eine Absicht oder einen Zweck. Im Deutschen entspricht ein Satz mit »daß, damit«, bei gleichem Subjekt auch ein Infinitiv mit »um zu«. Nicht selten weisen im übergeordneten Satz adverbiale Ausdrücke wie *ideō, proptereā, eō cōnsiliō* (in der Absicht) auf den folgenden Absichtssatz hin.

    b. nach den Verben des Bittens, Forderns, Strebens den Inhalt des Begehrens. Im Deutschen entspricht ein Satz mit »daß«, eine konjunktivische Wendung oder ein Infinitiv mit »zu«.

Ist der Finalsatz verneint, so heißt »daß nicht, damit nicht« *nē*.

II. Konsekutivsätze (Folgesätze):

    a. Hostes **tam** fortiter pugnant, ut omnes socii fugiant.
       Die Feinde kämpfen **so tapfer**, daß **alle** Bundesgenossen fliehen.

       Hostes **tam** fortiter pugnant, **ut** vincere **non** possimus.
       Die Feinde kämpfen **so tapfer**, daß **wir nicht** siegen können.

    b. Saepe accidit, ut inviti iniuriam faciamus.
       Oft geschieht es, daß wir wider Willen Unrecht tun.

Die Konsekutivsätze stehen:

    a. nach beliebigen Verben zum Ausdruck einer Folge; daher steht im Deutschen häufig »so daß« oder im übergeordneten Satz ein »so«.

    b. nach unpersönlichen Ausdrücken des Geschehens, Folgens (z. B. *fit, contingit*) u. ä.

Ist der Konsekutivsatz verneint, so heißt »daß nicht« *ut nōn*.

III. Nach den Verben des Fürchtens heißt »daß« *nē*.

    Timeo, ne pater me vituperet.   Ich fürchte, daß mich der Vater tadelt.

IV. Nach den verneinten Ausdrücken des Zweifelns heißt »daß« *quin*.

    Dubium non est, quin Socrates sapientissimus fuerit.   Es ist nicht zweifelhaft, daß Sokrates sehr weise gewesen ist.

centuriō, -ōnis (centum) m.	Zenturio (Führer einer Hundertschaft)		īn-sultāre	verhöhnen (*to insult*)
prōiciō	prōiēcī	prōiectum	prōicere	vorwerfen

3. Konjugation: Verba auf -scō
Gr. § 92, Nr. 216–228

62/63 *pāscere – crēscere – quiēscere – assuēscere – cōnsuēscere – nōscere – īgnōscere – cognōscere – discere – poscere – obmūtēscere – conticēscere – exārdēscere – convalēscere – cōnscīscere – adolēscere*

mora (morārī) der Aufschub, Verzug, Zeitraum	cottīdiē (Adv.) täglich, Tag für Tag

con-cupīscō	concupīvī	concupīscere	(eifrig) wünschen, verlangen
ē-vānēscō	ēvānuī	ēvānēscere	verschwinden, dahinschwinden *(to vanish)*

Merke: 1. Labōre assuēscō. — Ich gewöhne mich an die Arbeit.
Tē labōre assuēfaciō. — Ich gewöhne dich an die Arbeit.

2. In tempore venīre cōnsuēvī. — (Ich habe mich daran gewöhnt, rechtzeitig zu kommen.) Ich pflege rechtzeitig zu kommen.

Hunc mōrem nōvī. — (Ich habe diesen Brauch kennengelernt.) Ich kenne diesen Brauch.

3. mortem sibi cōnscīscere — sich den Tod geben, Selbstmord begehen

4. in diēs crēscere — von Tag zu Tag wachsen

5. (sē) abstinēre peccātō — sich der Sünde enthalten, sich von Sünde frei halten

64 factiō, -ōnis f. das Tun, Treiben, die Umtriebe, die Partei

aemula f. die Nebenbuhlerin, Rivalin

aemulus, a, um nacheifernd, eifersüchtig

aemulārī nacheifern

dēficere ausgehen, fehlen

aemulus, -ī m. der Nebenbuhler, Rivale

ratus, a, um (von rērī meinen) in der Überzeugung, daß (AcI)

Merke: bellum renovāre — den Krieg von neuem beginnen
īram movēre — Zorn erregen

65 libellus, -ī m. das Büchlein, die kleine Schrift

passim (Adv.) (patēre) weit und breit, allenthalben

ōrnātus, -ūs m. (ōrnāre) der Schmuck, die Ausstattung

iūre mit Recht

3. Konjugation: Deponentia
Gr. § 92, Nr. 229–237 (W) Ergänzung:

fungī – fruī – ūtī – complectī   66/67

ab-ūtor   abūsus sum   abūtī (aliquā rē)   (etwas) mißbrauchen *(to abuse)*

Merke: pāce fruī   den Frieden genießen, in Frieden leben
      occāsiōne ūtī   die Gelegenheit benützen, von der Ge-
                    legenheit Gebrauch machen

3. Konjugation: Deponentia und Semideponentia
Gr. § 92, Nr. 238–252

nāscī – nancīscī – ulcīscī – īrāscī – adipīscī – proficīscī – comminīscī – reminīscī – 68/69
oblīvīscī – vēscī – orīrī – morī – patī – gradī – aggredī – fīdere – cōnfīdere – diffīdere –
revertī – dēvertī

per vim   mit Gewalt, gewaltsam
ad-orior   adortus sum   adorīrī   angreifen
per-petior   perpessus sum   perpetī   ertragen, erdulden
trāns-gredior   trānsgressus sum   trānsgredī   hinübergehen, überschreiten

meritō (Adv.)   mit Recht, | priusquam   bevor, ehe   70
          verdientermaßen | vespere od.   am Abend
                    | vesperī

capessō   capessīvī   capessītum   capessere   (hastig) ergreifen

Merke: prīmā lūce   bei Tagesanbruch
      praebēre aurēs alicui   sich jmd. anhören (sein Ohr leihen)

      liberālis, -e   freigebig, gütig, edel *(liberal)*   71

Merke: vim afferre alicui   einem Gewalt antun

Verba defectiva und einige Verba impersonalia
Gr. § 101

aiō – inquam – meminisse – ōdisse   72/73

Auswahl von § 102:

1. áccidit   áccidit   accidere   es ereignet sich *(the accident)*
2. cōnstat   cōnstitit   cōnstāre   es steht fest, es ist bekannt
3. contingit   cóntigit   contingere es trifft sich gut, es glückt

4. libet   libuit   libēre   es beliebt
5. licet   licuit   licēre   es ist erlaubt *(the licence)*
6. praestat   praestitit   praestāre   es ist besser

con-cīdō   concīdī   concīsum   concīdere   zusammenhauen, niedermachen
    (caedere)

inīquitās, -ātis f. die Ungleichheit, (iniquus) Unbilligkeit, Ungerechtigkeit	peccātor, -ōris m. der Sünder sēcūritās, -ātis f. die Sicherheit

74 inertia (in-ers)   die Untätigkeit, | vēnārī (vēnātor)   jagen
                   Trägheit | sēdulō (Adv.)   fleißig
   exāmināre   abwägen, prüfen | (sēdulus)
                 (to examine)

cōn-scrībō   cōnscrīpsī   cōnscrīptum   cōnscrībere   aufschreiben, verfassen,
                                                   (Rekruten) ausheben

con-vertō   convertī   conversum   convertere   umwenden, verändern *(to
                                              convert)*

sē convertere   sich umwenden, sich
                                                    ändern

Merke: cōnfīsus vīribus   auf seine Kräfte vertrauend, im Ver-
                                             trauen auf seine Kräfte

      aliquem laudibus efferre   jmd. (mit Lob erheben) rühmen, preisen
      praé sē ferre   (vor sich her) zur Schau tragen, zeigen,
                              aufweisen

      nēmō nisi deus   niemand außer Gott, nur Gott

75 specus, -ūs m.   die Höhle
   dē-trahō   dētrāxī   dētractum   dētrahere   abziehen, wegnehmen

76 caedēs, -is f.   das Töten, der Mord | inde (Adv.)   von da, daher
   (caedere)
   labor, -ōris m.   die Arbeit, Mühe,
                   Beschwerde, Not

dē-dūcō   dēdūxī   dēductum   dēdūcere   wegführen, abführen, hinführen

78 aequālis, -is m.   der Zeitgenosse, | sub-īre   eine Gefahr
                  Altersgenosse | periculum   bestehen
                  (equal)

Akkusativ
Gr. § 110

(ad-)aequāre (aequus)			erreichen, gleichkommen *(adequate)*	**79/80**
in-gredior	ingressus sum	ingredī	einherschreiten, hineingehen, betreten	

Beachte den Gebrauch des Verbums *ulcīscī*:

1. Achillēs mortem Patroclī ultus est.   Achilles rächte den Tod des Patroklus.
2. Achillēs Patroclum amīcum ultus est.   Achilles rächte seinen Freund Patroklus.
   (...nahm Rache für seinen Freund P.)
3. Achillēs Hectorem inimīcissimum ultus est.   Achilles rächte sich an seinem Todfeind Hektor. (...nahm Rache an...)
4. Achillēs Hectorem pro morte amīcī ultus est.   Achilles rächte sich an Hektor für den Tod seines Freundes.

Gr. §§ 111, 132

mendācium (mendāx)	die Lüge	in-ops, -opis (Gen.Pl.: ínopum) (inopia)	machtlos, mittellos, arm **81/82**

decet	decuit	decēre	es ziemt sich
dedecet	dēdecuit	dēdecēre	es ziemt sich nicht
iuvat	iūvit	iuvāre	es freut, es hilft
miseret		miserēre	es jammert
paenitet	paenituit	paenitēre	es reut
piget	piguit	pigēre	es verdrießt
pudet	puduit	pudēre	es beschämt
taedet	pertaesum est	taedēre	es ekelt

Merke: Paenitet mē sceleris.   Mich reut das Verbrechen. Ich bereue das Verbrechen.

Nēminem fallit (fugit, praeterit).   Keinem entgeht es. Jeder weiß.
Taedet mē cibī.   Die Speise ekelt mich an. Ich empfinde Ekel vor der Speise.

Gr. §§ 112, 113, 117

cūnctātiō, -ōnis f. (cūnctārī)	das Zögern, Zaudern	in-dīgnārī (aliquid)	unwillig sein (über etwas)	**83/84**
apud īnferōs	in der Unterwelt	maerēre	trauern, betrauern	
blandus, a, um	schmeichlerisch	rogātū (abl.) (rogāre)	auf Bitten	
blandīrī	schmeicheln *(to blandish)*			

93

ante-veniō	antevēnī	anteventum	antevenīre (aliquem)	(einem) zuvorkommen
trā-iciō	trāiēcī	trāiectum	trāicere	hinüberwerfen, hinüber-schaffen, hinübersetzen
praeter-vehor		praetervectus sum	praetervehī	vorbeifahren

Gr. §§ 114, 116 »Merke«

85/86 concilium — die Zusammenkunft, Versammlung, *(the council, Konzil)* | laus bellica — der Kriegsruhm
servitūtem — in Knechtschaft
servīre — leben

Gr. §§ 115, 116 u. Z

87/88 stadium — die Rennbahn, Laufbahn (als Längenmaß: 1 Stadium = etwa 180 m) | ne-fārius, a, um (nefās) — ruchlos
flāgitāre — verlangen, fordern
per-errāre — umherirren, durchschweifen
artēs bonae — die schönen Künste

Merke: 1. Vīgintī annōs nātus sum. — Ich bin zwanzig Jahre alt.
Vīcēsimum annum agō. — Ich stehe im zwanzigsten Lebensjahre.
2. Doceō tē artem. — Ich lehre dich eine Kunst.
Doceō tē dē perīculō. — Ich setze dich von der Gefahr in Kenntnis. Ich unterrichte dich über die Gefahr.
3. Aktiv: Mē perīculum (dē perīculō) cēlās. — Du verheimlichst mir die Gefahr.
Passiv: Dē perīculō cēlor. — Mir wird die Gefahr verheimlicht.

Gr. § 118

89/90 fautor, -ōris m. (favēre)   der Gönner

Merke: Mē fortem praebeō (praestō).
Mē fortiter gerō. } Ich zeige mich tapfer.

sevēritās, -ātis f. (sevērus)	die Strenge, der Ernst	peregrīnus, a, um	fremd **91**
per-egrē (Adv.)	in der Fremde, in die Fremde	homō peregrīnus	der Fremdling, Fremde

Gr. § 147

effigiēs, -ēī f. (figūra)	das Bild, Traumbild *(the effigy)*	dis-putāre	(wissenschaftlich) **92** abhandeln,
con-gregāre (grex)	vereinigen, versammeln (Kongregation)		erörtern, sich unterreden *(to dispute)*

Beachte die verschiedenen Bedeutungen der Präposition *intrā*:

intrā castra versārī	sich innerhalb des Lagers (= im Lager) aufhalten
intrā castra sē recipere	sich in das Lager zurückziehen

hūmānitās, -ātis f. (hūmānus, homō)	die Bildung	in perpetuum	für dauernd, für immer **93**
im-portāre	einführen	quidem (nachge-	zwar ... aber
viam mūnīre	eine feste Straße anlegen	stellt) ... sed	

Pronominaladverbien
Gr. § 43

aevum	die Ewigkeit, Zeit, das Leben	aliō (Adv.) eōdem (Adv.)	anderswohin **94** ebendahin
dē-fīnīre (fīnis)	abgrenzen, bestimmen, (definieren)	ibīdem (Adv.) illinc (Adv.)	ebenda, ebendort von dort
hiemāre (hiems)	überwintern	illō, illūc (Adv.)	dorthin
re-volāre	zurückfliegen	nusquam (Adv.)	nirgends
alícubī (Adv.)	irgendwo	illūc tendere	dorthin eilen

epulae, -ārum nārrātiuncula	die Speisen, das Mahl kleine Erzählung, Anekdote		ad-dūcī in alqd.	(zu etwas gebracht **95** werden), in etwas geraten
circum-spiciō	circumspexī	circumspectum	circumspicere	sich umschauen, ringsum betrachten
re-quīrō	requīsīvī	requīsītum	requīrere	prüfen, (nach-)forschen *(to require)*

96 vērum   aber, sondern | nōn sōlum –   nicht nur –
                                      vērum etiam   sondern auch

de-ferō   dētulī   dēlātum | dēferre   herabtragen, über-
                                                            bringen, berichten

Merke: colōniam dēdūcere   eine Kolonie gründen

97 nāvigātiō, -ōnis f. die Seereise, | violentus, a, um   ungestüm, wild,
     (nāvigāre)   (See-)Fahrt   (vīs)   gewalttätig
                  (the navigation)   *(violent)*

98 im-probitās, -ātis f. die Schlechtigkeit, Ruchlosigkeit

Dativ

Gr. §§ 120, 121

99/100 in-īquus, a, um   uneben, ungünstig, | dē-bellāre   niederkämpfen,
      (aequus)   unbillig   bezwingen
    māgní-ficus, a, um   großartig, prachtvoll | grātīs *(Adv.)*   unentgeltlich,
      (-ficentior,   *(magnificent)*   umsonst
      -ficentissimus) | qua-sī (Kon-   wie wenn, als ob
    ap-parāre   (zu-)bereiten,   junktion mit
                   gewähren   Konjunktiv)

Merke: inīquō locō   an einem ungünstigen Orte
       novīs rēbus studēre   einen Umsturz planen (nach neuen
                                        Dingen streben)

Beachte:

1. Das Verbum persuādēre hat je nach Konstruktion verschiedene Bedeutung:
   a) Persuāsī tibi, ut venīrēs.   (Ich riet dir mit Erfolg =) ich über-
                                           redete dich zu kommen. (Wunsch!)
   b) Persuāsī tibi terram rotundam esse.   Ich habe dich überzeugt, daß die Erde
                                           rund ist. (Tatsache!)
2. Als intransitive Verben haben die Verben mit Dativobjekt ein unpersönliches
   Passiv:
   a) Aktiv: Victor **urbī** parcit.   Der Sieger gewährt **der Stadt (Dat.!)**
                                           Schonung. Der Sieger verschont die
                                           Stadt.
   b) Passiv: A victōre **urbī** parcitur.   (Es wird vom Sieger **der Stadt (Dat.!)**
                                           Schonung gewährt). Die Stadt wird
                                           vom Sieger verschont.

ex-quīsītus, a, um (quaerere)   ausgesucht, auserlesen **101/102**
sus-pendō   suspendī   suspēnsum   suspendere   aufhängen

M e r k e : accēdere ad rem pūblicam	sich dem Staatsdienst widmen, sich mit Politik befassen
manūs sibi afferre	Hand an sich legen, Selbstmord begehen
aliquid afferre alicui	einem etwas zufügen
superāre cēterōs ⎫ praestāre cēterīs ⎭	die anderen übertreffen
praeesse cēterīs	an der Spitze der anderen stehen
superesse cēterīs	die anderen überleben

Das Gerundium
Gr. § 157 a

Das Gerundium ist der deklinierte substantivierte Infinitiv und kann von **103/104** transitiven und intransitiven Verben gebildet werden. Als Verbalform wird es durch Adverbien näher bestimmt und behält ein von ihm abhängiges Objekt in dem Kasus, den das Verbum auch sonst regiert.

Diligenter legendo mens excolitur.	Durch sorgfältige Lektüre wird der Geist gebildet.
Diligenter legendo libros mens excolitur.	Durch sorgfältige Lektüre von Büchern wird der Geist gebildet.
M e r k e : cupiditās dominandī	die Herrschbegierde
occāsiōnem pugnandī praetermittere	eine Gelegenheit zu kämpfen vorübergehen lassen
Patris causā veniō.	Dem Vater zuliebe komme ich. (Um des Vaters willen komme ich.)
Discendī causā veniō.	Ich komme, um zu lernen (des Lernens halber).

Vorbemerkungen zum Gerundivum
Gr. §§ 123 c; 158,2

puer laudandus	ein zu lobender Bub; ein Bub, der gelobt werden muß **105/106**
puella laudanda	ein zu lobendes Mädchen; ein Mädchen, das gelobt werden muß

opus laudandum	ein zu lobendes Werk; ein Werk, das gelobt werden muß
vir imitandus	ein nachzuahmender Mann; ein Mann, der nachgeahmt werden muß
fēmina imitanda	eine nachzuahmende Frau; eine Frau, die nachgeahmt werden muß
opus imitandum	ein nachzuahmendes Werk; ein Werk, das nachgeahmt werden muß
opus nōn imitandum	ein Werk, das nicht nachgeahmt werden darf (soll)

Das Gerundivum ist ein Verbaladjektiv auf *-ndus*, *-nda*, *-ndum* und hat stets passive Bedeutung (auch beim Deponens!). Es bedeutet, daß etwas geschehen muß oder soll, bzw. nicht geschehen soll oder darf. Es kann bei transitiven Verben attributiv und prädikativ, bei intransitiven nur prädikativ verwendet werden:

a) attributiv:

Militēs **fluvium trānseundum** cōnspiciunt	(Die Soldaten erblicken den zu überschreitenden Fluß). Die Soldaten erblicken den Fluß, der überschritten werden muß.

b) prädikativ:

Fluvius **trānseundus est.**	Der Fluß ist zu überschreiten = Der Fluß muß überschritten werden.
Labōrandum est.	(Es ist zu arbeiten). Es muß gearbeitet werden. Man muß arbeiten.

Die Person, die etwas tun muß, steht beim Gerundiv im Dativ. Da intransitive Verben nur ein unpersönliches Passiv bilden, kann auch das Gerundivum dieser Verben nur unpersönlich verwendet werden (und hat daher immer den Ausgang auf *-ndum*):

a) transitives Verbum:

Fluv*ius* **nōbis** trānseu*ndus* est. (persönl.)	**Wir** müssen den Fluß überqueren.
Nōbis trānseu*ndum* est. (unpersönl.)	**Wir** müssen hinübergehen.

b) intransitives Verbum:

Nōbis labōra*ndum* est. (unpersönl.)	**Wir** müssen arbeiten.

condiciō vītae	die Lebenslage	homō maléficus	der Übeltäter,	**105/106**
maléficus, a, um	übelhandelnd, boshaft		Verbrecher	
		pulsāre (pellere)	schlagen, stoßen *(to push)*	

Merke: silentiō praeterīre aliquid   etwas verschweigen, mit Stillschweigen übergehen

Gr. § 123 a, b, d

cōnsuētūdō, -inis f.	die Gewohnheit, der Umgang, Verkehr	trānsācta, -ōrum (trānsigere)	das Geschehene, Vergangene	**107/108**
		rē vērā	in Wirklichkeit, wirklich	

Merke: sē mortī offerre   sich dem Tode weihen, sich opfern
        signa inferre in terram   in ein Land einfallen
        rem pūblicam temperāre   den Staat ordnen

Gr. § 124

documentum	die Lehre, der Beweis	receptus, -ūs m.	der Rückzug	**109/110**
ēmolumentum	der Vorteil, Nutzen	(sē recipere)		

Merke: 1. Id mihi māgnae cūrae est. ⎫
          Id mihi valde cordī est. ⎬ Das liegt mir sehr am Herzen.

2. Aktiv: Hannibal Rōmānōs ōderat.   Hannibal haßte die Römer.
   Passiv: Rōmānī Hannibalī odiō erant.   Die Römer wurden von Hannibal gehaßt.

contrōversia	der Streit, die Streitfrage	offēnsiō, -ōnis f. (offendere)	der Ärger, Verdruß, die Kränkung, die Beleidigung *(the offence)*	**111**
nuptiae, -ārum (nūbere)	die Hochzeit, Ehe *(the nuptials)*			
hāc dē causā	aus diesem Grund, deshalb	caelestis, -is m.	der Gott, die Gottheit	
		caelestis, -e	himmlisch, göttlich	

112	im-mānitās, -ātis f.	die Wildheit, Roheit	mercātus, -ūs m.	der Handel, Markt
	mānsuētūdō, -inis f.	die Sanftmut, Milde	re-vocāre	zurückrufen, abbringen

có-eō cóiī cóitum coīre — zusammenkommen, zusammentreffen

Merke: temperāre ab iniūriā — sich von Unrecht fernhalten, sich des Unrechts enthalten

quō factum est, ut — dadurch geschah es, daß; so kam es, daß

113 Merke: sē dare luxuriae — sich dem Wohlleben hingeben

Vērum quaerere persevērāmus (pergimus). — Wir fahren fort, die Wahrheit zu suchen. Unaufhörlich suchen wir die Wahrheit.

Direkte und indirekte Fragesätze
Gr. §§ 167, 1; 2 ohne Zusatz; 175 ohne Zusatz

114/115	rēs pūblica	die Republik, der (Frei-)Staat	peregrīnātiō, -ōnis f. (peregrē)	der Auslandsaufenthalt, die Reise

1. Merke: In indirekten Fragesätzen steht immer der Konjunktiv.
Hinsichtlich der Zeitenfolge (= Consecutio temporum) gilt in konjunktivischen Nebensätzen folgendes:
Nach einem Präs. oder Fut. I im übergeordneten Satz steht im untergeordneten Satz
   a) bei Gleichzeitigkeit Konj.Präsens,
   b) bei Vorzeitigkeit Konj.Perfekt.
Nach einer Vergangenheit (Impf., Perf., Plqpf.) im übergeordneten Satz steht im untergeordneten Satz
   a) bei Gleichzeitigkeit Konj.Impf.,
   b) bei Vorzeitigkeit Konj.Plqpf.

2. Unterscheide:
   a. Nesciō, quid fēceris. — Ich weiß nicht, was du getan hast.
   (Zusammengesetzt aus:
   Quid fēcistī? Nesciō.) — (Was hast du getan? Ich weiß es nicht.)
   b. Laudō(id), quod fēcistī. — Ich lobe (das), was du getan hast.

3. Beachte, daß *-ne, num* und **utrum – an** im Deutschen verschieden wiederzugeben sind. Denn diese Wörter leiten als Fragepartikeln entweder einen direkten oder einen indirekten Fragesatz ein.

Beispiele:

a. **Errāsne**? (dir. Frage)   Irrst du?
   Dīc mihi, errēsne! (indir. Frage)   Sage mir, **ob** du **(nicht)** irrst!
b. **Num** mentītus es? (dir. Frage)   Hast du **etwa** gelogen?
   Nesciō, **num** mentītus sīs.   Ich weiß nicht, **ob** du **(nicht)** gelogen
   (indir. Frage)   hast.
c. **Utrum** vērum dīxistī **an** mentītus   Hast du die Wahrheit gesagt **oder** hast
   es? (dir. Frage)   du gelogen?
   Quaerō ex tē, **utrum** vērum   Ich frage dich, **ob** du die Wahrheit ge-
   dīxeris **an** mentītus sīs. (indir.   sagt **oder** gelogen hast.
   Frage)

Anmerkung zu a und b:
Während bei der direkten Frage ein Unterschied zwischen den Fragepartikeln *-ne*
und *num* besteht (allgemeine Frage bzw. Frage, welche eine verneinende Antwort
erwartet), werden bei indirekten Fragen *-ne* und *num* ohne Unterschied verwendet.

Genitiv
Gr. § 125

| aequa mēns = der Gleichmut | hostis (pūblicus) der Staatsfeind | 116/117 |
| aequus animus | | |

Merke: 1. a. Haec domus rēgis est.   Dieses Haus ist des Königs Eigentum,
   gehört dem König.
   Haec domus mea est.   Dieses Haus gehört mir.
b. Patrī meō domus est.   Mein Vater besitzt ein Haus.
   Mihi domus est.   Ich besitze ein Haus.
2. a. Cīvium est pācem servāre.   Es ist Pflicht der Bürger, den Frieden
   zu wahren.
b. Nostrum est pācem servāre.   Es ist unsere Pflicht, den Frieden zu
   wahren.

Gr. §§ 126, 127

lucrum	der Gewinn, Vorteil	afflīctus, a, um	niedergeschlagen,	118/119
	(lukrativ)	(afflīgere)	verzweifelt	
taedium (taedet)	der Ekel, Widerwille,	dūrāre	dauern, fortbestehen	
	Überdruß	si nōn... at certe	wenn nicht... so doch	
trī-duum	eine Zeit von drei		wenigstens	
	Tagen			

prō-cēdō   prōcessī   prōcessum   prōcēdere   vorwärtsschreiten, vorrücken
(to proceed)

Merke: bellum multōrum annōrum   ein langjähriger Krieg
rēs māgni labōris   eine mühevolle Sache
rēs multī temporis   eine zeitraubende Sache
dēsīderium patriae   das Heimweh
taedium labōris   der Überdruß an der Arbeit, die Arbeitsscheu

Gr. § 128

120/121 ínteger, -gra -grum (tangere)   unversehrt, unverdorben, unbescholten *(entire, the integrity)* | nāvis onerāria (onus) vīs f.   das Lastschiff die Gewalt, Kraft, Menge

Merke: ante lucem   vor Tagesanbruch
diem perdere   einen Tag vergeuden, verlieren
cōnsilia commūnicāre cum aliquō   einem seine Pläne mitteilen, mit einem gemeinsame Sache machen
eō superbiae (= ad tantam superbiam) procēdere   sich zu solcher Überheblichkeit versteigen, so weit in der Überheblichkeit gehen

Beachte:

1. aliquid ōtiī	etwas Muße	tantum stultitiae	so viel Dummheit
2. multum	viel	paulum	wenig
plūs	mehr	minus	weniger
plūrimum ⎬ pecūniae	sehr viel ⎬ Geld	minimum ⎬ pecūniae	sehr wenig ⎬ Geld
nimium	allzu viel	parum	allzu wenig

3. duo mīlia nāvium   2000 Schiffe
   duo mīlia ducentae nāvēs ⎫
   duo mīlia nāvium et ducentae ⎬ 2200 Schiffe
   classis mille ducentārum nāvium   eine Flotte von 1200 Schiffen
   classis duōrum mīlium nāvium   eine Flotte von 2000 Schiffen

Gr. §§ 129, 130

122/123 studiōsus, a, um (studēre)   eifrig, beflissen, bedacht auf | gnārus, a, um i-gnārus, a, um   kundig, erfahren unkundig, unerfahren

proprius, a, um	eigen, eigentümlich *(proper, the property)*	im-potēns, -entis	ohnmächtig, (einer Sache) nicht mächtig
ex-pers, -tis (pars)	ohne Anteil an, frei von	impotēns suī	seiner selbst nicht mächtig, unbeherrscht

Merke: appetēns glōriae — ehrgeizig

Cōnscius sum sceleris. — Ich bin Mitwisser eines Verbrechens. Ich bin in ein Verbrechen eingeweiht.

Cōnscius mihi sum culpae. — Ich bin mir einer Schuld bewußt.

cupidus rērum novārum — auf Neuerungen, Umsturz bedacht, neuerungssüchtig

metuēns deōrum — gottesfürchtig

neglegēns officiī — pflichtvergessen

expers ingeniī — ohne Talent

patiēns labōrum — fähig, Mühen zu ertragen

Gr. §§ 131, 133

sōlacium	der Trost *(the solace)*	con-demnāre	verurteilen *(to con-* **124/125**
mōbilitās, -ātis f.	die Beweglichkeit, Unbeständigkeit		*demn)*
		nōn tam – quam	nicht so sehr – als (vielmehr)

Merke: prōditiōnis condemnāre aliquem — jmd. wegen Verrats verurteilen

pecūniā multāre aliquem — jmd. zu einer Geldstrafe verurteilen

Unterscheide:

Meminī (reminīscor) itineris. — **Ich** erinnere **mich** an die Reise.

Admoneō tē dē itinere. — **Ich** erinnere **dich** an die Reise.

Id tē admoneō. — Daran erinnere ich dich. Dazu ermahne ich dich.

Admoneō tē, ut veniās. — Ich ermahne dich, fordere dich auf zu kommen.

Admoneō tē, nē veniās. — Ich warne dich zu kommen.

Gr. §§ 134, 140

opera	die Mühe, der Dienst	(cōn-) stāre	kosten 126/127
tabula	die Tafel, das Gemälde	locāre	(auf Zinsen) anlegen, vermieten

| aestimāre | (ab-)schätzen, beur-teilen *(to estimate)* | positum esse | |
| facere | tun, schätzen | in aliquā rē | auf etwas beruhen |

Merke: militēs parvō stipendiō
      condūcere
    domum parvō condūcere
    domum magnō locāre

Soldaten für einen geringen Sold anwerben
ein Haus billig mieten
ein Haus teuer vermieten

Gr. § 135

| 28/129 | mōmentum (movēre) | (die bewegende Kraft) die Bedeu-tung, Entschei-dung, der Augen-blick | rēs māgnī mō-menti | eine Sache von großer Bedeutung |
| | | | re-stituere | wiederherstellen, wiederaufbauen |

| 131 | circulus, -ī | der Kreis, die Kreis-bahn, der Umfang *(the circle)* | quisnam? | wer denn? |

132 aenigma, -atis (griech. Lehnw.) n. das Rätsel

Merke: aenigma prōpōnere   ein Rätsel vorlegen, aufgeben
      aenigma solvere   ein Rätsel lösen
      īrā inflammātus   von Zorn entflammt, zornentbrannt, im
                                    Zorn
      mūnus explēre   eine Aufgabe erfüllen

133 prō-nūntiāre   verkünden *(to pronounce)*

Ablativ
Gr. § 137

| 134/135 | expedītus, a, um | leicht bewaffnet, schlagfertig, kampfbereit | trānsitus, -ūs (trāns-ire) | der Übergang, der Durchzug *(the transit, transition)* |
| | expedītus, -ī | der Leichtbe-waffnete, der kampfbereite Soldat | | |

necessitās, -ātis f. die Notwendigkeit, der Zwang *(the necessity)*
partēs, -ium f. die Partei

inter-dīcere untersagen, verbieten
fraudāre (fraus) betrügen

Merke: interdīcere alicui aquā et īgnī — einen ächten, verbannen
partēs sequī — sich einer Partei anschließen
dissentīre ab aliquō — mit jemand nicht übereinstimmen, anderer Meinung sein als jemand

Beachte:

a. Iūdex vērum ā falsō distinguit (discernit). — Der Richter unterscheidet das Wahre vom Falschen.
b. Hominēs ā bēstiīs differunt. — Die Menschen unterscheiden **sich** von den Tieren.

Gr. §§ 136, 138

homō novus — der Neuling, Emporkömmling

ab-sūmō absūmpsī absūmptum absūmere — verbrauchen, hinwegraffen, vernichten
prṓ-fluō prōflūxī — prōfluere — herabfließen, hervorströmen

Merke: solitō maior — ungewöhnlich groß
pestilentiā absūmī — von der Pest hinweggerafft werden, an der Pest sterben

Beachte:

1. Nēmō mihi cārior est homine iūstō (= quam homō iūstus). — Niemand ist mir lieber als ein gerechter Mensch.
Nēminem plūris faciō homine iūstō (= quam hominem iūstum). — Niemanden schätze ich höher als einen gerechten Menschen.
aber nur:
Nēminī magis faveō quam hominī iūstō. — Keinem bin ich mehr gewogen als einem gerechten Menschen.
2. Servēmus pācem, quā nōbis nihil pretiōsius est! — Laßt uns den Frieden wahren, der für uns das Wertvollste ist (... im Vergleich zu dem nichts wertvoller ist).

Im Deutschen gebrauchen wir bei solchen Vergleichen statt des Komparativs oft den Superlativ.

138/139 frētus, a, um (alqā rē) — vertrauend (auf etwas)

lūctus, -ūs (lūgēre) — die Trauer

indolēs, -is f. (nur im Sing.!) — die natürliche Anlage, die (angeborenen) Fähigkeiten

Merke: aliquem proeliō lacessere — jemand zum Kampfe reizen, herausfordern

aliquō familiāriter ūtī — mit einem freundschaftlich verkehren

Unterscheide:
Mihi pecūniā opus est = pecūniā egeō (indigeō). } — Ich brauche Geld; ich bedarf des Geldes.

Pecūniā careō. — Ich habe kein Geld.

Pecūniā meā ūtor. — Ich gebrauche, benütze mein Geld, ich mache Gebrauch von meinem Gelde.

140/141 caelum — der Himmel, das Klima

cupiditās glōriae — der Ehrgeiz

glōriārī alqā rē — sich einer Sache rühmen, prahlen mit etwas

māgnō stāre — teuer zu stehen kommen

meō iūdiciō — nach meinem Urteil

in-numerābilis, e — unzählbar, unzählig, zahllos *(innumerable)*

sē iactāre alqā rē — sich brüsten, großtun mit etwas

odiō impulsus — aus Haß

prōd-eō prōdiī prōditum prōdīre — hervortreten, vorrücken

142/143 licentia (licet) — die Freiheit, Willkür, Zügellosigkeit

ūtilitās, -ātis f. — die Brauchbarkeit, der Nutzen *(the utility)*

vestis, -is f. (nur im Sing.!) — die Kleidung, die Kleider

parātus, a, um — bereit, bereitwillig

nihilō minus — nichtsdestoweniger

Merke: 1. quō – eō, quantō – tantō — je – desto
Auxilium quō (quantō) prius veniet, eō (tantō) ūtilius erit. — Je früher die Hilfe kommt, desto nützlicher wird sie sein.

2. multīs annīs post (post = Adv.) — viele Jahre später

post cēnam (post = Präpos.) — nach dem Essen

re-mōtus, a, um	entfernt, entlegen			necessāriō (Adv.) notgedrungen	**144/145**
(re-movēre)	*(remote)*			tum dēmum da erst, dann endlich	
triplex, -icis	dreifach			(Adv.)	
re-cūsāre	sich weigern, ablehnen				
niteō	nituī	–	nitēre	glänzen	
tondeō	totondī	tōnsum	tondēre	scheren, rasieren	

Merke: cāsū — zufällig
hāc condiciōne — unter der Bedingung
voluntāte alicuius — mit jemands Einwilligung
aliquem recipere tēctō — jemand in sein Haus aufnehmen

Adverbiale des Ortes und der Zeit
Gr. §§ 145, 146

scrība, -ae m.   der Schreiber   **146/147**

ē-dīscō ēdidicī – ēdiscere auswendig lernen

Merke: Olympiīs — zur Zeit der Olympischen Spiele
domī bellīque — im Krieg und im Frieden
multō diē — spät am Tage
tōtā urbe — in der ganzen Stadt
tempus agere — die Zeit verbringen

Der Ablativus absolutus
Gr. § 163 b, c

I. Milites flumen **lintribus** superaverunt.
   Die Soldaten überwanden den Fluß auf **148/149** Kähnen.

Milites flumen lintribus iunctis superaverunt.
   Die Soldaten überwanden den Fluß auf zusammengebundenen Kähnen.

   Die Soldaten überwanden den Fluß, nachdem Kähne zusammengebunden waren.

   Die Soldaten banden Kähne zusammen **und** überwanden so den Fluß.

Es handelt sich hier um einen **Ablativus instrumentalis,** der im zweiten Beispiel durch ein Part. erweitert ist.

II. Mulieres passis manibus victorem implorabant.	Die Frauen flehten mit ausgebreiteten Händen den Sieger an.
	Die Frauen breiteten die Hände aus und flehten den Sieger an.

Es handelt sich hier um einen mit einem Part. erweiterten **Ablativus modi.**

III. Omnes gaudebant nuntio laeto.	Alle freuten sich über die erfreuliche Kunde.
Omnes gaudebant nuntio allato.	Alle freuten sich über die eingetroffene Nachricht.
	Alle freuten sich, als die Nachricht eingetroffen war.
	Die Nachricht war eingetroffen, und **daher** freuten sich alle.

Es handelt sich hier um einen **Ablativus causae,** im zweiten Fall ergänzt durch ein Part.

In allen oben angeführten Beispielen steht ein Ablativ + Partizip statt eines einfachen Abl., wodurch im Lateinischen ein Sachverhalt kurz ausgedrückt werden kann, für dessen Wiedergabe im Deutschen u.U. ein Nebensatz erforderlich ist. Diese als praktisch empfundene knappe Ausdrucksweise hat dazu geführt, daß solch ein Abl. + Part. auch dort verwendet wird, wo ein unmittelbarer Zusammenhang zum übrigen Satzgefüge nicht mehr gegeben scheint. Er wurde als unabhängiger, gelöster Satzteil aufgefaßt, als Abl. absolutus.

Hostibus victis dux in urbem rediit.	Nachdem die Feinde besiegt waren, kehrte der Feldherr in die Stadt zurück.
	Nach Besiegung der Feinde (nach dem Sieg über die Feinde) . . .
	Die Feinde waren besiegt **und der Feld**herr kehrte **dann** . . .
Nobis adiuvantibus urbs servata est.	Indem wir halfen, wurde die Stadt gerettet.
	Durch unsere Hilfe wurde die Stadt gerettet.
	Wir halfen **und so** wurde die Stadt gerettet.

Ein lat. Abl. absol. läßt sich also im Deutschen übersetzen:

1. durch einen Nebensatz; dabei empfiehlt es sich, ein Part. Präsens zunächst mit einem Nebensatz mit »indem« oder »während«, ein Part. Perf. mit einem solchen mit »nachdem« zu übersetzen und dann erst das logische Verhältnis zwischen untergeordnetem und übergeordnetem Satz festzustellen (temporal, kausal, konzessiv usw.).
2. durch einen Präpositionalausdruck
3. durch einen beigeordneten Hauptsatz.

Übersicht über die Übersetzungsmöglichkeiten der Partizipialkonstruktionen

I. Temporal: Nebensatz: *als, nachdem, während, solange*
Beigeordnete Sätze: *und dann, und darauf*
Präpositionalausdruck: *bei, in, während, nach* usw.

II. Kausal: Nebensatz: *da, weil*
Beigeordnete Sätze: *und daher, deshalb, infolgedessen*
Präpositionalausdruck: *infolge, wegen, auf Grund von*

III. Modal: Nebensatz: *indem; dadurch, daß;* verneint: *ohne daß, ohne zu*
Beigeordnete Sätze: *und so, und dabei*
Präpositionalausdruck: *durch, mit, in, unter, ohne*

IV. Konzessiv: Nebensatz: *obgleich, obwohl, wenn auch, während*
Beigeordnete Sätze: *trotzdem, dennoch*
Präpositionalausdruck: *trotz*

V. Kondizional: Nebensätze: *wenn, falls, im Falle, daß*
Beigeordnete Sätze: *in diesem Fall*
Präpositionalausdruck: *bei, im Falle*

imperium nāvāle   das Seereich | pedibus nūdīs   barfuß

cón-gerō   congessī   congestum   congerere   zusammentragen, sammeln

pandō   pandī   passum   pandere   ausstrecken, ausbreiten

Gr. § 163 b Zusatz

Tritt an die Stelle eines Partizips ein Substantiv oder Adjektiv, so handelt es **150/151** sich auch hier um einen ganz regelmäßig gebildeten Abl. absolutus, bei dem nur die Form des Part. Praes. von *esse* – (sie kommt nur bei den Komposita vor: *absens, praesens*) – weggefallen ist. Im Deutschen können dabei konkrete Ausdrücke wie *duce, auctore* etc. abstrakt »unter der Führung«, »auf den Rat« usw. übersetzt werden; aus dem lat. Substantiv im Abl. wird im Deutschen dann ein Genitiv.

Cicerone consule coniuratio Catilinae patefacta est.	Als Cicero Konsul war, wurde die Verschwörung Catalinas aufgedeckt. Unter dem Konsulat Ciceros . . .
Patre invito ambulavimus.	Obwohl der Vater es nicht wollte, gingen wir spazieren. Wider den Willen des Vaters **gingen** wir spazieren.

in-opīnāns, -antis (opīniō)   ahnungslos, wider Vermuten

Merke: ab urbe conditā — seit der Gründung der Stadt
īnfectā rē — unverrichteter Dinge
mē vīvō — zu meinen Lebzeiten
Parentibus inopīnantibus filius revertit. — Gegen die Erwartung der Eltern kehrte der Sohn zurück.

152 continentia — die Enthaltsamkeit, Selbstbeherrschung

cōn-sēnsus, -ūs — die Übereinstimmung, das Einverständnis *(to consent)*

hērēs, -ēdis — der Erbe *(the heir, to inherit)*

cōn-sors, -tis — gleichberechtigt, der Mitinhaber

sollemnis, -e — feierlich, festlich *(solemn)*

sollemnitās, -ātis f. — die Feierlichkeit, die Festlichkeit *(the solemnity)*

dēstināre — bestimmen, festsetzen *(the destiny)*

cor-ripiō   corripuī   correptum   corripere   ergreifen, befallen
dē-pellō   dēpulī   dēpulsum   dēpellere   vertreiben

153 emptiō, -ōnis f.   der Kauf (emere)

iūcunditās, -ātis f.   die Annehmlichkeit, Gefälligkeit

piscātor, -ōris   der Fischer (piscis)

có-emō   coēmī   coemptum   coemere   zusammenkaufen, aufkaufen

154 assuētus labōre   an Arbeit gewöhnt

ap-pōnō   apposuī   appositum   appōnere   hinlegen, vorsetzen

prāvus, a, um	verkehrt, schlecht	ex eō (tempore)　seitdem	**155/156**
cōram aliquō	in jmds. Gegenwart	(demonstr.!)	
		ex quō (relativ!)　seitdem	

Merke: litterās dare ad aliquem — einem einen Brief schreiben
bene audīre ab aliquō — bei jmd. in gutem Ruf stehen
prō patre esse alicui — bei jmd. Vaterstelle vertreten
Prae lacrimīs loquī nōn possum. — Vor Tränen kann ich nicht sprechen.

Unterscheide:

In morbum incidī. Ex eō — Ich bin erkrankt. Seitdem arbeite ich
(tempore) nōn labōrō. — nicht.
Ex quō (tempore) in morbum — Seitdem ich erkrankt bin, arbeite ich
incidī, non labōrō. — nicht.

sērius, a, um　ernsthaft, ernst *(serious)*　　　　　　**157/158**

Merke: in maius efferre aliquid — etwas übertreiben
sub dīvō — unter freiem Himmel
tempus cōnsūmere in aliquā rē — die Zeit mit etwas zubringen, seine Zeit
　　auf etwas verwenden

Beachte:

1. In tempore venīs. — Du kommst rechtzeitig *(in time)*.
Tuō tempore venīs.
In tempore venīmus. — Wir kommen rechtzeitig.
Nostrō tempore venīmus.

2. Zwischen dem Lateinischen und Deutschen gibt es Unterschiede in der Orts-
auffassung.

a. Bei Verben für »ankommen, melden« usw. fragt
der Lateiner: **wohin?** — der Deutsche meist: **wo?**
hūc (illūc) advenīre — hier (dort) ankommen
Rōmam victōria nūntiāta est. — In Rom wurde der Sieg gemeldet.

b. Bei Verben für »setzen, stellen, rechnen« usw. fragt
der Lateiner: **wo?** — der Deutsche: **wohin?**
in mediō statuere — in die Mitte stellen
in mediō cōnsistere — sich in die Mitte stellen
in amīcīs numerāre — unter die Freunde rechnen

c. Manchmal fragt
der Lateiner: woher?   der Deutsche: wo?
ab aliquō stāre   auf jemands Seite stehen
ā fronte   vorne
ā tergō   im Rücken

159 cibāria, -ōrum — die Nahrungsmittel, die Nahrung

pars, -tis f. — der Teil, das Gebiet, die Richtung, Seite

dis-pōnere — an verschiedenen Orten aufstellen, verteilen

iam dūdum (Adv.) — schon längst

160 vincula, -ōrum (vincīre) — die Fesseln, das Gefängnis

stupor, -ōris m. — das Staunen, die Dummheit *(stupid)*

vestītus, -ūs (vestis) — die Kleidung

ad-natāre — heranschwimmen

sub-ōrnāre — (heimlich) ausrüsten, ausstatten

ab-ripiō	abripuī	abreptum	abripere	wegschleppen, abführen
agnōscō	agnōvī	agnitum	agnōscere	erkennen, anerkennen
dē-iciō	dēiēcī	dēiectum	dēicere	herabwerfen, hinabstürzen
im-mergō	immersī	immersum	immergere	eintauchen, versenken

Merke: cursum dīrigere aliquō   auf ein Ziel Kurs nehmen, wohin lenken, fahren

161 iūmentum (iungere) — das Lasttier, Zugtier (Gespann)

triumphāre dē aliquō — über jmd. triumphieren

162 praeditus, a, um (alqā rē) — (mit etwas) begabt

re-vocāre ab — abbringen von

163 cōnstantia — die Beständigkeit, Charakterfestigkeit

vir māgnae auctōritātis — ein einflußreicher Mann

prīncipātus, -ūs — die erste Stelle, der Vorrang, die Vorherrschaft

164 in forum convenīre — auf dem Markte zusammenkommen

mūnus dēpōnere — sein Amt niederlegen

165 caterva — die Schar

nupta (nūbere) — die Braut, die Frau

pater familiās (alte Gen.-Endung) Plur.: patrēs familiās — der Hausvater

māter familiās — die Hausfrau

taciturnitās, -ātis f. (tacēre) — die Verschwiegenheit

ē-nūntiāre — ausplaudern, verraten

intro-ire	hineingehen, eintre- ten	potius (Adv.) (potior)	vielmehr, eher, lieber

Merke: crūdēlissimō suppliciō afficere   jmd. auf die grausamste Art hin-   **166**
     aliquem   richten
colloquium (colloquī)   Unterredung, Verhandlung

corruptiō, -ōnis f. (corrumpere)	die Verderbtheit, Bestechung *(the corruption)*	grātulātiō, -ōnis f. hodiernus, a, um	der Glückwunsch, die Danksagung heutig **167**
ā-vertō āvertī āversum āvertere		abwenden, abwehren	

aetās immātūra	das unreife, geringe Alter	abundāns, -antis (abundāre)	überfließend, über- **168** strömend
co-gnātus, -ī	der Verwandte	ex-plōrātus, a, um	erprobt, zuverlässig
episcopus, -ī	der Bischof (Episkopat)	ōsculārī recūsāre	küssen jmd. abweisen, ge-
ēlēctiō, -ōnis f. (ēligere)	die Wahl *(the elec- tion)*		gen jmd. sprechen

Merke: castra locāre   ein Lager aufschlagen, errichten
       inter sē convenīre   untereinander übereinkommen, sich
                         untereinander einigen

indigena, -ae m. u. f.	der Eingeborene, Einheimische	mōlēs, -is f. vertex, -icis m.	die Masse, Last **169** der Scheitel,
asperitās, -ātis f.	die Rauheit, Schwierigkeit	ab-ruptus, a, um	Gipfel steil, schroff
facultās, -ātis f.	die Möglichkeit, Fähigkeit (Fakul- tät)	prae-ruptus a, um	jäh, steil

in-nītor prae-cēdō	innīxus(-nīsus) sum praecessī praecessum	innītī praecēdere	sich stützen vorangehen, vorher- gehen *(to precede,* Präzedenzfall*)*
sub-sequor	subsecūtus sum	subsequī	(unmittelbar) nach- folgen

adiūtor, -ōris (adiuvāre)	der Helfer, Beistand	miséri-cors, -dis	mitleidig, barmher- **170** zig

Deutsch-lateinisches Wörterverzeichnis

A

abbringen von *revocāre ab*
aber *sed, autem, vērō*
  aber nicht *neque tamen*
abfallen von *dēficere ab*
ablassen *dēsinere, dēsistere*
ablehnen *recūsāre* (Inf.)
ablösen *succēdere* (m. Dat.)
abschlagen (= abschneiden) *abscīdere*
abschneiden (jmd. den Weg) *interclūdere*
  (aliquem viā oder *alicui viam)*
Absicht *cōnsilium*
  in der Absicht *eō cōnsiliō (ut)*
abstatten (Dank) *referre (grātiam)*
abwaschen *abluere*
abwehren *arcēre, prōpulsāre*
abwesend *absēns, -entis*
  abwesend sein *abesse*
  in der Abwesenheit = abwesend
ächten (jmd.) *(alicui) interdīcere aquā
  et īgnī*
Ackerbau *agrīcultūra*
Ahnen *maiōrēs, -um m.*
all *omnis, e; cūnctus, a, um*
  ohne alle Furcht *sine ūllō timōre*
  alle ohne Ausnahme *ad ūnum omnēs*
allein *sōlus, a, um;* (= aber) *sed*
allgemein:
  es ist allgemein bekannt *cōnstat inter
  omnēs* (AcI.)
allzu, allzusehr *nimis*
als (Konjunktion) *cum* (Konj.)
als (beim Komparativ) *quam*
also *ergō*
alt *antīquus, a, um; vetus, -eris; prīscus,
  a, um*
Altar *āra*
Alter *senectūs, -ūtis f.* (Greisenalter);
  aetās, -ātis f. (Lebensalter)
  im Alter von 10 Jahren *decem annōs
  nātus*
Ameise *formīca*
Amt *mūnus, -eris n.*
an *in* (m. Akk. bzw. m. Abl.), *ad*
Anblick *aspectus, -ūs*
ein anderer *alius, a, ud*
der andere (von zweien) *alter, a, um*

anfangen *incipere*
anflehen *implōrāre (ut)*
Angeklagter *reus, -ī*
angelegen:
  ich lasse mir (etwas) angelegen sein
  (aliquid) est mihi māgnae cūrae
Angelegenheit *rēs, reī*
angenehm *grātus, a, um; iūcundus, a, um*
angetan = angezogen *indūtus, a, um*
angreifen *invādere, petere, aggredī, adorīrī*
Angriff *impetus, -ūs*
Angst *timor, -ōris m.; metus, -ūs*
ängstlich *timidus, a, um*
anklagen *arguere, accūsāre, īnsimulāre*
ankommen *advenīre*
anlegen (ein Lager) *collōcare*
  (= erbauen) *aedificāre*
  eine feste Straße anlegen *viam mūnīre*
anrufen *invocāre*
Ansehen *auctōritās, -ātis f.*
Ansicht (= Meinung) *opīniō, -ōnis f.;
  cōnsilium*
antreiben *impellere*
Antwort *respōnsum*
antworten *respondēre*
anwesend *praesēns, -ntis*
  in jmds. Anwesenheit *aliquō praesente*
anzünden *accendere, incendere*
Arbeit *labor, -ōris m.; opera, -ae*
arbeiten *labōrāre*
Arbeitsscheu *taedium labōris*
sich ärgern (über etwas) *indīgnārī (aliquid)*
arm *pauper, -eris; miser, era, erum*
Arm *bracchium*
Art *modus, -ī; genus, -eris n.; mōs, mōris m.*
  nach Art der Vorfahren *mōre maiōrum*
Arzt *medicus, -ī*
auch *etiam, quoque*
auch wenn *etiamsī*
auf *in* (m. Akk. bzw. Abl.)
aufbrechen (= abreisen) *proficīscī*
auffordern *admonēre(ut), imperāre(ut),
  iubēre* (AcI.)
Aufgabe *mūnus, -eris n.*
  es ist jmds. Aufgabe *alicuius est*
auf Grund (eines Vertrages) *ex (foedere)*
aufhören *dēsinere* (Inf.)

aufnehmen *recipere*
aufschneiden *īnsecāre*
aufstehen *surgere*
sich aufstellen *cōnsistere*
aufwenden *cōnsūmere*
Auge *oculus, -ī*
ausbrechen *ērumpere*
ausbreiten *pandere*
mit ausgebreiteten Armen *passīs manibus*
Ausdauer *dūritia*
ausliefern *trādere*
auslöschen *exstinguere*
Ausnahme:
   mit Ausnahme von = außer *praeter*
   (m. Akk.)
   alle ohne Ausnahme *ad ūnum omnēs*
ausrufen *exclāmāre*
ausschließen *exclūdere*
außer *praeter* (m. Akk.)
der äußerste *extrēmus*
aussetzen *expōnere*
auswählen *dēligere, ēligere*
sich auszeichnen *praestāre*
ausziehen (Kleidung) *exuere*

B

bald *mox, brevī*
   bald darauf *paulō post*
   bald nach dem Sieg *paulō post victō-*
   riam
barfuß *pedibus nūdīs*
Bauch *venter, -tris m.*
bauen *aedificāre*
Baum *arbor, -oris f.*
bedacht sein auf *studēre* (m. Dat.)
bedenken *meminisse, cōgitāre* (AcI.)
bedeutend *māgnus, a, um*
Bedeutung *mōmentum*
   von geringer Bedeutung *parvī mōmentī*
bedrängen *īnstāre, urgēre, premere*
bedürfen *egēre, indigēre* (m. Abl.)
beenden }
beendigen } *cōnficere*
Befehl *imperium*
   auf Befehl *iussū*
befehlen *imperāre (ut); iubēre* (AcI.)
befestigen *mūnīre*
befragen *cōnsulere*
befreien *līberāre, expedīre*

begabt (mit etwas) *praeditus, a, um*
   (aliquā rē)
sich begeben *sē cōnferre*
begegnen *occurrere*
begehen, Selbstmord *mortem sibi cōn-*
   scīscere
begehren *cupere* (Inf.)
Begierde *cupiditās, -ātis f.; cupīdō, -inis f.*
begierig *cupidus, a, um*
begraben *sepelīre*
begrenzen *fīnīre*
begrüßen *salūtāre*
begünstigen *favēre* (m. Dat.)
behalten *tenēre, servāre*
behaupten *affirmāre, dīcere* (AcI.)
bei *ad, apud* (m. Akk.)
Beifall klatschen *plaudere*
Beispiel *exemplum*
   zum Beispiel *velut*
   einem ein Beispiel sein *alicui exemplō*
   esse
beistimmen *assentīrī*
bekannt *nōtus, a, um*
   es ist bekannt *cōnstat* (AcI.)
   es ist allgemein bekannt *inter omnēs*
   cōnstat (AcI.)
beklagen *querī, miserārī*
bekriegen (einen) *bellum īnferre (alicui)*
belagern *obsidēre*
belehren *docēre*
beleidigen *offendere*
es beliebt *libet*
sich bemächtigen *potīrī* (m. Abl.)
   sich der Herrschaft bemächtigen
   rērum potīrī
bemerken *animadvertere* (AcI.)
bemessen *mētīrī*
sich bemühen *studēre* (Inf.)
benachrichtigen *certiōrem facere, docēre*
beneiden *invidēre* (m. Dat.)
benützen *ūtī* (m. Abl.)
beraten *cōnsultāre, cōnsulere*
Beredsamkeit *ēloquentia*
bereit *parātus, a, um*
bereitwillig *parātus, a, um*
bereuen = es reut einen *paenitet aliquem*
Berg *mōns, montis m.*
berichten *nārrāre, referre* (AcI.)
berücksichtigen *respicere*
beruhen auf etwas *positum esse in aliquā rē*
berühmt *clārus, a, um; celeber, -bris, -bre;*
   nōbilis, -e

berühren *tangere*
beschädigen *laedere, afflīgere*
bescheiden *modestus, a, um*
Bescheidenheit *modestia*
beschließen *dēcernere, cōnstituere* (Inf.)
besetzen *occupāre*
besiegen *vincere, superāre*
  völlig besiegen *dēvincere*
besingen *canere*
Besitz: *possessiō, -ōnis f.*
  in jmds. Besitz sein *alicuius esse*
besitzen *habēre, possidēre*
besonders *imprīmīs*
Besonnenheit *temperantia*
bessern *corrigere, ēmendāre*
bestatten *sepelīre*
bestechen *corrumpere*
bestehen (aus) *cōnstāre (ex)*
  Gefahren bestehen *subīre perīcula*
besteigen *ascendere, cōnscendere*
bester *optimus, a, um*
  zum Besten des Staates *ērē publicā*
bestrafen *multāre, pūnīre*
besuchen *vīsitāre, convenīre, obīre*
betiteln *inscrībere*
  es ist betitelt *inscrībitur*
betrachten *spectāre, contemplārī, aspicere*
  jmd. als Feind b. *habēre aliquem prō hoste*
betreiben *agere*
betrügen (um etwas) *fraudāre (aliquā rē)*
beugen *flectere*
beurteilen *mētīrī, iūdicāre*
bewaffnet *armātus, a, um*
Bewaffneter *armātus, -ī*
bewahren *servāre*
bewegen *movēre*
beweinen *dēflēre*
beweisen:
  es beweist Torheit *stultum est; stultī, stultitia(e) est*
bewirken *efficere*
Bewohner *incola*
bewundern *(ad)mīrārī*
bewundert werden von jmd.
  alicui admīrātiōnī esse
Bewunderung *admīrātiō, -ōnis f.*
bezeichnen *appellāre, dīcere, nōmināre*
Biene *apis, -is f.*
Bild *imāgō, -inis f.; simulācrum*
Bildung *hūmānitās, -ātis f.*
billig kaufen *parvō emere*

bis an, bis nach, bis zu *ūsque ad*
bitten (jmd. um etwas) *petere (aliquid ab aliquō)*
Bitten *precēs, -um f.*
bleiben *manēre*
blühen *flōrēre*
Blume *flōs, -ōris m.*
Blut *sanguīs, -inis m.*
Blüte *flōs, -ōris m.*
Boden *solum*
Bogen *arcus, -ūs*
Bote *nūntius, -ī*
Botmäßigkeit *diciō, -ōnis f.*
  unter seine Botmäßigkeit bringen
  suae diciōnis facere
brauchen(= nötig haben) *egēre, indigēre, opus esse* (m. Abl.)
brechen *frangere*
breit *lātus, a, um*
brennen *ardēre*
Brief *epistula; litterae, -ārum*
bringen *ferre*
  mit sich bringen *sēcum ferre*
Brot *pānis, -is m.*
Brücke *pōns, pontis m.*
Bruder *frāter, -tris*
sich brüsten *glōriārī, sē iactāre* (m. Abl.)
Buch *liber, -brī*
Büchlein *libellus, -ī*
Bundesgenosse *socius, -ī*
Bündnis *foedus, -eris n.; societās, -ātis f.*
  ein Bündnis schließen *foedus facere*
Burg *arx, arcis f.*
Bürger *cīvis, -is m.*
Bürgerkrieg *bellum cīvīle*

C

Charakterfestigkeit *cōnstantia*
  ein charakterfester Mann *vir māgnae cōnstantiae*

D

da (= weil) *cum*
da (= dann) *tum*
da (= dort) *ibi*
daher = deshalb
dahinschwinden *ēvānēscere*
damals *tum*
damit *ut*

damit nicht *nē*
Dank *grātia*
    Dank abstatten *grātiam referre*
    Dank sagen *grātiās agere*
    Dank wissen *grātiam habēre*
dankbar *grātus, a, um*
dann *tum, deinde*
darauf *deinde, tum, posteā*
darlegen *expōnere*
für dauernd *in perpetuum*
davonschleppen *auferre*
Denken *ratiō, -ōnis f.*
denken an *reminīscī, meminisse*
denn *nam, enim*
dennoch *tamen*
derselbe *īdem, eadem, idem*
deshalb *itaque, proptereā, hāc de causā*
deutlich:
    es wird deutlich *appāret* (AcI.)
dichten *fingere*
Dichter *poēta, -ae m.*
Dieb *fūr, fūris m.*
Diebstahl *fūrtum*
dienen *servīre*
Diener *servus, -ī*
dieser *hic, haec, hoc*
diesseitig *citerior, -ius*
Diktator *dictātor, -ōris m.*
Ding *rēs, reī f.*
doch *sed*
Dorf *vīcus, -ī*
dort *ibi*
drohen *minārī*
    = bevorstehen *imminēre, īnstāre, impendēre*
durch (hindurch) *per* (m. Akk.)
durchbohren *trānsfīgere, percutere*
durchbrechen *perrumpere*

E

eben (= soeben) *modo*
edel *nōbilis, -e*
Edelstein *gemma*
Ehrbarkeit *honestās, -ātis f.*
ehrenvoll *honestus, a, um*
Ehrgeiz *cupiditās glōriae*
ehrgeizig *appetēns glōriae*
Eifer *industria, studium*
Eigentum:
    jmds. Eigentum werden *alicuius fierī*

eilen *festīnāre, properāre, contendere*
    zu Hilfe eilen *succurrere*
ein (= ein einziger) *ūnus, a, um*
    ein gewisser *quīdam, quaedam, quoddam;* = irgendein *aliquī, aliqua, aliquod*
    der eine – der andere *alius – alius*
    der eine – der andere (von zweien) *alter – alter*
eindringen *penetrāre, invādere, invehī*
einfach *simplex, -icis*
einfallen *invādere, incidere*
    in ein Land einfallen *sīgna īnferre in terram*
einflößen *inicere*
Einfluß *auctōritās, -ātis f.*
    großen Einfluß haben bei *multum valēre apud*
einflußreich:
    ein einflußreicher Mann *vir māgnae auctōritātis*
einführen *importāre*
eingedenk *memor, -oris*
eingedenk sein *memor esse, meminisse, reminīscī*
einige *nōnnūllī, ae, a*
einjagen (einem Schrecken) *inicere (alicui terrōrem)*
einkehren *dēvertī*
einmal (= ein einziges Mal) *semel*
    = irgendeinmal *aliquandō, quondam*
    noch einmal *iterum*
einpflanzen *īnserere (-sēvī)*
einreißen *rescindere*
einsehen *intellegere*
einst *ōlim, quondam, aliquandō*
Eintracht *concordia*
eintreten (= geschehen) *accidere, ēvenīre (ut)*
Einwohner *incola, -ae m.*
Elend *miseria*
Eltern *parentēs, -um und -ium*
empfangen *accipere, excipere*
empört sein (über etwas) *indīgnārī (aliquid)*
Ende *fīnis, -is m.*
    am Ende des Lebens *extrēmā vītā*
endlich *tandem, dēnique, dēmum*
eng *angustus, a, um*
    enge Stelle *angustiae, -ārum*
Enkel *nepōs, -ōtis m.*
entbrennen *exārdēscere*

entdecken *dētegere*
sich entfernen *abīre, discēdere*
entflammt (von Zorn) *(īrā) īnflammātus*
entfliehen *fugere, effugere*
entgegeneilen *occurrere*
entgehen *fugere, effugere*
sich enthalten *(sē) abstinēre*
entkleiden *exuere*
entkommen *ēvādere, effugere*
entlassen *dīmittere*
entrinnen *ēvādere, effugere*
entscheidend besiegen *dēvincere*
entstehen *orīrī, fierī*
entweder – oder *aut – aut*
sich erbarmen *miserērī*
erbauen *aedificāre, cōnstruere*
erblicken *cōnspicārī, cōnspicere*
Erdboden *solum; humus, -ī f.*
 dem Erdboden gleichmachen *solō
 aequāre*
Erde *terra; humus, -ī f.*
Erdkreis *orbis (-is) terrārum m.*
erdulden *patī, perpetī*
erfahren (Verb.) *comperīre (AcI.)*
erfahren (Adj.) *perītus, a, um*
erfreuen *dēlectāre*
erfüllen *complēre, explēre*
 Pflicht erfüllen *officium explēre, praestāre*
 Aufgabe erfüllen *mūnus explēre*
ergreifen *capessere, comprehendere*
erhalten (= empfangen) *accipere*
erheben *tollere*
einen erinnern an *admonēre aliquem dē*
sich erinnern *reminīscī, meminisse*
Erinnerung *memoria*
erkennen *cognōscere*
erkranken *in morbum incidere*
erlangen *adipīscī, nancīscī, assequī*
erlauben *permittere, concēdere*
 es ist erlaubt *licet*
erleiden (eine Niederlage) *accipere
 (clādem)*
ermahnen *(ad)monēre (ut); (ad)hortārī
 (ut)*
ermattet ⎫
ermüdet ⎭ *dēfatīgātus, fessus, a, um*
ernennen *appellāre, dēclārāre*
erneuern *renovāre, reficere*
ernst *sērius, a, um*
erobern *expūgnāre; potīrī (m. Abl.)*
Eroberung *expūgnātiō, -ōnis f.*

erproben *experīrī*
erregen *excitāre, movēre*
erreichen *assequī, cōnsequī*
errichten *aedificāre, cōnstruere, (col-)
 locāre*
erringen:
 einen Sieg erringen *victōriam parere,
 victōriam reportāre* (über jmd. *= dē,
 ab aliquō)*
erschrecken (transitiv) *terrēre*
 erschrecken (intransitiv) *terrērī*
erschüttern *concutere, percellere*
erstarken *convalēscere*
erster *prīmus, a, um*
ertragen *tolerāre, sustinēre, (per-)ferre*
erwählen *dēligere, creāre*
Erwarten:
 wider Erwarten schnell *exspectātiōne
 celerior, -ius*
erweisen, Wohltaten *beneficia praestāre
 alicui, b. cōnferre in aliquem*
erwerben *(com-)parāre, acquīrere,
 parere*
erwidern *respondēre*
erzählen *nārrāre, dīcere*
erzeugen *gignere*
erziehen *ēducāre, ērudīre*
Essen (Speise) *cibus, -ī*
 = Mahlzeit *cēna*
etwa *ferē*
etwas *aliquid*
ewig *aeternus, a, um*

F

die Fähigkeiten *indolēs, -is f.* (Sing.!)
fahren (transitiv) *vehere*
 (intransitiv) *vehī*
 (zu Schiff) *nāvigāre*
fallen *cadere*
 in eine Krankheit fallen *in morbum
 incidere*
fällen *caedere*
falsch *falsus, a, um*
fälschlich (Adv.) *falsō*
fangen *capere*
fast *ferē, paene*
fehlen *deesse; dēficere* (m. Akk.)
Fehler *vitium*
feiern *celebrāre*
Feind *inimīcus, -ī; hostis, -is m.*

Feld (= Ebene) *campus, -ī*
  (= Acker) *ager, -grī*
Feldherr *imperātor, -ōris m.*
Fell *pellis, -is f.*
fern *remōtus, a, um*
fern von *procul ab*
fesseln *vincīre*
fest *firmus, a, um*
  eine feste Straße anlegen *viam mū-*
  nīre
festsetzen *statuere, sancīre*
Feuer *ignis, -is m.*
  mit Feuer und Schwert *ferrō ignīque*
finden *invenīre, reperīre*
Fisch *piscis, -is m.*
Fleisch *carō, carnis f.*
Fleiß *industria*
fleißig *sedulus, a, um; impiger, gra, grum*
fliehen *fugere*
Flotte *classis, -is f.*
Flucht *fuga*
Fluß *fluvius, -ī; flūmen, -inis n.*
folgen (= gehorchen) *pārēre, obtem-*
  perāre, oboedīre, obsequī
  = nachgehen *sequī (m. Akk.)*
folgend (= nächster) *proximus, a, um;*
  posterus, a, um
  (= dieser) *hic, haec, hoc*
foltern *torquēre*
fordern *postulāre, poscere, flāgitāre*
fortfahren (etwas zu tun) *pergere, per-*
  sevērāre (Inf.)
forttragen *auferre*
Forum *forum*
fragen *interrogāre*
  jmd. fragen nach etwas *quaerere*
  aliquid ex aliquō
  einen um Rat fragen *cōnsulere alqm.*
Frau *fēmina; mulier, -eris f.*
frei *līber, -era, -erum*
  unter freiem Himmel *sub dīvō*
  frei sein von etwas *vacāre aliquā rē*
Freier *procus, -ī*
freigebig *līberālis, -e*
Freiheit *lībertās, -ātis f.*
freiheitsliebend *amāns lībertātis*
freisprechen *absolvere*
freiwillig ... *sponte*
fremd *aliēnus, a, um*
Freude *laetitia, gaudium*
  zu jmds. Freude *cum gaudiō alicuius*
freudig *laetus, a, um*

sich freuen *gaudēre, laetārī* (m. Abl.)
es freut *iuvat*
Freund *amīcus, -ī*
Freundin *amīca*
Freundschaft *amīcitia*
Freveltat *scelus, -eris n.*
Friede *pāx, pācis f.*
fröhlich *laetus, a, um; alacer, cris, cre*
Frömmigkeit *pietās, -ātis f.*
Frucht *frūctus, -ūs*
früher (Adj.) *prior, prius*
  (Adv.) *anteā, prius*
führen *dūcere*
  über ein Gebirge führen *trādūcere*
  montēs
  Krieg führen *bellum gerere*
  mit sich führen *sēcum ferre*
Führer *dux, ducis m.*
für *prō* (m. Abl.)
Fürst *prīnceps, -ipis m.*
Furcht *timor, -ōris m.; metus, -ūs*
fürchten *timēre, metuere (nē)*
  für etwas fürchten *timēre alicui reī*
Fuß *pēs, pedis m.*
  zu Fuß *pedibus*
  am Fuß des Berges *sub monte*

G

Gabe (= Geschenk) *dōnum*
Gans *ānser, -eris m.*
ganz *tōtus, a, um; omnis, -e*
Gast   ⎫
Gastfreund ⎬ *hospes, -itis m.*
Gastfreundschaft *hospitium*
Gastmahl *convīvium*
Gattin *coniūnx, -iugis; uxor, -ōris f.*
Gebeine *ossa, -ium n.*
geben *dare*
Gebiet *regiō, -ōnis f.; fīnēs, -ium m.*
Gebirge *montēs, -ium m.*
geboren *nātus, a, um*
geboren werden *nāscī*
Gebrauch *ūsus, -ūs*
gebrauchen *ūtī* (m. Abl.)
Geburt:
  der Geburt nach *nātiōne*
gedenken *meminisse* (m. Gen.)
geduldig *patiēns, -entis*
geeignet *idōneus, a, um; aptus, a, um*
Gefahr *perīculum*

gefährlich *perīculōsus a, um*
Gefährte *socius, -ī; comes, -itis m.*
gefallen *placēre*
Gefangener *captīvus, -ī*
gefangennehmen *capere*
Gefängniswärter *cūstōs, -ōdis m.*
gegen *adversus*
  (feindl.) *contrā*
  (freundl.) *ergā*
  gegen den Willen *invītus, a, um*
  gegen jmd. verteidigen *dēfendere ab aliquō*
Gegend *regiō, -ōnis f.*
Gegenstand:
  Gegenstand des Neides für einen sein
  alicui invidiae esse
in Gegenwart jemands *cōram aliquō*
Gegner *adversārius, -ī*
gehen *īre, vādere*
gehorchen *obtemperāre, pārēre, oboe-dīre, obsequī*
Geist *animus, -ī; mēns, mentis f.; inge-nium*
  des Geistes mächtig *compos (-otis) mentis*
Gelage *convīvium*
gelangen (ans Ziel) *pervenīre*
Geld *pecūnia*
Geldstrafe:
  zu einer Geldstrafe verurteilen
  pecūniā multāre
Geldsumme *pecūnia*
gelegen *situs, a, um*
Gelegenheit *occāsiō, -ōnis f.*
gelingen *contingere*
gelten *iūdicārī, putārī, habērī, exīstimārī*
Gemälde *tabula*
gemeinsame Sache machen *cōnsilia commūnicāre*
genießen *fruī*
genug (Adv.) *satis*
genügen, den Pflichten *officiīs satis-facere*
gerecht *iūstus, a, um*
gereichen, einem zum Ruhme *esse ali-cui laudī*
gerne *libenter*
Gesandter *lēgātus, -ī*
geschehen *fierī, accidere (ut)*
  es ist geschehen um einen *actum est dē aliquō*
Geschenk *dōnum*

Geschichtsschreiber *scrīptor rērum*
Geschick (= Schicksal) *fātum*
Geschlecht *genus, -eris n.*
  aus vornehmem Geschlecht stammen
  nōbilī genere nātum esse
Geschrei *clāmor, -ōris m.*
Gesetz *lēx, lēgis f.*
Gespräch *sermō, -ōnis m.*
Gestalt *fōrma; faciēs, -ēī f.*
gestern *herī*
gestrig *hesternus, a, um*
gewähren *praebēre*
Gewalt *vīs (vim, vī) f.*
  Gewalt antun *vim afferre*
Gewaltherrschaft *dominātiō, -ōnis f.*
gewaltig *ingēns, -entis*
gewaltsam (Adv.) *per vim*
Gewinn *lucrum*
gewinnen für sich *conciliāre sibi*
gewinngierig *lucrī cupidus*
gewissenhaft *dīligēns, -entis*
ein gewisser *quīdam, quaedam, quiddam (quoddam)*
gewogen sein *favēre*
gewöhnen (an etwas) *assuēfacere (ali-quā rē)*
sich gewöhnen *assuēscere, cōnsuēscere*
Gewohnheit *cōnsuētūdō, -inis f.*
gewohnt *solitus, a, um*
gewöhnt an etwas *assuētus aliquā rē*
gewohnt sein *cōnsuēvisse, solēre (Inf.)*
Gift *venēnum*
  Gift nehmen *venēnum haurīre*
Glanz *splendor, -ōris m.*
Glaube *fidēs, -ēī f.*
  Glauben schenken *fidem habēre*
glauben *putāre, rērī, crēdere (AcI.)*
gleichkommen (jmd.) *(ad-)aequāre (aliquem)*
gleichmachen *aequāre*
  dem Erdboden gleichmachen *solō aequāre*
Gleichmut *aequus animus*
gleiten *lābī*
Glück (Schicksal) *fortūna*
  (günstige Verhältnisse) *rēs secundae*
  im Glück *in rēbus secundīs*
glücken *contingere (ut)*
glücklich *beātus, a, um; fēlīx, -īcis*
glückselig = glücklich
Gold *aurum*
golden *aureus, a, um*

Gönner *fautor, -ōris m.*
Gott *deus, -ī*
Göttin *dea*
Götterbild *simulācrum*
gottesfürchtig *metuēns deōrum*
Gottlosigkeit *impietās, -ātis f.*
graben *fodere*
Graben *fossa*
gräßlich *atrōx, -ōcis*
grausam *crūdēlis, -e*
Grausamkeit *crūdēlitās, -ātis f.*
Greis *senex, senis m.*
Grenze *fīnis, -is m.*
groß *māgnus, a, um*
  so groß *tantus, a, um*
  wie groß *quantus, a, um*
  zu groß *nimius, a, um*
Größe *māgnitūdō, -inis f.*
Grund *causa*
  auf Grund (eines Vertrages) *ex foedere*
gründen *condere*
Gründer *conditor, -ōris m.*
Gründung:
  seit Gründung der Stadt *ab urbe conditā*
günstig *prosper, -era, -erum; secundus, a, um*
gut (Adj.) *bonus, a, um*
  (Adv.) *bene*
Gut *bonum* (meist Plural: *bona, -ōrum*)

H

Haar *crīnis, -is m.*
haben *habēre; esse* (m. Dat.)
  an einem einen Freund haben *aliquem amīcum habēre*
  einen zum Lehrer haben *ūtī aliquō magistrō*
Hafen *portus, -ūs*
... halber ... *causā*
Hälfte *dīmidium*
halten *tenēre*
  es halten mit jmd. *ab aliquō stāre*
  halten für *putāre, existimāre, dūcere*
Hand *manus, -ūs f.*
  in jmds Hand sein *alicuius esse*
handeln *agere*
handgemein werden *manūs cōnserere*
hart *dūrus, a, um*

Haß *odium*
hassen *ōdisse*
  gehaßt werden von einem *alicui odiō esse*
Haupt *caput, -itis n.*
Haus *domus, -ūs f.; aedificium*
  zu Hause *domī*
  nach Hause *domum*
  von zuhause *domō*
Heer *exercitus, -ūs*
heftig *vehemēns, -entis*
heil *sānus, a, um*
Heil = Wohl *salūs, -ūtis f.*
heilen *sānāre; medērī* (m. Dat.)
heilsam *salūber, -bris, -bre*
Heimat *patria*
heimkehren *domum redīre, revertī*
heimsuchen *vexāre*
Heimweh *dēsīderium patriae*
heiraten (eine Frau) *in mātrimōnium dūcere*
  (einen Mann) *nūbere* (m. Dat.)
heiß *calidus, a, um*
heißen (= befehlen) *imperāre (ut); iubēre* (AcI.)
  (= genannt werden) *appellārī, dīcī, nōminārī*
helfen *adesse; adiuvāre* (m. Akk.)
hell *clārus, a, um*
herabfallen *dēcidere*
herabspringen *dēsilīre*
herabsteigen *dēscendere*
Herbst *autumnus, -ī*
Herde *grex, gregis m.*
Herr *dominus, -ī*
Herrschaft *dominātiō, -ōnis f.*
  sich der Herrschaft bemächtigen *rērum potīrī*
Herrschbegierde *cupiditās dominandī*
herrschen *imperāre, rēgnāre*
  herrschen über *imperāre* (m. Dat.)
hervorbringen *gignere, ferre*
hervorgehen (= deutlich werden) *appārēre*
hervorholen *prōmere*
Herz *animus, -ī*
  einem sehr am Herzen liegen *alicui māgnae cūrae esse*
heute *hodiē*
hier *hīc*
hierher *hūc*
Hilfe *auxilium*

zu Hilfe kommen *subvenīre*
Himmel *caelum*
 unter freiem Himmel *sub dīvō*
hinaufsteigen *ascendere*
sich hingeben *sē dare*
hinrichten *suppliciō afficere*
hinter *post* (m. Akk.)
hinterlassen *relinquere*
Hinterlist *īnsidiae, -ārum*
hinwegraffen *auferre*
Hirte *pāstor, -ōris m.*
Hitze *aestus, -ūs*
hoch *altus, a, um*
hochbegabt *māgnī ingeniī*
hochbetagt *grandis nātū*
Hochmut *superbia*
höchster *summus, a, um*
Hof (= Königshof) *rēgia*
hoffen *spērāre* (AcI.)
Hoffnung *spēs, speī f.*
Höhle *specus, -ūs*
höhnen *irrīdēre, illūdere*
hölzern *līgneus, a, um*
Honig *mel, mellis n.*
honigsüß *melle dulcior*
hören *audīre*
Hügel *collis, -is m.*
Hund *canis, -is m.*
Hunger *famēs, -is f.*
sich hüten *cavēre*

I

immer *semper*
 immer wieder *iterum atque iterum*
innehaben *obtinēre*
innewohnen (beseelen) *inesse* (m. Dat.)
Insel *īnsula*
Interesse:
 jmd. hat großes Interesse
 alicuius multum (māgnī) interest
irgendeiner *aliquis*
 und nicht irgendeiner *neque quisquam*
irgend etwas *aliquid*
 kaum irgend etwas *vix quicquam*
irgend jemand *aliquis*
 nicht irgend jemand *non quisquam*
irren *errāre*
Irrfahrt } *error, -ōris m.*
Irrtum }

J

Jahr *annus, -ī*
Jahrhundert *saeculum*
je – desto, je – um so *quō – eō, quantō – tantō*
jeder *(ūnus-)quisque; omnis, -e*
 jeder (beliebige) *quīlibet, quīvīs*
 jeder (von beiden) *uterque*
 jeder, der . . . *quisquis, quīcumque*
 jeder von uns *ūnusquisque nostrum*
 ohne jede Hoffnung *sine ūllā spē*
jedermann = jeder
jemand *(ali-)quis*
jener *ille, illa, illud*
jenseitig *ulterior, -ius*
jenseits *ultrā* (m. Akk.)
jetzt *nunc*
Jugend *iuventūs, -ūtis f.*
Jungfrau *virgō, -inis f.*
Jüngling, junger Mann *adulēscēns, -entis; iuvenis, -is* (Gen. Pl. *-um*)

K

Kaiser *imperātor, -ōris m.*
kalt *frīgidus, a, um*
Kamerad *comes, -itis m.*
Kampf *pūgna; certāmen, -inis n.*
kämpfen *pūgnāre, certāre, dīmicāre, cōnflīgere*
kaufen *emere*
Kaufleute *mercātōrēs, -um m.*
Kaufmann *mercātor, -ōris m.*
kaum *vix, aegrē*
 kaum irgend etwas *vix quicquam*
kein *nūllus, a, um*
 (von zweien) *neuter, -tra, -trum*
keineswegs *nēquāquam*
kennen *nōvisse*
 nicht kennen *ignōrāre*
Kenntnis, Kenntnisse *scientia*
 in Kenntnis setzen *docēre*
Kerker *carcer, -eris m.*
Kind *puer, puerī*
Kinder *līberī, -ōrum*
Kindheit *pueritia*
 von frühester Kindheit *ā prīmā pueritiā*
klagen *querī*
Kleid, Kleidung *vestis, is f.* (nur Sing!)
klein *parvus, a, um*

klug *prūdēns, -entis*
Klugheit *prūdentia*
Knabe *puer, puerī*
Knecht *servus, -ī*
Kolonie *colōnia*
kommen *venīre*
  zu Hilfe kommen *subvenīre*
  es kommt so *ita ēvenit, fit, accidit (ut)*
König *rēx, rēgis m.*
Königin *rēgīna*
Königsherrschaft *rēgnum*
können *posse*
Konsul *cōnsul, -is m.*
Konsulat *cōnsulātus, -ūs*
  unter jmds. Konsulat *aliquō cōnsule*
Körper *corpus, -oris n.*
Kost *cibus, -ī*
kosten *stāre, cōnstāre*
  viele Mühen kosten *multīs labōribus
  (cōn-)stāre*
Kraft *vīs (vim, vī) f.; rōbur, -oris n.*
  mit aller Kraft *omnibus vīribus*
  nach Kräften *prō vīribus*
krank *aeger, -gra, -grum; aegrōtus, a, um*
kränken *laedere, offendere*
Krankheit *morbus, -ī*
Kranz *corōna*
kreuzigen *in crucem agere, crucī affīgere*
Krieg *bellum*
  Krieg führen *bellāre, bellum gerere*
Kriegsruhm *laus bellica*
Kriegsschiff *nāvis longa*
kühn *audāx, -ācis*
Kultur *cultus, -ūs*
kundig *perītus, a, um*
Kundschafter *speculātor, -ōris m.*
Kunst *ars, artis f.*
Künstler *artifex, -icis m.*
kurz *brevis, -e*
  in kurzer Zeit *brevī*

L

lachen *rīdēre*
Lager *castra, -ōrum*
  Lager schlagen *castra pōnere*
Land *terra*
  (im Gegensatz zur Stadt) *rūs, rūris n.*
  auf dem Lande *rūrī*
  auf das Land *rūs*
landen *appellere*

Landhaus *villa*
Landmann *agricola, -ae m.; rūsticus, -ī*
Landmaus *mūs rūsticus*
Landsleute *cīves, -ium; populārēs, -ium*
lang *longus, a, um; diūturnus, a, um*
  viele Jahre lang *(per) multōs annōs*
lange (Adv.) *diū*
langjährig *multōrum annōrum*
längs *secundum (m. Akk.)*
Lanze *hasta*
lassen (= befehlen) *iubēre*
  im Stich lassen *dēserere*
Laster *vitium*
Lastschiff *nāvis onerāria*
lateinisch *Latīnus, a, um*
Lauf *cursus, -ūs*
laufen *currere*
laut *māgnus, a, um*
Leben *vīta*
  ein Leben führen *vītam vīvere*
leben *vīvere*
lebend *vīvus, a, um*
Lebensjahr:
  im 10. Lebensjahre stehen
  decimum annum agere
Lebenslage *condiciō vītae*
Lebensüberdruß *taedium vītae*
  Lebensüberdruß ergreift mich
  vītae mē taedet
Lebewesen *animal, -ālis n.*
zu Lebzeiten = lebend
legen *pōnere*
Legion *legiō, -ōnis f.*
lehren *docēre (AcI.)*
Lehrer *magister, -trī m.*
Leichnam *corpus, -oris n.*
leicht (zu tun) *facilis, -e*
  (an Gewicht) *levis, -e*
Leichtbewaffneter *expedītus, -ī*
leichtsinnig *levis, -e*
Leid *malum*
Leiden *labor, -ōris m.; malum*
Leidenschaft *cupiditās, -ātis f.;
  cupīdō, -inis f.*
leiten:
  sich leiten lassen *dūcī, movērī*
lenken *regere, gubernāre*
lernen *discere*
Lernbegierde *cupiditās discendī*
lesen *legere*
letzter *suprēmus, a, um; ultimus, a, um;
  postrēmus, a, um*

Licht *lūx, lūcis f.*
Liebe *amor, -ōris m.*
lieber (Adv.) *potius, libentius*
lieber wollen *mālle*
liegen *cubāre, iacēre*
  einem sehr am Herzen liegen
  alicui mǎgnae cūrae esse
  es liegt einem (mir) wenig dran
  alicuius (meā) parvī interest (AcI.)
Liktor *līctor, -ōris m.*
List *dolus, -ī*
loben *laudāre*
Lohn *praemium; mercēs, -ēdis f.*
Los *sors, sortis f.*
losbrechen (= entstehen) *orīrī*
lösen *solvere*
loskaufen *redimere*
Lüge *mendācium*
lügen *mentīrī*
Lügner *homō mendāx*

M

machen *facere, reddere*
Macht *opēs, -um f.*
Mädchen *puella*
Mal: zum erstenmal *prīmum*
  zum zweitenmal *iterum*
malen *pingere*
manche *nōnnūllī, ae, a*
Mann *vir, virī*
Mantel *amǐculum*
Markt, Marktplatz *forum*
Marsch *iter, itineris n.*
Mauer *mūrus, -ī*
  Stadtmauer *moenia, -ium n.*
Meer *mare, -is n.*
mehr *plūs, magis*
mehren *augēre*
mehrere *complūrēs, -ium*
mehrtägig *complūrium diērum*
meiden *vītāre*
meinen *putāre, cēnsēre, rērī (AcI.)*
Meinung *opiniō, -ōnis f.; sententia*
m in der Meinung *ratus (AcI.)*
dießeln *sculpere*
me meisten *plūrimī, ae, a; plērīque*
meistens *plērumque*
Melden *nūntiāre (AcI.)*
  enge *cōpia; vīs (vim, vī); multitūdō,
  -inis f.*

Mensch *homō, -inis m.*
seit Menschengedenken *post hominum
  memǒriam*
Menschenmenge *multitūdō hominum*
menschlich *hūmānus, a, um*
merken (= wahrnehmen) *animadvertere, cognōscere*
  (= einsehen) *intellegere*
Miene *vultus, -ūs*
mieten (um viel Geld) *(mǎgnō) condūcere*
mild *mītis, -e; clēmēns, -entis*
mißbrauchen *abūtī (m. Abl.)*
mißfallen *displicēre*
Mitbürger = Bürger *cīvis, -is m.*
Mitleid *misericordia*
  Mitleid haben = es jammert einen
  miseret aliquem
Mitternacht *media nox*
mittlerer *medius, a, um*
möglichst viele *quam plūrimī*
Mond *lūna*
Morgengrauen, beim ersten *prīmā lūce*
morgig *crāstinus, a, um*
müde *fessus, a, um*
Mühe *labor, -ōris; opera, -ae*
müssen meist durch Gerundiv oder
  oportet; verpflichtet sein *dēbēre*
mutlos *ignāvus, a, um; timidus, a, um*
  mutlos werden *animō dēficere*
Mutter *māter, -tris f.*

N

nach (wohin?) *in (m. Akk.)*
  (wann?) *post (m. Akk.)*
nachahmen *imitārī*
nachdem *cum* m. Konj., *postquam* m.
  Ind. Perf.
Nachfolger sein *succēdere (m. Dat.)*
nach Hause *domum*
nachstellen *īnsidiārī*
Nachstellung *īnsidiae, -ārum*
nächster *proximus, a, um*
Nächster (= Mitmensch) *alter, -īus*
Nacht *nox, noctis f.*
nagen *rōdere*
nahe *prope (m. Akk.)*
in der Nähe *prope (m. Akk.)*
nahen, sich nähern *appropinquāre*
in Nahkampf geraten *manūs cōnserere*

Name *nōmen, -inis n.*
im Namen *nōmine*
nämlich = denn *nam, enim*
Natur *nātūra*
nehmen *sūmere*
den Tod auf sich nehmen *mortem obīre*
eine Gefahr auf sich nehmen *perīculum adīre, subīre*
in Besitz nehmen *possīdere*
Neid *invidia*
nennen *nōmināre, appellāre, dīcere*
neu *novus, a, um*
nicht *nōn, nē, haud*
nicht mehr *nōn iam*
noch nicht *nōndum*
nicht nur – sondern auch *nōn sōlum – sed etiam*
nicht einmal *nē – quidem*
nicht wissen *nescīre, ignōrāre*
nicht wollen *nōlle*
nichts *nihil*
niedergeschlagen *afflīctus, a, um*
Niederlage *clādēs, -is f.*
sich niederlassen *cōnsīdere*
niederlegen *dēpōnere*
niedermachen *concīdere*
nie(mals) *numquam*
niemand *nēmō*
nirgends *nusquam*
nirgends auf der Welt *nusquam terrārum*
noch einmal *iterum*
noch nicht *nōndum*
Not *inopia*
notwendig *necessārius, a, um*
es ist notwendig *necesse est* (Inf. bzw. AcI.)
Notwendigkeit *necessitās, -tātis*
nur *tantum*
nur der Vater *pater sōlus*
nützen *prōdesse*
nützlich *ūtilis, -e*

O

ob *num, -ne*
ob nicht *num, -ne*
ob – oder *utrum (-ne) – an*
Obstarten *pōma, -ōrum*

obwohl *quamquam*
oder *vel, aut*
(bei Doppelfragen:) *an*
öffentlich *pūblicus, a, um*
öffnen *aperīre, patefacere*
oft *saepe*
ohne *sine* (m. Abl.)
alle ohne Ausnahme *ad ūnum omnēs*
Opfer *sacrificium*
Optimaten *optimātēs, -ium m.*
Orakel *ōrāculum*
ordnen (den Staat) *temperāre (rem pūblicam)*
Ort *locus, -ī*
Ozean *ōceanus, -ī*

P

Palast *domus, -ūs f.*
Partei *partēs, -ium f.*
einer Partei folgen *partēs sequī*
Pferd *equus, -ī*
pflanzen *serere (sēvī)*
pflegen (zu tun) *solēre, cōnsuēvisse* (Inf.)
Pflicht *officium*
es ist jmds. Pflicht *alicuius est*
es ist meine Pflicht *meum est*
ich halte es für meine Pflicht *meum esse putō* (Inf.)
pflichtvergessen *neglegēns officiī*
Philosoph *philosophus, -ī*
Piratenhäuptling *dux pīrātārum*
Plan *cōnsilium*
einen Plan fassen *cōnsilium inīre, capere*
Platz *locus, -ī*
plötzlich (Adv.) *subitō*
plündern *dīripere*
prächtig *praeclārus, a, um; māgnificus, a, um*
Priester *sacerdōs, -ōtis m.*
privat *prīvātus, a, um*
Provinz *prōvincia*

Q

quälen *vexāre*
Quelle *fōns, fontis m.*

R

Rache nehmen ⎫
sich rächen ⎬ *ulcīscī*

rasch = schnell *celer, -eris, -e*

Rat(schlag) *cōnsilium*
  um Rat fragen *cōnsulere*

raten (= Rat geben) *suādēre* (m. Dat.)

Rätsel *aenigma, -atis n.*

rauben *rapere*

Räuber *lātrō, -ōnis m.*

rauh *asper, -era, -erum*

Recht (menschl.) *iūs, iūris n.*
  (göttl.) *fās* (indekl.) *n.*
  mit Recht *iūre*

recht *rēctus, a, um*

rechts *dexter, -(e)ra, -(e)rum*
  die Rechte *dextera*

rechtschaffen *probus, a, um*

Rechtschaffenheit *probitās, -ātis f.*

Rechtsgelehrter *iūris cōnsultus*

rechtskundig *iūris consultus*

rechtzeitig *in tempore; meō, tuō* usw.
  tempore

Rede *ōrātiō, -ōnis f.*
  Rede halten *ōrātiōnem habēre*

redlich *probus, a, um*

Rednerbühne *rōstra, -ōrum*

Regen(guß) *imber, -bris m.*

regieren *gubernāre, rēgnāre*

Reich *imperium, rēgnum*

Reichtum *divitiae, -ārum*

Reise *iter, itineris n.*

reißen (an sich) *arripere*

reizen *lacessere*

Republik *rēs pūblica (lībera)*

Rest *reliquiae, -ārum*

retten *servāre*

Retter *cōnservātor, -ōris*

Rettung *salūs, -ūtis f.*

Richter *iūdex, -icis m.*

richtig *rēctus, a, um*

Ring *ānulus, -ī*

Ritter *eques, -itis m.*

ruchlos *improbus, a, um*

Ruchlosigkeit *improbitās, -ātis f.*

Rückkehr *reditus, -ūs*

Ruhe *quiēs, -ētis f.*

ruhen *quiēscere*

Ruhm *glōria; laus, laudis f.*

sich rühmen *glōriārī* (m. Abl.)

Rüstung *arma, -ōrum*
  (erbeutete) *spolia, -ōrum*

S

Sache *rēs, reī f.*

sagen *dīcere, loquī*
  sagt(e) er(sie) *inquit*
  Dank sagen *grātiās agere*

sammeln *colligere*

Sand *(h)arēna*

Satz *sententia*

schaben *rādere*

schaden *nocēre, obesse*

Schaden *dētrīmentum*
  Schaden zufügen *nocēre*

sich schämen = es beschämt einen
  pudet aliquem

Schande *ignōminia*

schändlich *turpis, -e*

Schar *agmen, -inis n.; manus, -ūs f.*

schärfen *acuere*

Schatten *umbra*

Schatz *dīvitiae, -ārum*

schätzen *aestimāre, facere, putāre,*
  höher schätzen *plūris aestimāre*

zur Schau tragen *prae sē ferre*

schaudern *horrēre*

scheinen *vidērī*

schenken (Glauben) *fidem habēre*

scheren *tondēre*

sich scheuen *verērī* (Inf.)

schicken *mittere*

Schicksal *fortūna; sors, sortis f.*

Schiff *nāvis, -is f.*

Schild *scūtum*

Schlacht *pūgna*

schlagen *verberāre*
  ein Lager schlagen *castra collocāre*
  zu Boden schlagen *afflīgere, prōflī-*
  gāre

schlecht *malus, a, um*

schließen *claudere*

schließlich *dēnique, postrēmō.*

schmeicheln *blandīrī*

Schmerz *dolor, -ōris m.*

Schmuck *ōrnātus, -ūs*

schneeweiß *nive candidior*

schnell *celer, -eris, -e*
  (Adv.) *citō, celeriter*

Schnelligkeit *celeritās, -ātis f.*

schon *iam*

schön *pulcher, -chra, -chrum*
  die schönen Künste *artēs bonae*

schonen *parcere* (m. Dat.)

Schönheit *pulchritūdō, -inis f.*
schöpfen *haurīre*
Schrecken *terror, -ōris m.*
  Schrecken einjagen
  terrōrem inicere
schreiben *scrībere*
Schreiber *scrība, -ae m.*
Schriftsteller *scrīptor, -ōris m.*
schuldig *noxius, a, um*
  (= geschuldet, z.B. Dank) *debitus,
  a, um*
Schüler *discipulus, -ī*
Schulmeister = Lehrer *magister, -trī*
Schutz *praesidium*
schützen *tūtārī, tuērī*
schwarz *āter, -tra, -trum; niger, -gra,
  -grum*
Schweigen *silentium*
schwer (an Gewicht) *gravis, -e;*
  (zu tun) *difficilis, -e*
Schwert *gladius, -ī*
Schwester *soror, -ōris f.*
schwierig *difficilis, -e*
Seele *animus, -ī; anima*
  Seelen der Toten *mānēs, -ium m.*
Seemann *nauta, -ae m.*
Seeräuber *pīrāta, -ae m.*
Seereich *imperium nāvāle*
sehen *vidēre, cernere*
sich sehnen *dēsīderāre*
sehr *valdē, māgnopere*
seit *ex (m. Abl.)*
  seit Menschengedenken *post hominum memōriam*
Seite:
  auf beiden Seiten *utrimque*
selbst *ipse, ipsa, ipsum*
Selbstmord begehen *mortem sibi cōnscīscere*
selten (Adv.) *rārō*
  nicht selten *haud rārō*
Senat *senātus, -ūs*
Senatsbeschluß *senātūs cōnsultum*
senden *mittere*
sich setzen *cōnsīdere*
Seuche *pestis, -is f.; pestilentia*
sicher (geschützt) *tūtus, a, um;*
  (gewiß) *certus, a, um*
Sicherheit *sēcūritās, -ātis f.*
sicherlich *certē*
Sieg *victōria*
siegen *vincere*

Sieger *victor, -ōris m.*
Silber *argentum*
singen *canere*
Sinn (Gefühl) *sēnsus, -ūs*
  animus, -ī; mēns, mentis f.
Sitte *mōs, mōris m.*
sitzen *sedēre*
Sklave *servus, -ī*
  in die Sklaverei verkaufen *sub corōnā
  vendere*
so (bei Adj u. Adv.) *tam;*
  (bei Verb.) *ita, sīc;*
  so daß *ut*
sofort *statim*
sogar *etiam*
  ja sogar *quīn etiam*
sogleich *statim*
so groß *tantus, a, um*
Sohn *fīlius, -ī*
  mein Sohn! *mī fīlī!*
so lange *tam diū*
Sold *stipendium; merces, -ēdis f.*
Soldat *mīles, -itis m.*
Sommer *aestās, -ātis f.*
sondern *sed*
  sondern auch *sed etiam*
Sonne *sōl, sōlis m.*
sonnenklar *lūce clārior*
sorgen für jmd. *cōnsulere, prōspicere,
  prōvidēre alicui*
sowie (= und) *et*
sowohl – als auch *et – et*
spannen *tendere*
sparen *parcere (m. Dat.)*
spät, zu spät *sērō*
später (Adv.) *sērius, posteā*
  (Adj.) *posterior, -ius*
spazierengehen *ambulāre*
Speise *cibus, -ī*
speisen *cēnāre*
Sprache *lingua; sermō, -ōnis m.*
sprechen *dīcere, loquī*
Staat *rēs pūblica*
Staatsdienst:
  sich dem Staatsdienst widmen
  ad rem pūblicam accēdere
Staatsfeind *hostis (pūblicus)*
Staatswesen *rēs pūblica*
Stadt *urbs, urbis f.; oppidum*
Stadthaus *domus urbāna*
Stadtmaus *mūs urbānus*
Stamm *gēns, gentis f.*

stammen (= geboren sein) *nātum
esse*
Stand *ōrdō, -inis m.;*
  (= Herkunft) *genus, -eris n.*
  aus dem niedersten Stande *īnfimō
  locō nātus*
Standbild *statua*
ständig (Adv.) *semper, perpetuō*
standhaft *cōnstāns, -antis*
stark *firmus, a, um; rōbustus, a, um*
stärken *firmāre*
Staub *pulvis, -eris m.*
stehen *stāre*
  (teuer) zu stehen kommen *(māgnō)
  stāre*
stehenbleiben *cōnsīstere*
steinhart *saxō dūrior*
steinigen *lapidibus obruere*
Stelle *locus, -ī*
stellen
  an die Spitze stellen *praeficere* (m.
  Dat.)
sterben *morī, mortem obīre*
sterbend *moribundus, a, um*
sterblich *mortālis, -e*
stets *semper*
im Stiche lassen *dēserere*
Stimmung:
  trauriger Stimmung sein *tristī animō
  esse*
stöhnen *gemere*
stolz *superbus, a, um*
stören *turbāre*
Strafe *poena*
Strapaze *labor, -ōris m.*
Straße *via*
  eine feste Straße anlegen *viam
  mūnīre*
streben *studēre* (m. Dat.); *petere* (m.
  Akk.)
  danach streben *id studēre, ut*
Strom *amnis, -is m.*
Stunde *hōra*
Sturm *tempestās, -ātis f.*
sich stürzen, ins Schwert *in gladium
  incumbere*
sich stützen auf *nītī* (m. Abl.)
suchen *quaerere, petere;*
  sein Heil in der Flucht suchen
  fugā salūtem petere
  versuchen *cōnārī, studēre* (Inf.)
Sumpf *palūs, -ūdis f.*

T

tadeln *reprehendere, vituperāre*
Tag *diēs, -ēī m.*
  von Tag zu Tag *diem ex diē, in diēs*
  in den Tag hinein leben *in diem
  vīvere*
täglich (Adv.) *cottīdiē*
tapfer *fortis, -e*
Tapferkeit *fortitūdō, -inis f.; virtūs,
  -ūtis f.*
Tat *factum; facinus, -oris n.*
  in der Tat *prōfectō*
täuschen *dēcipere*
Tausende *mīlia, -ium n.*
teilen *partīrī, dīvidere*
teilhaftig *particeps, -ipis*
teilnehmen an etwas *interesse alicui reī*
Tempel *templum*
teuer *cārus, a, um*
  teuer kaufen *māgnō emere*
  teuer zu stehen kommen *māgnō stāre*
tief *altus, a, um*
Tier *bēstia; animal, -ālis n.*
  = Zugtier *iūmentum*
Tochter *fīlia*
Tod *mors, mortis f.*
  zum Tode verurteilen *capitis damnāre*
Todfeind *inimīcissimus, -ī*
Tor (das) *porta*
Torheit *stultitia*
  es beweist Torheit *stultitia(e) est*
töricht *stultus, a, um*
töten *interficere, occīdere, necāre*
trachten *stūdere*
tragen *ferre, portāre*
  zur Schau tragen *prae sē ferre*
Träne *lacrima*
Trauer *maeror, -ōris m.*
trauern *lūgēre, maerēre*
traurig *trīstis, -e; maestus, a, um*
trefflich *bonus, a, um; probus, a, um*
trennen *sēparāre, sēiungere, dirimere*
treulos *perfidus, a, um*
Treulosigkeit *perfidia*
trinken *bibere*
triumphieren über *triumphāre dē*
Trost *sōlacium*
Truppen *cōpiae, -ārum*
tüchtig *fortis, -e; bonus, a, um*
Tüchtigkeit *virtūs, -ūtis f.*
Tugend *virtūs, -ūtis f.*

tun *facere*
jmd. hat es mit einem zu tun
rēs est alicui cum aliquō
Tür *porta*
Tyrann *tyrannus, -ī*

U

Übel *malum*
Übeltäter *homō maleficus*
über (= betreffs) *dē* (m. Abl.)
(= oberhalb) *suprā* (m. Akk.)
über – hinaus *ultrā, trāns* (m. Akk.)
überfallen *opprimere*
überführen (einer Schuld) *convincere
coarguere (culpae)*
übergeben *trādere, dēdere*
Überheblichkeit *arrogantia*
überleben (jmd.) *superesse (alicui)*
überlebend *superstes, -itis*
überlegen *dēlīberāre, cōnsīderāre*
überliefern *trādere*
es ist überliefert *memoriae prōditum
est* (AcI.)
Übermut *superbia*
so weit im Übermut gehen *eō superbiae īre*
überraschen *opprimere*
überreden *persuādēre* (m. Dat.) *(ut)*
Überrest *reliquiae, -ārum*
überschreiten *trānsgredī, trānsīre*
überschwemmen *inundāre*
übersetzen (= hinüberschaffen) *trāicere,
trādūcere*
übertreffen *praestāre* (m. Dat.),
superāre (m. Akk.)
überwältigen *superāre*
überzeugen *persuādēre* (m. Dat.) (AcI.)
ich bin überzeugt *mihi persuāsum est*
oder *mihi persuāsī* (AcI.)
übrig *reliquus, a, um*
übrig sein *reliquum esse, superesse*
Ufer *rīpa*
Umgang *cōnsuētūdō, -inis f.*
umkommen *perīre, interīre*
umschlingen *amplectī*
um – willen *causā*
umzingeln *circumsistere, cingere*
unaufhörlich: verbal mit *pergere,
persevērāre* (Inf.)
unbekannt *ignōtus, a, um*
Unbequemlichkeit *incommodum*

Unbeständigkeit *mōbilitās, -ātis f.*
Uneinigkeit *discordia*
unerwartet rasch *expectātiōne (spē)
celerior, -ius*
ungefähr *ferē* (nachgestellt)
ungehalten sein über etwas *aegrē (graviter) ferre aliquid*
ungeheuer *ingēns, -entis; immānis, -e*
Ungeheuer *mōnstrum*
ungerecht *iniūstus, a, um*
Ungerechtigkeit *iniūria; inīquitās,-ātis f.*
ungewiß *incertus, a, um*
ungewöhnlich groß *solitō maior*
Unglück *calamitās, -ātis f.*
im Unglück *in rēbus adversīs*
ungünstig *inīquus, a, um*
unnütz *inūtilis, -e*
Unrecht *iniūria*
unsterblich *immortālis, -e*
unterdessen *intereā*
untereinander *inter sē*
Untergang *interitus, -ūs; occāsus, -ūs*
untergehen (Sonne!) *occidere*
unternehmen *suscipere*
sich unterreden *colloquī*
unterrichten *ērudīre, docēre*
untersagen *interdīcere*
unterscheiden *discernere*
sich unterscheiden von *differre ab*
unter sich = untereinander *inter sē*
unterstützen *adiuvāre*
unterwerfen *subigere, subicere*
sich unterziehen *subīre, adīre* (m. Akk.)
unverrichteter Dinge *infectā rē*
unversehrt *incolumis, -e*
unvorhergesehen *imprōvīsus, a, um*
unwürdig *indīgnus, a, um*
üppig *luxuriōsus, a, um*
Ursache *causa*
urteilen *iūdicāre*

V

Vater *pater, -tris m.*
Vaterland *patria*
vaterlandsliebend *amāns patriae*
väterlich *patrius, a, um*
Vaterstadt *patria*
verachten *contemnere, dēspicere*
veranlassen *addūcere (ut)*
auf jmds. Veranlassung *aliquō auctōre*

Verbannter *ex(s)ul, -is m.*
Verbannung *exsilium*
verbergen *abdere, occulere, occultāre*
  sich verbergen *sē abdere*
verbieten *vetāre*
verbinden *coniungere*
Verbrechen *scelus, -eris n.*
verbrecherisch *scelestus, a, um*
verbrennen *combūrere, cremāre*
verbringen *agere, cōnsūmere*
verderben *corrumpere, perdere*
sich verdient machen um *bene merērī dē*
verdrießen = es verdrießt einen
  piget aliquem
verehren *venerārī, verērī, colere*
vereinigen *coniungere*
verfahren gegen jmd. *cōnsulere in*
  aliquem
vergangen *praeteritus, a, um*
vergebens, vergeblich *frūstrā*
vergessen *oblīvīscī*
vergeuden *cōnsūmere, profundere*
vergießen *profundere*
vergleichen *comparāre, cōnferre*
Vergnügung *voluptās, -ātis f.*
verharren *persevērāre*
verheimlichen *cēlāre (m. dopp. Akk.)*
verkaufen *vendere*
  verkauft werden *vēnīre*
verkünden *prōnūntiāre (AcI.)*
verlassen *dēserere, relinquere*
verleihen = geben *dare*
verletzen *laedere, violāre, vulnerāre*
verlieren *āmittere, perdere*
vermehren *augēre*
vermindern *minuere*
vermögen *posse, valēre*
vernachlässigen *neglegere*
Verrat *prōditiō, -ōnis f.*
verraten *prōdere*
Verräter *prōditor, -ōris m.*
Vers *versus, -ūs*
versammeln *colligere*
verschieben *differre*
verschieden *varius, a, um; dissimilis, -e*
verschmähen *spernere, aspernārī*
verschütten *obruere*
verschweigen *tacēre, cēlāre*
Verschwörung *coniūrātiō, -ōnis f.*
versenken *dēmergere*
versperren *interclūdere*
verspotten *illūdere*

versprechen *pollicērī, prōmittere (AcI.)*
Verstand *ratiō, -ōnis f.*
verstehen *intellegere*
verstummen *obmūtēscere, conticēscere*
versuchen *cōnārī, experīrī (Inf.)*
verteidigen gegen jmd. *dēfendere ab*
  aliquō
verteilen unter jmd. *distribuere alicui*
Vertrag *foedus, -eris n.*
Vertrauen *fidūcia*
vertrauen *(cōn-)fīdere*
vertreiben *(ex-)pellere*
verurteilen *damnāre, condemnāre*
  zum Tode verurteilen *capitis damnāre*
verwalten *fungī (m. Abl.)*
verwandeln *convertere, mūtāre*
Verwandte *propinquī, -ōrum*
verweilen *versārī*
verwirren *cōnfundere, turbāre*
verwüsten *vāstāre*
verzeihen *ignōscere, veniam dare*
Verzeihung *venia*
  Verzeihung zu erreichen suchen
  veniam petere
verzweifeln *dēspērāre*
Veteran *veterānus, -ī*
viel *multus, a, um*
  viel leichter *multō facilior*
Vogel *avis, -is f.*
Volk *populus, -ī; gens, gentis f.; nātiō,*
  -ōnis f.; plēbs, plēbis f.
  Senat und Volk von Rom *senātus*
  populusque Rōmānus
Volksgenosse *populāris, -is m.*
voll *plēnus, a, um*
vollenden *peragere, perficere*
völlig besiegen *fundere ac fugāre,*
  dēvincere
voraussehen *prōvidēre*
vorbeigehen *praeterīre*
Vorbild *exemplum*
Vorfahren *maiōrēs, -um m.*
vorher *anteā*
Vorherrschaft *prīncipātus, -ūs*
vorhersehen *prōvidēre*
vorlegen *prōpōnere*
von vorn *ā fronte*
vornehm *nōbilis, -e*
vorschreiben *praescrībere, praecipere*
Vorschrift *praeceptum*
vorsetzen (Speisen) *appōnere*
Vorteil *ēmolumentum; ūsus, -ūs*

zum Vorteil sein (dienen)
ūsuī (ēmolumentō) esse
vorübergehen lassen *praetermittere*
vorwerfen *prōicere*
Vorwurf *probrum; crīmen, -inis n.*
 einem etwas zum Vorwurf machen
 dare alicui aliquid crīminī

W

wachsen *crēscere*
Wächter *custōs, -ōdis m.*
Waffen *arma, -ōrum*
Waffenstillstand *indūtiae, -ārum*
wagen *audēre* (Inf.)
Wagen *currus, -ūs*
wägen *pendere*
wählen *creāre, dēligere*
 einen Platz fürs Lager wählen
 locum castrīs capere
wahr *vērus, a, um*
wahrhaft (Adv.) *vērē*
wahrscheinlich *vērīsimilis, -e*
Wald *silva*
Wall *vallum*
wälzen *volvere*
wandern *migrāre*
wann *quandō*
Ware *merx, mercis f.*
warten *exspectāre*
warum *cūr*
was (interrogativ) *quid*
 (relativ) *quod*
Wasser *aqua*
 zu Wasser und zu Lande
 terrā marīque
Wasserspiegel *summa aqua*
weder – noch *neque – neque*
Weg *via*
wegen *propter* (m. Akk.), *ob* (m. Akk.)
 wegen des Friedens verhandeln
 dē pāce agere
wegnehmen *dēmere*
wegwerfen *abicere*
weiden (transitiv) *pāscere*
 (intransitiv) *pāscī*
weihen *sacrāre, consecrāre*
weil *quod, quia*
weise *sapiēns, -entis*
Weise:
 (die) *modus, -ī*
 (der) *homō sapiēns, -entis m.*

Weisheit *sapientia*
weit (Adj.) *amplus, a, um*
 (Adv.) *passim*
 so weit gehen in der Überheblichkeit
 ad tantam superbiam (= eō superbiae)
 procēdere
Welt *mundus, -ī; orbis terrārum m.*
 nirgends auf der Welt
 nūsquam terrārum
wenig *paulum*
 ein wenig *paulum*
 zu wenig *parum*
 wenig kosten *parvō stāre*
wenige *paucī, ae, a*
wenn *sī, cum*
 wenn auch *etsī, etiamsī*
 wenn nicht *nisi*
 wenn einer *sī quis*
wer (interrogativ) *quis*
 (relativ) *quī*
 wer immer *quisquis, quīcumque*
 wer von euch *quis vestrum*
werden *fierī*
werfen *iacere, iactāre*
Werk *opus, -eris n.*
Wert *pretium*
 wert sein *esse*
 nichts wert sein *nihilī esse*
wertvoll *pretiōsus, a, um*
Wettkampf *certāmen, -inis n.*
 wider Erwarten schnell
 exspectātiōne celerior
wider Willen *invītus, a, um*
sich widmen, dem Staatsdienst
 ad rem pūblicam accēdere
sich widersetzen *resistere*
Widerstand leisten *resistere*
widerstehen *resistere*
Widerwillen empfinden = es ekelt einen
 taedet aliquem
wie (bei Verb. und im Vergleich) *ut*
 (bei Adj. und Adv.) *quam*
 (= auf welche Weise?) *quōmodo*
 wie sehr *quantopere*
wieder, wiederum *rūrsus, dēnuō*
wiederaufbauen *restituere*
wiedergeben (= zurückgeben) *reddere*
wiedergewinnen *recuperāre*
wiederherstellen *restituere*
wieviel *quantum*
 wieviel Weisheit *quantum sapientiae*
wieviele *quot*

Wille *voluntās, -ātis f.*
  gegen den Willen = wider Willen
  invītus, a, um
Winter *hiems, hiemis f.*
Winterlager *hīberna, -ōrum*
wirklich (Adv.) *rē vērā*
Wissen *scientia*
wissen *scīre* (AcI.)
  nicht wissen *nescīre, ignōrāre*
  wissen von etwas *cōnscius esse ali-*
  cuius reī
  ohne Wissen = unwissend *inscius,*
  a, um
Wissenschaft *litterae, -ārum*
wo *ubi*
wohin *quō*
Wohl *salūs, -ūtis f.*
wohlbehalten *incolumis, -e*
Wohlleben *luxuria*
Wohltat *beneficium*
  Wohltaten erweisen jmd. *beneficia*
  cōnferre in aliquem, praestāre alicui
wohnen *habitāre*
Wohnsitz *domicilium*
Wohnsitze *sēdēs, -um f.*
Wolke *nūbēs, -is f.*
wollen *velle*
  lieber wollen *mālle*
  nicht wollen *nōlle*
Wort *verbum, vocābulum*
Wunde *vulnus, -eris n.*
würdig *dīgnus, a, um*
  nicht würdig = unwürdig *indīgnus,*
  a, um

Z

Zahl *numerus, -ī*
zahlen *pendere*
zählen *numerāre*
zahlreich *multus, a, um*
zaudern *cūnctārī*
Zeichen *sīgnum*
zeigen *mōnstrāre, ostendere*
  sich zeigen (= sich bewähren)
  sē praebēre, sē praestāre
Zeit *tempus, -oris n.*
  in kurzer Zeit *brevī*
Zeitalter *aetās, -ātis f.*
Zeitgenosse *aequālis, -is m.*
Zeitraum *spatium*
zerbrechen (trans.) *perfringere, rumpere*

zerreißen *lacerāre*
zerstören *ēvertere, dīruere, dēlēre*
zerstreuen *dispergere, diffundere*
ziehen *trahere, vehere*
ziemen = es ziemt sich für einen *decet*
  aliquem
Zierde *decus, -oris n.; ōrnāmentum*
zittern *tremere*
zögern *cūnctārī*
Zorn *īra*
zornentbrannt *īrā incēnsus, īrā īnflam-*
  mātus
zücken *stringere*
zuerst = zunächst *prīmō*
zufällig (Adv.) *forte, cāsū*
zufrieden (mit etwas) *contentus, a, um*
  (aliquā rē)
zufügen, Unrecht *īnferre iniūriam*
zugrundegehen *perīre, interīre*
zugrunderichten *perdere*
zügeln *coercēre*
zu Hause *domī*
Zukunft *rēs futūrae*
zukünftig *futūrus, a, um*
zulassen *sinere*
zum Beispiel *velut*
zürnen *īrāscī*
zurückbringen *referre*
zurückführen *redūcere*
zurückkaufen *redimere*
zurückkehren *redīre, revertī*
zurücklassen *relinquere*
zurückrufen *revocāre*
zurückschicken *remittere*
zurücktreiben *repellere*
zusammen mit *ūnā cum*
zusammenkommen *convenīre*
zusammenströmen *cōnfluere*
zusammenstürzen *corruere*
zusammentragen *congerere*
zuteilen *(at-)tribuere*
zuviel *nimium*
zuvor *anteā*
zuweilen *interdum, nōnnumquam*
zwar – aber *quidem – sed*
zweifelhaft *dubius, a, um*
  (nicht) zweifeln (daß)
  (nōn) dubitāre (quīn)
zweiter *secundus, a, um*
Zwietracht *discordia*
zwingen *cōgere* (AcI.)
zwischen *inter* (m. Akk.)

Lateinisch-deutsches Wörterverzeichnis (Bd. I–III)

A

ā, ab *von, von – an*
(sē) abdere *(sich) verbergen*
abdūcere *wegführen*
aberrāre *abirren*
abesse *abwesend sein*
abicere *wegwerfen*
abiēs *Tanne*
abīre *weggehen*
abluere *abwaschen*
abripere *wegschleppen, abführen*
abruptus *steil, schroff*
abscēdere *weggehen*
absēns *abwesend*
absolvere *freisprechen*
(sē)abstinēre *sich enthalten*
absūmere *verbrauchen, hinweggraffen*
abundāns *überfließend*
abundāre *Überfluß haben*
abūtī *mißbrauchen*
accēdere *heranrücken*
accendere *anzünden*
accidit *es ereignet sich*
accipere *annehmen, empfangen*
accubāre *bei Tische liegen*
accurrere *herbeieilen*
accūsāre *anklagen*
ācer *scharf*
acerbus *bitter*
aciēs *das zum Kampf aufgestellte Heer*
acquirere *erwerben*
acuere *schärfen*
acus *Nadel*
acūtus *spitzig, scharf*
ad *zu, bei, an*
adaequāre *erreichen, gleichkommen*
adamāre *liebgewinnen*
addere *hinzufügen*
addūcere *heranführen, veranlassen*

addūcī in aliquid *in etwas geraten*
adeō *so sehr*
adesse *zugegen sein, helfen*
adhibēre *anwenden*
adhortārī *ermahnen, auffordern*
adhūc *bis jetzt*
adicere *beifügen*
adipīscī *erreichen*
adīre *hingehen, sich wenden an*
aditus *Eingang, Zutritt*
adiungere *anfügen*
adiūtor *Helfer, Beistand*
adiuvāre *unterstützen, helfen*
administrāre *verwalten*
admīrārī *bewundern*
admīrātiō *Bewunderung*
admonēre *ermahnen*
adnatāre *heranschwimmen*
adolēscere *heranwachsen*
adōrāre *anbeten*
adorīrī *angreifen*
adūlātor *Schmeichler*
adulēscēns *junger Mann*
adulēscentia *Jugend*
adultus *erwachsen*
advena *Ankömmling, Fremdling*
advenīre *ankommen*
adventus *Ankunft*
adversārius *Gegner*
adversus (Adj.) *widrig*
(Präp.) *gegen*
advocāre *herbeirufen*
advolāre *herbeieilen*
aedēs Sing.: *Gemach, Tempel*
Plur.: *Haus*
aedificāre *erbauen*
aedificium *Gebäude*
aeger *krank*
aegrē *mit Mühe, kaum*
aegrōtāre *krank sein*
aegrōtus *krank*
aemula *Rivalin*

aemulārī *nacheifern*
aemulus (Adj.) *eifersüchtig*
(Subst.) *Nebenbuhler, Rivale*
aenigma *Rätsel*
aequālis *Zeitgenosse, Altersgenosse*
aequāre *gleichmachen, erreichen*
aequor *ebene Fläche, Meer*
aequus *gleich*
aequus animus *Gleichmut*
āēr *Luft*
aes *Erz*
aes aliēnum *Schulden*
aestās *Sommer*
aestimāre *(ein)schätzen*
aestus *Hitze*
aetās *Zeitalter*
aeternus *ewig*
aevum *Ewigkeit*
afferre *herbeitragen*
afficere *versehen mit*
affīgere *anheften, befestigen*
affirmāre *versichern, behaupten*
affligere *niederschlagen*
ager *Acker*
agere *(be)treiben, handeln, tun*
agger *Damm*
aggredī *angreifen*
agitāre *treiben*
agmen *Schar*
agnōscere *erkennen, anerkennen*
āgnus *Lamm*
agricola *Bauer*
agricultūra *Ackerbau, Landwirtschaft*
aiō *ich sage*
alacer *lebhaft*
albus *weiß*
alere *nähren*
alibī *anderswo*
alicubī *irgendwo*
aliēnus *fremd*
aliō *anderswohin*

alius *ein anderer*
aliquamdiū *eine Zeitlang*
aliquandō *irgendeinmal*
aliquis *(irgend) einer, jemand*
aliquot *einige*
allicere *anlocken*
alligāre *anbinden*
alter *der eine (andere) von zweien*
altitūdō *Höhe*
altus *hoch, tief*
amāre *lieben*
ambitiō *Ehrgeiz*
ambulāre *spazieren*
amīca *Freundin*
amīcitia *Freundschaft*
amīcus *Freund*
āmittere *verlieren*
amnis *Strom*
amoenitās *Anmut*
amoenus *lieblich*
amphitheātrum *Rundtheater*
amplectī *umfassen*
amplius *weiter, mehr*
amplus *weit, geräumig*
amor *Liebe*
ancilla *Magd*
ancora *Anker*
anguis *Schlange*
angulus *Winkel*
angustiae *Enge, Engpaß*
angustus *eng*
animadvertere *wahrnehmen*
animal *Lebewesen*
animus *Geist, Mut*
annus *Jahr*
annuus *jährlich*
ānser *Gans*
ante *vor*
anteā *vorher*
antepōnere *vorziehen*
antevenīre *zuvorkommen*
antīquitās *Altertum*
antīquus *alt*
ānulus *Ring*
anxius *ängstlich*
aper *Eber*
aperīre *öffnen*
apis *Biene*

apparāre *zubereiten*
appārēre *erscheinen*
appāret *es ist offenbar, deutlich*
appellāre *ansprechen, nennen*
appellātiō *Anrede*
appellere *landen*
appetere *begehren*
applaudere *Beifall spenden*
appōnere *hinlegen, vorsetzen*
apportāre *herbeitragen*
approbāre *billigen*
Aprīlis *April*
aptus *geeignet*
apud *bei*
aqua *Wasser*
aquaeductus *Wasserleitung*
aquila *Adler*
aquilō *Nordwind*
āra *Altar*
arāre *pflügen*
arātrum *Pflug*
arbitrium *Urteil*
arbor *Baum*
arcēre *abhalten*
arcessere *herbeiholen*
arcus *Bogen*
ārdēre *brennen, glühen*
arduus *steil*
arēna *Sand, Kampfplatz*
argenteus *silbern*
argentum *Silber*
arguere *beschuldigen*
arma *Waffen*
armātus (Adj.) *bewaffnet* (Subst.) *Bewaffneter*
arripere *an sich reißen*
arrogantia *Anmaßung, Überheblichkeit*
ars *Kunst*
artifex *Künstler*
artificium *Kunstwerk*
artus *Gelenk, Glied*
arx *Burg*
as *Pfund, As*
ascendere *hinaufsteigen*
asinus *Esel*
aspectus *Anblick*
asper *rauh*

asperitās *Rauheit, Schwierigkeit*
aspernārī *zurückweisen, verschmähen*
aspicere *anschauen*
asportāre *wegtragen*
assēnsus *Zustimmung*
assentīrī *zustimmen*
assequī *erreichen*
assiduus *beständig*
assuēfacere *gewöhnen*
assuēscere *sich gewöhnen*
assuētus *gewohnt, vertraut*
assūmere *an sich nehmen, aufnehmen*
astrum *Stern*
at *aber*
āter *düster*
atque *und*
atrōx *furchtbar, schrecklich*
attentus *aufmerksam*
attingere *anrühren*
attribuere *zuteilen*
auctor *Urheber, Schriftsteller*
auctōritās *Ansehen, Einfluß*
audācia *Kühnheit*
audāx *kühn*
audēre *wagen*
audīre *hören*
auferre *wegtragen*
aufugere *entfliehen*
augēre *vermehren, fördern*
augurium *Vorzeichen*
aureus *golden*
auris *Ohr*
aurum *Gold*
aut *oder*
aut – aut *entweder – oder*
autem *aber*
autumnus *Herbst*
auxilia *Hilfstruppen*
auxilium *Hilfe*
avāritia *Habsucht*
avārus *geizig*
āvertere *abwenden*
avia *Großmutter*
avidus *gierig*
avis *Vogel*
āvolāre *wegfliegen*
avus *Großvater*

B

bāca *Beere*
barbarus *barbarisch*
bellāre *Krieg führen*
bellicōsus *kriegerisch*
bellum *Krieg*
beneficium *Wohltat*
benīgnus *gütig*
bēstia *Tier*
bibere *trinken*
bis *zweimal*
blandīrī *schmeicheln*
blandus *schmeichlerisch*
bonus *gut*
bōs *Ochse, Rind*
brevī *in Kürze*
brevis *kurz*

C

cacūmen *Gipfel*
cadāver *Leichnam*
cadere *fallen*
cadūcus *hinfällig, ver-
    gänglich*
caedere *fällen*
caedēs *Gemetzel, Mord*
caelestis (Adj.) *himmlisch,
    göttlich* (Subst.) *Gott-
    heit*
caelum *Himmel, Klima*
calamitās *Unglücksfall*
calcar *Sporn*
calidus *warm*
calliditās *Schlauheit*
callidus *schlau*
calor *Wärme*
campus *Ebene*
candidātus *Amtsbewerber*
candidus *strahlend weiß*
canere *singen*
canis *Hund*
cantāre *singen*
cantus *Gesang*
capere *fangen, fassen*
capessere *ergreifen*
captāre *ergreifen*
captīvus *Gefangener*
caput *Haupt*
carcer *Gefängnis*

carēre *entbehren, nicht ha-
    ben*
carmen *Lied*
carō *Fleisch*
cārus *teuer, lieb*
casa *Hütte*
castellum *Kastell*
castra *Lager*
cāsū *zufällig*
cāsus *Zufall*
caterva *Schar*
causa *Ursache, Prozeß*
    hāc dē causā *deshalb*
causā *wegen, zuliebe, um –
    willen*
cautus *vorsichtig*
cavēre *sich hüten*
cēdere *weichen, gehen*
cēlāre *verheimlichen*
celeber *gefeiert, berühmt*
celebrāre *verherrlichen,
    feiern*
celer *schnell*
celeritās *Schnelligkeit*
cēna *Mahlzeit*
cēnāre *speisen*
cēnsēre *schätzen, meinen*
    (…ut) *Antrag stellen*
cēnsor *Zensor*
centuria *Hundertschaft*
centuriō *Zenturio*
cernere *sehen, sichten*
certāmen *Wettkampf*
certāre *wetteifern*
certus *sicher*
cervīx *Nacken*
cessāre *aufhören*
cēterī *die übrigen*
cibāria *Nahrungsmittel*
cibus *Speise*
cingere *umzingeln*
cinis *Asche*
circā *um – herum, ringsum*
circēnsēs *Zirkusspiele*
circulus *Kreis, Umfang*
circumdare *umgeben*
circumīre *herumgehen*
circumsistere *umringen*
circumspicere *sich um-
    schauen*
circumstāre *herumstehen*
circus *Rennbahn, Zirkus*

cis *diesseits*
citerior *diesseitig*
citō *schnell*
citrā *diesseits*
cīvīlis *bürgerlich*
cīvis *Bürger*
cīvitās Staat
clādēs *Niederlage*
clāmāre *rufen*
clāmor *Geschrei*
clārus *berühmt*
classis *Flotte*
claudere *schließen*
claudus *lahm*
claustrum *Kloster*
clēmēns *mild*
clēmentia *Milde*
cliēns *Höriger, Klient*
cōemere *zusammenkaufen,
    aufkaufen*
coercēre *zügeln*
cōgere *zwingen*
cōgitāre *denken*
cognātus *Verwandter*
cognōmen *Beiname*
cognōscere *erkennen*
cohors *Kohorte*
coīre *zusammenkommen*
colere *bebauen, pflegen,
    verehren*
collēgium *Vereinigung*
colligere *sammeln*
collis *Hügel*
collocāre *aufstellen*
colloquī *sich unterhalten*
colloquium *Unterredung*
colōnia *Kolonie*
colōnus *Ansiedler*
color *Farbe*
columna *Säule, Pfeiler*
combūrere *verbrennen*
comes *Begleiter*
comitārī *begleiten*
commentārius *Bericht*
comminīscī *ersinnen*
comminuere *vermindern*
committere *begehen*
commodum *Vorteil*
commovēre *bewegen, er-
    regen*
commūnicāre (cōnsilia
    cum aliquō) *mit jmd.*

gemeinsame Sache machen

commūnis *gemeinsam*

comparāre *verschaffen, erwerben*

comperīre *erfahren*

complectī *umfassen*

complēre *anfüllen*

complūrēs *mehrere*

compōnere *zusammenstellen*

comportāre *zusammentragen*

comprehendere *ergreifen*

cōnārī *versuchen*

concēdere *erlauben, zugeben*

concīdere *zusammenhauen, niedermachen*

conciliāre *versöhnen*
(sibi alqm.) *jmd. für sich gewinnen*

concilium *Versammlung*

conclāve *Zimmer*

concordia *Eintracht*

concremāre *verbrennen*

concupīscere *verlangen*

concutere *erschüttern*

condemnāre *verurteilen*

condere *gründen*

condiciō *Bedingung, Lage*

conditor *Gründer*

condūcere *anwerben, mieten*

cōnectere *verknüpfen, vereinigen*

cōnferre *zusammentragen*
sē cōnferre *sich (wohin) begeben*

cōnficere *beenden*

cōnfidere *vertrauen*

cōnfirmāre *stärken, bestätigen*

cōnfitērī *bekennen*

cōnflīgere *kämpfen*

cōnfluere *zusammenfließen zusammenströmen*

cōnfundere *verwirren*

congerere *zusammentragen, sammeln*

congregāre *vereinigen*

coniungere *verbinden*

coniūnx *Gattin*

coniūrāre *sich verschwören*

coniūrātiō *Verschwörung*

coniūrātus *verschworen*

cōnscendere *besteigen*

cōnscientia *Gewissen*

cōnscīscere *beschließen*

cōnscius *mitwissend, sich bewußt*

cōnscrībere *aufschreiben, (Truppen) ausheben*

cōnsēnsus *Übereinstimmung*

cōnsentīre *übereinstimmen*

cōnsequī *erreichen*

cōnserere *verknüpfen*

cōnservāre *retten, erhalten*

cōnservātor *Erhalter, Retter*

cōnsīderāre *erwägen*

cōnsīdere *sich setzen, niederlassen*

cōnsilium *Rat, Plan*

cōnsistere *sich hinstellen*

cōnsōlārī *trösten*

cōnsors *gleichberechtigt*

cōnspicārī *erblicken*

cōnspicere *erblicken*

cōnstāns *standhaft, beständig*

cōnstantia *Beständigkeit, Charakterfestigkeit*

cōnstāre *bestehen, kosten*

cōnstat *es ist bekannt*

cōnstituere *beschließen*

cōnstruere *erbauen*

cōnsuēscere *sich gewöhnen*

cōnsuētūdō *Gewohnheit, Umgang*

cōnsul *Konsul*

cōnsulāris (Subst.) *der ehemalige Konsul*

cōnsulātus *Konsulat*

cōnsulere *befragen, sorgen*

cōnsultāre *befragen, beraten*

cōnsultum *Beschluß*

cōnsultus iūris *Rechtsgelehrter*

cōnsūmere *verbrauchen, aufwenden*

contemnere *verachten*

contemplārī *betrachten*

contendere *anspannen, sich anstrengen, eilen*

contentiō *Streit, Wettkampf*

contentus *zufrieden*

contexere *verweben, verknüpfen*

conticēscere *verstummen*

continentia *Selbstbeherrschung*

continēre *zusammenhalten*

contingit *es trifft sich gut, es glückt*

continuus *zusammenhängend*

cōntiō *Volksversammlung*

contrā *gegen*

contradīcere *widersprechen*

contrahere *zusammenziehen*

contrōversia *Streit*

contumēlia *Schande*

cōnūbium *Ehe*

convalēscere *erstarken*

convenīre *zusammenkommen, übereinkommen*

convertere *umwenaen, verändern*

convincere *überführen*

convīva *Gast*

convīvium *Gastmahl, Gelage*

convocāre *zusammenrufen*

cōpia *Menge*

cōpiae *Truppen*

coquere *kochen*

cor *Herz*

cōram aliquō *in jmds. Gegenwart*

cornū *Horn*

corōna *Kranz*

corpus *Körper*

corrigere *verbessern*

corripere *ergreifen*

corruere *zusammenstürzen*

corrumpere *verderben, bestechen*

corruptiō *Bestechung*

corvus *Rabe*

cottīdiānus (Adj.) *täglich*

cottīdiē (Adv.) *täglich*
crās *morgen*
crāstinus *morgig*
creāre *erzeugen, schaffen*
creātor *Schöpfer*
crēber (Adj.) *häufig*
crēbrō (Adv.) *häufig*
crēdere *glauben*
cremāre *verbrennen*
crēscere *wachsen*
crīmen *Verbrechen*
crīnis *Haar*
crocodīlus *Krokodil*
cruciātus *Marter, Qual*
crūdēlis *grausam*
crūdēlitās *Grausamkeit*
crux *Kreuz*
cubāre *liegen*
cubīle *Ruhelager*
culpa *Schuld*
cultūra *Anbau, Ausbildung*
cultus *Pflege, Verehrung, Gottesdienst*
cum (Präp.) *mit;* (Konj.) *wenn, als, da*
cūnctārī *zögern*
cūnctātiō *Zögern*
cūnctātor *Zögerer, Zauderer*
cūnctus *all, gesamt*
cupere *begehren*
cupiditās *Begierde*
cupīdō *Begierde, Verlangen*
cupidus *begierig*
cūr *warum*
cūra *Sorge*
cūrāre *sorgen*
cūria *Rathaus*
cūriōsus *neugierig*
currere *laufen*
currus *Wagen*
cursus *Lauf*
custōdīre *bewachen*
custos *Wächter*

D

damnāre *verurteilen*
damnum *Schaden*
dare *geben*
dē *von – herab, von, über*

dea *Göttin*
dēbellāre *niederkämpfen, bezwingen*
dēbēre *schulden, müssen*
dēbilitāre *schwächen*
dēcēdere *weggehen*
decem *zehn*
December *Dezember*
dēcernere *beschließen, entscheiden*
dēcertāre *um die Entscheidung kämpfen*
decet *es ziemt sich*
dēcidere *herabfallen*
dēcipere *täuschen*
dēclārāre *erklären*
decus *Zierde*
dēdecet *es ziemt sich nicht*
dēdecus *Schande*
dēdere *übergeben*
dēdicāre *weihen*
dēditiō *Übergabe*
dēdūcere *wegführen, abführen*
deesse *fehlen*
dēfendere *verteidigen*
dēfēnsiō *Verteidigung*
dēfēnsor *Verteidiger*
dēferre *überbringen, berichten*
dēficere *abfallen, fehlen*
dēfīnīre *abgrenzen, bestimmen*
dēflēre *beweinen*
deicere *herabwerfen, hinabstürzen*
deinde *hierauf*
dēlectāre *erfreuen*
dēlēre *vernichten*
dēlīberāre *abwägen, erwägen*
dēligere *auswählen*
dēmere *wegnehmen*
dēmergere *versenken*
dēminuere *vermindern, schwächen*
dēmōnstrāre *beweisen*
dēmum *endlich*
dēnegāre *ablehnen*
dēnique *endlich, schließlich*
dēns *Zahn*

dēnsus *dicht*
dēnuō *erneut, wieder*
dēpellere *vertreiben*
dēpopulārī *verwüsten*
dēscendere *herabsteigen*
dēscrībere *beschreiben*
dēserere *verlassen*
dēsertus *verlassen, öde*
dēsīderāre *ersehnen*
dēsīderium *Sehnsucht*
dēsilīre *herabspringen*
dēsinere *ablassen*
dēsistere *ablassen, aufhören*
dēspērāre *verzweifeln*
dēspicere *verachten*
dēstināre *bestimmen, festsetzen*
dētegere *entdecken*
dēterior *schlechter*
dēterrēre *abschrecken*
dētrahere *abziehen, wegnehmen*
dētrīmentum *Verlust, Schaden*
deus *Gott*
dēvertī *einkehren*
dēvincere *(völlig) besiegen*
dēvorāre *verschlingen*
dēvovēre *verwünschen*
dexter *rechts*
dialogus *Gespräch*
dīcere *sagen*
diciō *Botmäßigkeit, Gewalt*
dictātor *Diktator*
diēs *Tag*
differre *sich unterscheiden hinausschieben*
difficilis *schwierig*
diffīdere *mißtrauen*
diffundere *zerstreuen, vertreiben*
digitus *Finger*
dīgnitās *Würde*
dīgnus *würdig*
diiūdicāre *entscheiden*
dīlābī *zerfallen, entweichen*
dīligēns *sorgfältig*
dīligentia *Sorgfalt*
dīligere *lieben, hochschätzen*

dīluere *auflösen*
dīmicāre *kämpfen*
dīmidium *Hälfte*
dīmittere *entlassen*
dīrigere *lenken*
dīrimere *trennen*
dīripere *plündern*
dīruere *zerstören*
discēdere *auseinandergehen*
discere *lernen*
discernere *unterscheiden*
disciplīna *Zucht*
discipulus *Schüler*
discordāre *uneins sein*
discordia *Uneinigkeit*
discrīmen *Unterschied, gefährliche Lage*
disertus *beredt*
disiungere *trennen*
dispergere *zerstreuen*
displicēre *mißfallen*
dispōnere *einteilen, verteilen*
disputāre *sich unterreden*
dissentīre *uneins sein*
disserere *erörtern*
dissimilis *unähnlich*
distāre *entfernt sein*
distinguere *unterscheiden*
distrahere *auseinanderziehen, zerreißen*
distribuere *verteilen*
diū (Adv.) *lange*
diūturnus (Adj.) *lange dauernd, lang*
dīversus *verschieden*
dīves *reich*
dīvidere *teilen*
dīvīnāre *weissagen, vermuten*
dīvīnus *göttlich*
dīvitiae *Reichtum*
dīvus *göttlich*
docēre *lehren,*
(dē) *unterrichten von*
doctrīna *Gelehrsamkeit*
doctus *gelehrt*
documentum *Beweis*
dolēre *Schmerz empfinden*
dolor *Schmerz*
dolōsus *listenreich, verschlagen*

dolus *List*
domāre *bändigen*
domi *zu Hause*
domi bellique *im Krieg und im Frieden*
domicilium *Wohnsitz*
domina *Herrin*
dominātiō *(Gewalt-) Herrschaft*
dominus *Herr*
domus *Haus*
dōnāre *(be)schenken*
dōnum *Geschenk*
dormīre *schlafen*
dormitāre *schlafen*
dracō *Drache*
dubitāre *zweifeln, zögern*
dubium *Zweifel*
dubius *zweifelhaft*
dūcere *führen*
ductus *Führung, Kommando*
dulcis *süß*
duplex *doppelt*
dūrāre *dauern, fortbestehen*
dūritia *Härte, Ausdauer*
dūrus *hart*
dux *Führer, Feldherr*

E

ē, ex *aus, heraus*
ecclēsia *Kirche*
edere *essen*
ēdere *herausgeben*
ēdicere *verordnen*
ēdiscere *auswendig lernen*
ēducāre *erziehen*
ēdūcere *herausführen*
efferre *heraustragen*
efficere *bewirken*
effigiēs *Bild*
effugere *entfliehen*
effūsē *zerstreut, zügellos*
ego *ich*
egēre *bedürfen*
ēgregius *hervorragend*
ēicere *vertreiben*
ēlectiō *Wahl*
elementa *Anfangsgründe, Grundlagen*

elephantus *Elephant*
ēlicere *herauslocken*
ēlidere *ausstoßen*
ēligere *auswählen*
ēloquentia *Beredsamkeit*
ēmendāre *ausbessern*
emere *kaufen*
ēmētīrī *durchmessen*
ēmigrāre *auswandern*
ēminēre *hervorragen*
ēmolumentum *Gewinn, Vorteil*
emptiō *Kauf*
enim *nämlich*
ēnumerāre *aufzählen*
ēnūntiāre *ausplaudern, verraten*
eō *dahin*
eōdem *ebendahin*
episcopus *Bischof*
epistula *Brief*
epulae *Mahl*
eques *Reiter, Ritter*
equester *Reiter-, Ritter-*
équidem *allerdings, freilich*
equitātus *Reiterei*
equus *Pferd*
ergā *gegen (freundl.)*
ergō *daher, also*
ērigere *aufrichten, errichten*
ēripere *entreißen*
errāre *irren*
error *Irrtum, Irrfahrt*
ērudīre *ausbilden, erziehen*
ērumpere *ausbrechen*
ēruptiō *Ausbruch*
ēsurīre *hungern*
et *und*
etiam *auch*
etiamsī *auch wenn*
ēvādere *entkommen*
ēvānēscere *verschwinden*
evangelium *Evangelium*
ēventus *Ausgang*
ēvertere *zerstören*
exāmināre *prüfen*
exārdēscere *entbrennen*
excellere *sich auszeichnen*
excipere *aufnehmen*
excitāre *erregen*
exclāmāre *ausrufen*

excludere *ausschließen*
excogitare *ausdenken*
excolere *ausbilden*
exemplar *Vorbild, Muster*
exemplum *Beispiel*
ex eo *seitdem*
exercere *üben*
exercitus *Heer*
exhaurire *ausschöpfen, leeren*
exiguus *klein*
eximius *ausnehmend, hervorragend*
exire *hinausgehen*
existimare *schätzen, glauben*
exitus *Ausgang*
exornare *ausschmücken*
expedire *freimachen, fertigmachen*
expeditus *leicht bewaffnet, kampfbereit*
expellere *vertreiben*
experiri *versuchen*
expers *ohne Anteil an*
explere *ausfüllen*
explicare *darlegen*
explodere *auszischen*
explorare *erkunden*
explorator *Kundschafter*
exploratus *erprobt, zuverlässig*
expolire *glätten, verfeinern*
exponere *aussetzen*
exportare *ausführen*
expugnare *erobern*
exquisitus *auserlesen*
exsilium *Verbannung*
exspectare *erwarten*
exstare *vorhanden sein*
exstinguere *auslöschen*
exstruere *errichten*
exsul *Verbannter*
exsultare *frohlocken*
exterior *der äußere*
externus *auswärtig, ausländisch*
exterrere *aufschrecken*
exterus *auswärtig*
extra *außerhalb*
extremus *der äußerste*
exuere *ausziehen*

F

faber *Arbeiter*
fabricare *verfertigen*
fabula *Geschichte, Märchen*
facere *tun, machen*
facies *Gestalt, Gesicht*
facilis *leicht*
facinus *Untat*
factio *Partei*
factum *Tat*
facultas *Fähigkeit, Möglichkeit*
fagus *Buche*
fallere *täuschen*
fallit *es entgeht*
falso *fälschlich*
falsus *falsch*
fama *Sage, Ruf*
fames *Hunger*
familia *Familie*
famulus *Diener*
fas (göttl.) *Recht*
fascis *Bündel*
fateri *bekennen*
fatigare *ermüden*
fatum *Schicksal*
fauces *Schlund, Kehle*
fautor *Gönner*
favere *gewogen sein*
febris *Fieber*
Februarius *Februar*
felix *glücklich*
femina *Frau*
fenestra *Fenster*
fera *wildes Tier*
fere *beinahe, etwa*
feriae *Ferien*
ferox *grimmig*
ferre *tragen, bringen*
ferro ignique *mit Feuer und Schwert*
ferrum *Eisen*
ferus *wild*
fessus *müde*
festinare *eilen*
festus *festlich*
fidelis *treu, zuverlässig*
fidere *vertrauen*
fides *Treue*
fiducia *Vertrauen*

fidus *treu*
figere *heften*
filia *Tochter*
filius *Sohn*
fingere *bilden, erdichten*
finire *begrenzen, beendigen*
finis *Ende, Grenze*
finitimus *benachbart*
firmare *stärken*
firmus *stark*
flagitare *fordern*
flagitium *Schandtat*
flagrare *brennen* (intrans.)
flamma *Flamme*
flare *wehen*
flectere *biegen, beugen*
flere *weinen*
florere *blühen*
flos *Blume*
fluctus *Flut*
flumen *Fluß*
fluvius *Fluß*
focus *Herd*
fodere *graben*
foedus *häßlich*
foedus *Bündnis*
folium *Blatt*
fons *Quelle*
forma *Form, Gestalt*
formare *bilden*
formica *Ameise*
fortasse *vielleicht*
forte *zufällig, vielleicht*
fortis *tapfer*
fortitudo *Tapferkeit*
fortuna *Glück*
fortunatus *beglückt*
forum *Marktplatz*
fossa *Graben*
frangere *brechen* (trans.)
frater *Bruder*
fraudare *betrügen*
fraus *Betrug*
frequentare *oft besuchen*
fretum *Meerenge, Sund*
fretus *vertrauend*
frigidus *kalt*
frigus *Kälte*
frons, -dis *Laub*
frons, -tis *Stirn*
fructus *Frucht*
fruges *Feldfrüchte*

frūgifer *fruchtbar*
fruī *genießen*
frūmentum *Getreide*
frūstrā *vergebens*
fuga *Flucht*
fugāre *in die Flucht schlagen*
fugere *fliehen*
fugit *es entgeht*
fulcīre *stützen*
fulgēre *blitzen, glänzen*
fulgur *Blitz, Schimmer*
fulmen *Blitz*
fundāmentum *Grundlage*
fundere *gießen*
funditus *von Grund auf,
  gänzlich*
fūr *Dieb*
furere *rasen*
furor *Wut*
furtum *Diebstahl*
futūrus *zukünftig*

G

gallus *Hahn*
gaudēre *sich freuen*
gaudium *Freude*
gemere *seufzen*
gemma *Edelstein*
gēns *Volksstamm*
genus *Geschlecht*
gerere *tragen, ausführen*
gignere *erzeugen*
gladiātor *Gladiator*
gladius *Schwert*
glaciēs *Eis*
glōria *Ruhm*
glōriārī *sich rühmen*
gnārus *kundig*
gradī *schreiten*
gradus *Schritt, Stufe*
grāmen *Gras*
grandis nātū *alt, hochbetagt*
grandō *Hagel*
grātia *Dank*
grātiās agere *Dank sagen*
grātīs *umsonst*
grātulātiō *Glückwunsch*
grātus *dankbar*
gravis *schwer*

grex *Herde*
gubernāre *lenken*
gubernātor *Steuermann*
gurges *Strudel*

H

habēre *haben*
habitāre *wohnen*
habitātiō *Wohnen*
haerēre *hängen, stecken
  bleiben*
hasta *Lanze*
haud *nicht*
haurīre *schöpfen*
herba *Kraut*
hērēs *Erbe*
herī *gestern*
hesternus *gestrig*
hīberna *Winterlager*
hīc *hier*
hic, haec, hoc *dieser*
hiemāre *überwintern*
hiems *Winter*
hinc *von hier*
historia *Geschichte*
hodiē *heute*
hodiernus *heutig*
homō *Mensch*
homō novus *Neuling,
  Emporkömmling*
honestās *Ehrbarkeit*
honestus *ehrbar*
honōrāre *ehren*
honōrificus *ehrenvoll*
honōs *Ehre*
hōra *Stunde*
horrēre *schaudern*
hortārī *mahnen, auffordern*
hortus *Garten*
hospes *Gastfreund*
hospitium *Gastfreund-
  schaft*
hostia *Opfertier*
hostīlis *feindlich*
hostis *Feind*
hūc *hierher*
hūmānitās *Menschlichkeit,
  Bildung*
hūmānus *menschlich*
humī *auf dem Boden*

humilis *niedrig*
humus *Erde, Erdreich*

I

iacēre *(darnieder)liegen*
iacere *werfen*
iactāre *werfen*
sē iactāre *sich brüsten*
iam *schon*
iam dūdum *schon längst*
iam prīdem *sehon längst*
iānua *Haustor*
Iānuārius *Januar*
ibi *dort*
ibīdem *ebendort*
īdem, eadem, idem *derselbe*
ideō *deswegen*
idōneus *geeignet*
Īdūs *die Iden*
igitur *also, folglich*
ignārus *unkundig*
ignāvia *Feigheit*
ignāvus *feig, untätig*
ignis *Feuer*
ignōbilis *unbedeutend,
  unbekannt*
ignōminia *Schande*
ignōrāre *nicht wissen*
ignōscere *verzeihen*
ignōtus *unbekannt*
ille, illa, illud *jener*
illinc *von dort*
illō, illūc *dorthin*
illūdere *verspotten*
illūstrāre *erleuchten*
imāgō *Bild*
imber *Regen*
imitārī *nachahmen*
immānitās *Wildheit*
immātūrus *unreif*
immemor *uneingedenk*
immēnsus *unermeßlich*
immergere *eintauchen*
immigrāre *einwandern*
imminēre *bevorstehen,
  drohen*
immō *ja sogar, ja vielmehr*
immodestia *Unbescheiden-
  heit*
immodicus *maßlos*

immolāre *opfern*
immortālis *unsterblich*
immortālitās *Unsterblich-
keit*
impedīmenta *Gepäck,
Troß*
impedīre *hindern*
impellere *antreiben*
impendēre *bevorstehen,
drohen*
imperāre *befehlen*
imperātor *Feldherr, Kaiser*
imperītus *unerfahren*
imperium *Befehl, Herr-
schaft*
impetrāre *(durch Bitten)
erlangen, erwirken*
impetus *Angriff*
impietās *Gottlosigkeit*
impiger *rastlos*
impius *gottlos*
implēre *anfüllen*
implōrāre *anflehen*
impōnere *auferlegen*
importāre *einführen*
impotēns *nicht mächtig*
imprīmis *besonders*
improbitās *Ruchlosigkeit*
improbus *unredlich*
imprōvīsus *unvorherge-
sehen*
impūgnāre *angreifen*
impūne *straflos*
in *in, an, auf*
inānis *leer, wertlos*
incautus *unvorsichtig*
incēdere *einhergehen*
incendere *anzünden*
incendium *Brand*
incertus *unsicher*
incidere *hineinfallen*
incipere *anfangen*
incitāre *anstacheln*
inclūdere *einschließen*
incola *Bewohner*
incolere *bewohnen*
incolumis *unversehrt*
incommodum *Nachteil*
incōnsiderātus *unbedacht*
incultus *ungepflegt*
incumbere *sich verlegen*
incursāre *angreifen*

incursiō *Angriff*
incūsāre *beschuldigen*
inde *von da, daher*
indemnātus *nicht ver-
urteilt*
indicāre *anzeigen*
indīcere *ankündigen*
indígena *Eingeborner*
indigēre *bedürfen*
indignārī *unwillig sein*
indignus *unwürdig*
indoctus *ungebildet*
indolēs *die (natürl.) An-
lagen, Begabung*
indūcere *hineinführen*
induere *anziehen*
indulgēre *Nachsicht
schenken*
industria *Fleiß*
indūtiae *Waffenstillstand*
iners *träge*
inertia *Trägheit*
inesse *innewohnen*
īnfectā rē *unverrichteter
Dinge*
īnfēlīx *unglücklich*
īnferī *Unterwelt*
īnferior *der untere*
īnferre *hineintragen*
īnfēstus *feindlich*
īnfirmitās *Schwäche*
īnfirmus *schwach*
īnflammāre *anzünden*
īnfrā *unterhalb*
ingenium *Begabung*
ingēns *gewaltig*
ingrātus *undankbar*
ingredī *hineingehen*
inicere *hineinwerfen, einjagen*
inimīcissimus *Todfeind*
inimīcitiae *Feindschaft*
inimīcus *(Subst.) Feind
(Adj.) feindlich*
inīquitās *Ungleichheit,
Ungerechtigkeit*
inīquus *uneben, unbillig*
inīre *hineingehen*
initiō *anfangs*
initium *Anfang*
iniūcundus *unangenehm*
iniūria *Unrecht*

iniussū *ohne Befehl*
iniūstus *ungerecht*
innītī *sich stützen*
innocēns *unschuldig*
innocuus *unschädlich*
innumerābilis *unzählbar,
zahllos*
inopia *Mangel, Not*
inopīnāns *wider Vermuten*
inops *mittellos*
inquam *sage ich*
inquit *sagt(e) er*
īnscrībere *einschreiben,
betiteln*
īnsecāre *aufschneiden*
īnserere *einpflanzen*
īnservīre *zu Willen sein*
īnsidiae *Hinterhalt*
īnsidiārī *nachstellen, auf-
lauern*
īnsīgne *(Ab-) Zeichen*
īnsīgnis *ausgezeichnet*
īnsimulāre *beschuldigen*
īnstāre *bevorstehen*
īnstituere *einrichten*
īnstitūtum *Einrichtung*
īnstrūmentum *Werkzeug*
īnsula *Insel*
īnsultāre *verhöhnen*
īnsuper *obendrein*
integer *unversehrt, unver-
dorben*
integritās *Reinheit*
intellegere *einsehen*
intentus *gespannt, auf-
merksam*
inter *zwischen, unter*
interclūdere *abschneiden*
interdīcere *untersagen
(aquā et īgnī) ächten*
interdum *zuweilen*
intereā *inzwischen*
interesse *dabei sein, teilnehmen*
interest *es ist von Bedeutung*
interficere *töten*
interior *der innere*
interīre *untergehen*
interitus *Untergang*
internus *innerlich*
interpōnere *dazwischen-
stellen*

interrogāre *fragen*
intestīnus *innerlich*
intolerābilis *unerträglich*
intrā *innerhalb, binnen*
intrāre *betreten*
introīre *hineingehen*
intuērī *betrachten*
inundāre *überschwemmen*
inūtilis *unbrauchbar*
invādere *einfallen*
invenīre *(er)finden*
invidēre *beneiden*
invidia *Neid*
invīsus *verhaßt*
invītāre *einladen*
invītus *wider Willen*
invocāre *anrufen*
iocus *Scherz*
ipse *selbst*
īra *Zorn*
īrāscī *zürnen*
īrātus *zornig*
ire *gehen*
īrrīdēre *verlachen*
ita *so*
itaque *deshalb*
iter *Weg, Marsch*
iterum *zum zweitenmal*
iterum atque *immer wieder*
　iterum
iubēre *befehlen*
iūcunditās *Annehmlichkeit*
iūcundus *angenehm*
iūdex *Richter*
iūdicāre *(be)urteilen*
iūdicium *Urteil*
iugum *Joch, Bergrücken*
Iūlius *Juli*
iūmentum *Zugtier*
iungere *verbinden*
iūnior *der jüngere*
Iūnius *Juni*
iūrāre *schwören*
iūre *mit Recht*
iūs *Recht*
iūsiūrandum *Eid*
iussū *auf Befehl*
iussum *Befehl*
iūstitia *Gerechtigkeit*
iūstus *gerecht*
iuvat *es freut, es hilft*
iuvenis *junger Mann*

iuventūs *Jugend*
iuxtā *neben*

L

lābī *gleiten*
labor *Arbeit, Not*
labōrāre *arbeiten*
lac *Milch*
lacerāre *zerreißen*
lacessere *reizen*
lacrima *Träne*
lacrimāre *weinen*
lacus *See*
laedere *verletzen, kränken*
laetitia *Freude*
laetus *froh*
lāmentārī *jammern*
lapideus *steinern*
lapis *Stein*
lārgīrī *schenken*
lārgus *reichlich*
latēre *verborgen liegen*
lātrāre *bellen*
latrō *Räuber*
latus, -eris *Seite*
lātus, a, um, *breit*
laudāre *loben*
laurus *Lorbeer*
laus *Lob*
laus bellica *Kriegsruhm*
lavāre *waschen*
lectus *Bett*
lēgātiō *Gesandtschaft*
lēgātus *Gesandter*
legere *lesen*
legiō *Legion*
lēnis *lind*
leō *Löwe*
levāre *lindern*
levis *leicht*
levitās *Leichtigkeit,*
　Leichtsinn
lēx *Gesetz*
libellus *Büchlein*
libenter *gerne*
liber, a, um *frei*
liber, -brī *Buch*
liberālis *freigebig, edel*
liberāre *befreien*
līberī *Kinder*

lībertās *Freiheit*
lībertus *Freigelassener*
libet *es beliebt*
libīdinōsus *ausschweifend*
libīdō *Begierde*
licentia *Willkür*
licet *es ist erlaubt*
lictor *Liktor*
līgneus *hölzern*
lignum *Holz*
līmes *Grenzwall*
lingua *Zunge, Sprache*
līs *Prozeß, Streit*
littera *Buchstabe*
litterae *Wissenschaften*
lītus *Küste*
locāre *stellen, vermieten*
locuplēs *reich*
locus *Ort, Platz, Stelle*
longus *lang*
loqui *sprechen*
lūcēre *leuchten*
lucrum *Gewinn*
lūctus *Trauer*
lūcus *Hain*
lūdere *spielen*
lūdus *Spiel, Schule*
lūgēre *trauern*
lūgubris *trauernd, traurig*
lūmen *Licht*
lūna *Mond*
lupa *Wölfin*
lupus *Wolf*
lūx *Licht*
luxuria *Wohlleben*
luxuriōsus *verschwende-*
　risch

M

maerēre *trauern*
maeror *Trauer*
maestus *traurig*
magis *mehr*
magister *Lehrer*
magistrātus *Beamter, Amt*
māgnificus *großartig*
māgnitūdō *Größe*
māgnopere *sehr*
māgnus *groß, laut*
maiestās *Hoheit, Würde*

maiōrēs *Vorfahren*
maior nātū *älter*
Maius *Mai*
maledīcere *schmähen*
maléficus *boshaft*
malīgnus *bösartig*
malitia *Bosheit*
mālle *lieber wollen*
mālum *Apfel*
malus, a, um *schlecht, böse*
mālus, -ī *Apfelbaum*
mandāre *anvertrauen*
mandātum *Auftrag*
māne *frühmorgens*
manēre *bleiben*
manifēstus *deutlich*
mānsuētūdō *Milde*
manus *Hand, Schar*
mare *Meer*
maritimus *zum Meer ge-
    hörig*
marītus *Gemahl*
marmor *Marmor*
marmoreus *marmorn*
Mārtius *März*
māter *Mutter*
mātrimōnium *Ehe*
mātrōna *Ehefrau*
mātūrus *reif, zeitig*
māxime *am meisten*
māximus *der größte*
medērī *heilen*
medicāmentum *Heilmittel*
medicus *Arzt*
medius *der mittlere*
membrum *Glied*
meminisse *sich erinnern*
memor *eingedenk*
memorābilis *denkwürdig*
memoria *Gedächtnis, Er-
    innerung*
mendācium *Lüge*
mendāx *lügnerisch*
mendīcus *Bettler*
mendum *Fehler*
mēns *Verstand*
mēnsa *Tisch*
mēnsis *Monat*
mentīrī *lügen*
mercātor *Kaufmann*
mercātus *Handel, Markt*
mercēnnarius *Söldner*

mercēs *Lohn*
merēre *verdienen*
merērī *sich verdient ma-
    chen*
mergere *eintauchen, ver-
    senken*
merīdiēs *Mittag, Süden*
meritō *verdientermaßen*
meritum *Verdienst*
merx *Ware*
messis *Ernte*
metallum *Metall*
mētīrī *messen*
metuere *fürchten*
metus *Furcht*
migrāre *wandern*
mīles *Soldat*
mīlitāre *Kriegsdienst lei-
    sten*
mīlitāris *militärisch*
mīlitia *Kriegsdienst*
mīlle *tausend*
minae *Drohungen*
minārī *drohen*
minimē *keineswegs*
minister *Diener*
minor nātū *jünger*
minuere *vermindern, ver-
    ringern*
mīrārī *bewundern, sich
    wundern*
mīrus *wunderbar*
mīscēre *mischen*
miser *unglücklich*
miserārī *beklagen*
miserērī *sich erbarmen*
miseret *es erbarmt*
miseria *Elend*
misericordia *Mitleid*
misericors *barmherzig*
mītigāre *besänftigen, ver-
    söhnen*
mītis *weich, mild*
mittere *schicken*
mōbilitās *Beweglichkeit,
    Unbeständigkeit*
modestus *maßvoll, be-
    scheiden*
modestia *Bescheidenheit*
modo *nur, eben*
modus *Maß, Weise*
moenia *Stadtmauer(n)*

mōlēs *Last*
molestus *lästig*
mōlīrī *in Bewegung setzen*
mollīre *besänftigen*
mollis *weich*
mōmentum *Bedeutung*
monēre *mahnen*
monitum *Ermahnung*
mōns *Berg*
mōnstrāre *zeigen*
mōnstrum *Ungeheuer*
monumentum *Denkmal*
mora *Aufschub*
morārī *verweilen*
morbus *Krankheit*
mordēre *beißen*
morī *sterben*
moribundus *sterbend*
mors *Tod*
mortālis *sterblich*
mortuus *tot, gestorben*
mōs *Sitte, Brauch*
mōtus *Bewegung*
movēre *bewegen*
mox *bald*
mulier *Frau*
multāre *bestrafen*
multitūdō *Menge*
multum (Adv.) *viel*
multus (Adj.) *viel*
mundus *Welt(all)*
mūnīre *befestigen*
mūnus *Aufgabe, Amt,
    Geschenk*
mūrus *Mauer*
mūs *Maus*
mūtāre *ändern*

N

nam *denn*
nancīscī *erlangen*
nārrāre *erzählen*
nārrātiō *Erzählung*
nārrātiuncula *kleine
    Erzählung, Anekdote*
nāscī *geboren werden*
natāre *schwimmen*
nātiō *Volk*
nātū *von Geburt*
nātūra *Natur*
nātus *geboren*

naufragus *Schiffbrüchiger*
nauta *Seemann*
nāvālis *See- . . .*
nāvicula *Schifflein*
nāvigāre *segeln*
nāvigātiō *Seefahrt*
nāvigium *Schiff*
nāvis *Schiff*
   (longa) *Kriegsschiff*
   (onerāria) *Lastschiff*
nē *damit nicht*
nē – quidem *nicht einmal*
nebula *Nebel*
nec *und nicht*
necāre *töten*
necessāriō *notgedrungen*
necessārius *notwendig*
necesse *notwendig*
necessitās *Notwendigkeit*
nefārius *ruchlos*
nefās *Unrecht, Frevel*
negāre *verneinen, abstreiten*
neglegere *vernachlässigen*
negōtium *Geschäft*
nēmō *niemand*
nemus *Hain*
nepōs *Enkel*
nēquāquam *keineswegs*
neque *und nicht, auch nicht*
neque – neque *weder – noch*
neque tamen *aber nicht*
nescīre *nicht wissen*
neuter *keiner (von beiden)*
nex *Mord*
nīdus *Nest*
niger *schwarz*
nihil *nichts*
nihilō minus *nichtsdestoweniger*
nimis *zu sehr*
nimium *zu viel*
nimius *zu groß*
nisi *wenn nicht*
nitēre *glänzen*
nitī *sich stützen*
nix *Schnee*
nōbilis *vornehm, adelig*
nōbilitās *Adel*
nocēre *schaden*

noctū *nachts*
nocturnus *nächtlich*
nōlle *nicht wollen*
nōmen *Name*
nōmināre *nennen*
nōn *nicht*
nōndum *noch nicht*
nōn iam *nicht mehr*
nōnnūllī *einige, manche*
nōnnumquam *manchmal*
nōn sōlum – sed (verum) etiam *nicht nur – sondern auch*
nōn tam – quam *nicht so sehr – als (vielmehr)*
nōscere *kennenlernen*
notāre *aufschreiben*
nōtus *bekannt*
November *November*
novus *neu*
nox *Nacht*
noxius *schädlich*
nūbere *heiraten (von der Frau!)*
nūbēs *Wolke*
nūdāre *entblößen, berauben*
nūdus *nackt*
nūllus *kein*
nūmen *göttlicher Wille, Gottheit*
numerāre *zählen*
numerus *Zahl*
nummus *Münze*
numquam *niemals*
nunc *jetzt*
nūntiāre *melden*
nūntius *Bote, Botschaft*
nupta *Braut*
nuptiae *Hochzeit*
nusquam *nirgends*
nūtrīre *nähren*
nūtrīx *Amme*
nympha *Nymphe*

O

ob *wegen*
obesse *schaden*
obicere *entgegenwerfen, vorwerfen*

obīre *hingehen, besuchen*
oblīvīscī *vergessen*
obmūtēscere *verstummen*
oboedīre *gehorchen*
obruere *verschütten*
obscūrāre *verdunkeln*
obscūrus *dunkel*
obsecrāre *beschwören, bitten*
obsequī *willfahren, gehorchen*
observāre *beobachten, beachten*
obses *Geisel*
obsidēre *belagern*
obstāre *widerstehen*
obtemperāre *gehorchen*
obtinēre *festhalten, behaupten*
obviam *entgegen*
occāsiō *Gelegenheit*
occidēns *Westen, Abendland*
occīdere *töten*
occidere *untergehen*
occulere *verstecken*
occultāre *verstecken*
occupāre *besetzen*
occurrere *entgegeneilen*
ōceanus *Ozean*
Octōber *Oktober*
oculus *Auge*
ōdisse *hassen*
odium *Haß*
odor *Geruch*
offendere *anstoßen, beleidigen*
offēnsiō *Ärger, Kränkung*
offerre *anbieten*
officīna *Werkstatt*
officium *Pflicht(gefühl)*
oleum *Öl*
ōlim *einst*
olīva *Ölbaum, Olive*
ōmen *Vorzeichen*
omittere *unterlassen*
omnīnō *überhaupt, völlig*
omnipotēns *allmächtig*
omnis *all, ganz*
onerāre *belasten*
onus *Last*
opera *Mühe, Dienst*

operīre *bedecken*
opīniō *Meinung*
oportet *es gehört sich*
opperīrī *erwarten*
oppidānus *städtisch*
oppidum *Stadt*
oppōnere *entgegenstellen*
opprimere *unterdrücken,*
überraschen
oppūgnāre *belagern*
ops *Hilfe, Macht*
optāre *wünschen*
optimātēs *Optimaten*
optimus *der beste*
opulentus *reich*
opus *Werk*
opus est *es ist nötig*
ōra *Küste*
ōrāculum *Orakel*
ōrāre *beten, bitten*
ōrātiō *Rede*
ōrātor *Redner*
orbis *(Erd-)Kreis*
ōrdīrī *anfangen*
ōrdināre *ordnen*
ōrdō *Rang, Stand*
oriēns *Osten*
orīgō *Ursprung*
orīrī *entstehen*
ōrnāmentum *Schmuck*
ōrnāre *schmücken*
ōrnātus *Schmuck Aus-*
stattung
ortus *Aufgang*
ōs, ōris *Mund, Gesicht*
os, ossis *Knochen*
ōsculārī *küssen*
ostendere *zeigen*
ōstium *Mündung*
ōtiōsus *müßig*
ōtium *Muße, Ruhe*
ovis *Schaf*

P

pācāre *befrieden*
paene *fast*
paenīnsula *Halbinsel*
paenitet *es reut*
palūs *Sumpf*

palūster *sumpfig*
pandere *ausbreiten*
pānis *Brot*
pār (Adj.) *gleich*
(Subst.) *Paar*
parāre *bereiten*
parcere *schonen*
parēns *Vater, Mutter*
parentēs *Eltern*
pārēre *gehorchen*
parere *gebären, erwerben*
pariēs *Wand*
pars *Teil, Gebiet*
(Plur.) *Partei*
parsimōnia *Sparsamkeit*
particeps *teilhaftig*
partim *teils*
partīrī *teilen*
parum *zu wenig*
parvus *klein, gering*
parvulus *Knäblein*
pāscere *weiden* (trans.)
passer *Sperling*
passim *weithin*
passus *Doppelschritt*
pāstor *Hirte*
patefacere *öffnen*
pater *Vater*
pater familiās *Hausvater*
patēre *offenstehen*
patī *leiden, zulassen*
patiēns *geduldig, fähig zu*
ertragen
patientia *Geduld*
patria *Heimat*
patricius (Adj.) *patrizisch*
(Subst.) *Patrizier*
patrius *väterlich*
paucī *wenige*
paulātim *allmählich*
paulō post *bald darauf*
paulum *ein wenig*
pauper *arm*
paupertās *Armut*
pavidus *ängstlich*
pavor *Angst*
pāx *Friede*
peccāre *sündigen*
peccātor *Sünder*
peccātum *Sünde*
pectus *Brust*
pecūnia *Geld*

pecus *Vieh*
pedes *Fußsoldat*
peditātus *Fußtruppen*
pellere *(ver)treiben*
pellis *Fell*
penātēs *Penaten*
pendēre *hängen* (intrans.)
pendere *wägen, zahlen*
penes *bei, im Besitze von*
penetrāre *eindringen*
per *durch, hindurch*
peragere *vollenden*
peragrāre *durchwandern*
percellere *erschüttern*
perdere *zugrunde richten*
peregrē *in der Fremde*
peregrīnātiō *Auslandsauf-*
enthalt, Reise
peregrīnus *Fremder*
pererrāre *umherirren*
perferre *ertragen*
perficere *vollenden*
perfidia *Treulosigkeit*
perfidus *treulos*
perfodere *durchbohren*
perfringere *zerbrechen*
(trans.)
perfugere *überlaufen*
pergere *fortfahren*
perīculōsus *gefährlich*
perīculum *Gefahr*
perīre *zugrunde gehen*
perītus *kundig*
permittere *erlauben*
permovēre *heftig bewegen*
permultī *sehr viele*
permūtāre *austauschen*
perniciēs *Verderben*
perniciōsus *verderblich*
perpaucī *sehr wenige*
perpetī *erdulden*
perpetrāre *erreichen*
perpetuō *ewig*
in perpetuum *für immer*
perquīrere *durchsuchen,*
erforschen
persequī *verfolgen*
persevērāre *fortfahren*
perspicere *durchschauen,*
erkennen
persuādēre *überreden,*
überzeugen

perterrēre *(sehr) er-
schrecken* (trans.)
pertinēre *sich erstrecken,
sich beziehen*
perturbāre *verwirren*
pervenīre *gelangen*
pervestīgāre *durchsuchen,
erforschen*
pēs *Fuß*
pestifer *verderblich*
pestilentia ⎫
pestis ⎭ *Pest, Seuche*
petere *zu erreichen suchen*
philosophia *Philosophie*
philosophus *Philosoph*
pietās *Frömmigkeit*
piget *es verdrießt*
piger *faul*
pigritia *Faulheit*
pingere *malen*
pīnus *Pinie, Fichte*
pīrāta *Seeräuber*
pirum *Birne*
pirus *Birnbaum*
piscātor *Fischer*
piscis *Fisch*
pius *fromm*
plācāre *versöhnen*
placēre *gefallen*
plānē *völlig*
plaudere *Beifall klatschen*
plēbēius (Adj.) *plebejisch*
(Subst.) *Plebejer*
plēbs *das (gewöhnliche)
Volk*
plēnus *voll*
plērīque *die meisten*
plērumque *meistenteils*
pōculum *Becher*
poena *Strafe*
poēta *Dichter*
poēticus *dichterisch*
pollicērī *versprechen*
polluere *beflecken*
polus *Pol*
pōma *Obst*
pondus *Gewicht, Pfund*
pōnere *stellen, legen*
pōns *Brücke*
populāris *Landsmann*
(Plur.) *Volkspartei*
populus *Volk*

porrigere *darreichen*
porta *Tor, Pforte*
portāre *tragen*
portus *Hafen*
poscere *verlangen, fordern*
positum esse in *beruhen
auf*
posse *können*
possessiō *Besitz*
possidēre *besitzen*
possīdere *in Besitz nehmen*
post *nach*
posteā *nachher*
posterī *Nachkommen*
posterior *der spätere*
posterus *nachfolgend*
postquam *nachdem*
postrēmō *schließlich*
postrīdiē *am Tag darauf*
postulāre *fordern*
postulātum *Forderung*
potēns *mächtig*
potentia *Macht*
potestās *Amtsgewalt*
pōtiō *Getränk, Trank*
potior *der vorzüglichere*
potīrī *sich bemächtigen*
potius *vielmehr, lieber*
praebēre *gewähren*
(sē) *sich zeigen*
praecēdere *vorangehen*
praeceptum *Vorschrift*
praecipere *vorschreiben*
praecipitāre *stürzen*
praecipuus *vornehmlich*
praeclārus *berühmt*
praeda *Beute*
praedicāre *rühmen*
praedīcere *voraussagen*
praeditus *begabt*
praedium *Landgut*
praeesse *an der Spitze
stehen*
praeferre *vorziehen*
praeficere *an die Spitze
stellen*
praemittere *voraus-
schicken*
praemium *Belohnung*
praenōmen *Vorname*
praeruptus *jäh, steil*
praescrībere *vorschreiben*

prae sē ferre *zur Schau
tragen*
praesēns *gegenwärtig*
praesidium *Schutz*
praestāre *übertreffen,
leisten*
(sē) *sich zeigen, bewäh-
ren*
praestat *es ist besser*
praeter *außer*
praetereā *außerdem*
praeterīre *vorbeigehen*
praeterit *es entgeht*
praetermittere *vorüber-
gehen lassen, unterlassen*
praetervehī *vorbeifahren*
praetervolāre *vorbeifliegen*
praetor *Prätor*
prātum *Wiese*
prāvus *verkehrt*
precēs *Bitten*
prehendere *ergreifen*
premere *drücken*
pretiōsus *wertvoll*
pretium *Wert, Preis*
prīdem (iam) *(schon)
längst*
prīmō *zuerst, zunächst*
prīmum *zum ersten Mal*
prīmus *der erste*
prīnceps (Subst.) *Fürst*
(Adj.) *vornehm*
prīncipātus *Vorherrschaft,
Vorrang*
prīncipium *Anfang*
prīor *der frühere*
prīscus *alt (ehrwürdig)*
prīstinus *früher*
prius (Adv.) *früher*
priusquam *ehe, bevor*
prīvāre *berauben*
prīvātus *privat*
prō *für, anstatt*
probāre *billigen*
probitās *Rechtschaffenheit*
probus *rechtschaffen*
prōcēdere *vorrücken*
procella *Sturm*
prōcōnsul *Prokonsul*
procul *ferne*
prōdere *preisgeben, ver-
raten*

prōdesse *nützen*
prōdigium *Vorzeichen*
prōdīre *hervortreten*
prōditiō *Verrat*
prōditor *Verräter*
prōdūcere *hervorbringen*
proelium *Gefecht*
profectō *in der Tat*
proficīscī *aufbrechen,
    marschieren*
profitērī *offen erklären*
prōflīgāre *zu Boden
    schlagen*
prōfluere *hervorströmen*
profundere *vergießen*
profundus *tief*
prohibēre *abhalten*
prōicere *vorwerfen*
proinde *daher, also*
prōmere *hervorholen*
prōmittere *versprechen*
prōmptus *bereit*
prōnūntiāre *verkünden*
propāgāre *ausbreiten*
properāre *eilen*
prope *nahe bei*
propinquus *nahe*
propinquī *die Verwandten*
propior *näher*
proprius *eigen, eigentüm-
    lich*
propter *wegen*
proptereā *deshalb*
prōpulsāre *abwehren*
prōscrībere *ächten*
prōsequī *begleiten, gelei-
    ten*
prosper(us) *günstig, er-
    wünscht*
prōsternere *niederstrecken*
prōtegere *beschützen*
prōvehī *hinausfahren, vor-
    rücken*
prōverbium *Sprichwort*
prōvidēre *voraussehen,
    (vor)sorgen für*
prōvidus *vorhersehend,
    vorsorglich*
prōvincia *Provinz*
proximus *der nächste*
prūdēns *klug*
prūdentia *Klugheit*

pūblicāre *beschlagnahmen*
pūblicus *öffentlich*
pudet *es beschämt*
pudor *Scham, Ehrgefühl*
puella *Mädchen*
puer *Knabe*
pueritia *Kindheit*
pūgiō *Dolch*
pūgna *Kampf*
pūgnāre *kämpfen*
pulcher *schön*
pulchritūdō *Schönheit*
pullus *Junges*
pulsāre *schlagen, stoßen*
pulvis *Staub*
pungere *stechen*
pūnīre *bestrafen*
puppis *Hinterdeck*
pūrus *rein*
putāre *glauben*

Q

quadrīgae *Viergespann*
quaerere *suchen, fragen*
quaesō *bitte*
quaestiuncula *Frage*
quaestor *Quästor*
quaestūra *Amt des Quä-
    stors*
quālis *wie beschaffen*
quam *wie, als*
    (+ Superl.) *möglichst*
quamquam *obwohl*
quandō *wann?*
quantopere *wie sehr*
quantō – tantō *je – um so*
quantus *wie groß*
quasi *wie wenn, als ob*
-que *und*
quercus *Eiche*
querī *klagen*
quia *weil*
quicumque *wer auch im-
    mer*
quid *was?*
quīdam *ein (gewisser)*
quidem *wenigstens, zwar*

quiēs *Ruhe*
quiēscere *ruhen*
quīlibet *jeder beliebige*
quin etiam *ja sogar*
Quīnctīlis *Juli*
quis *wer?*
quisnam *wer denn?*
quisquam *(irgend) jemand*
quisque *jeder*
quisquis *wer auch immer,
    jeder der*
quīvīs *jeder beliebige*
quō *wohin*
quō-eō *je – desto*
quod *weil*
quōmodo *wie, auf welche
    Weise*
quondam *einst*
quoniam *da ja, weil ja*
quoque *auch*
quot *wie viele*
quotannīs *alljährlich*
quotiēns *wie oft, sooft*

R

rādere *schaben*
radius *Strahl*
rādīx *Wurzel, Fuß (eines)
    Berges)*
rāmus *Zweig, Ast*
rapere *rauben, raffen*
rapidus *reißend*
rapīna *Raub*
raptāre *rauben*
rārō (Adv.) *selten*
rārus (Adj.) *selten*
ratiō *Vernunft*
rebellāre *den Krieg wieder
    aufnehmen*
recēdere *zurückweichen*
recēnsēre *mustern*
receptus *Rückzug*
recidere *zurückfallen*
recipere *aufnehmen*
recitāre *vorlesen*
recordārī *sich erinnern*
recreāre *erquicken*

rēctus *richtig, gerade*
recuperāre *wiederge-
winnen*
recūsāre *sich weigern,
ablehnen*
reddere *zurückgeben, zu
etwas machen*
redigere *zurückbringen, in
Ordnung bringen*
redimere *loskaufen*
redire *zurückkehren*
reditus *Rückkehr*
referre *zurückbringen,
berichten*
reficere *wiederherstellen*
reformīdāre *fürchten*
refugium *Zufluchtsstätte*
regere *lenken, leiten*
rēgia *Königsburg, Palast*
rēgīna *Königin*
regiō *Gegend*
rēgius *königlich*
rēgnāre *herrschen*
rēgnum *Königreich,
Königsherrschaft*
religiō *Gewissenhaftigkeit,
Verehrung*
religiōsus *fromm*
relinquere *zurücklassen*
reliquiae *Überreste*
reliquus *übrig*
remanēre *zurückbleiben*
remeāre *zurückkehren*
remedium *Heilmittel*
reminīscī *sich erinnern*
remōtus *entfernt*
renāvigāre *zurücksegeln*
renovāre *erneuern*
repellere *zurücktreiben*
rēpere *kriechen*
reperīre *finden*
repetere *wiederholen*
repetītiō *Wiederholung*
reportāre *zurücktragen*
reprehendere *tadeln*
reprimere *zurückdrängen*
repudiāre *verschmähen*
requirere *prüfen, nach-
forschen*
rērī *(be)rechnen, meinen*
rēs *Sache*
rēs adversae *Unglück*

rēs secundae *Glück*
rēs pūblica *Staat*
rēs pūblica lībera *Republik*
rescindere *abreißen*
resistere *widerstehen, sich
widersetzen*
respicere *berücksichtigen*
respondēre *antworten*
respōnsum *Antwort*
restāre *übrigbleiben*
restituere *wiederherstellen
wiederaufbauen*
resurgere *wieder aufstehen,
auferstehen*
retinēre *zurückhalten*
retrahere *zurückziehen*
retrō *zurück, rückwärts*
reus *Angeklagter*
rē vērā *in Wirklichkeit*
reverentia *Ehrfurcht*
reverērī *verehren*
revertī *zurückkehren*
revocāre *zurückrufen,
abbringen*
revolāre *zurückfliegen*
rēx *König*
rīdēre *lachen*
rīpa *Ufer*
rītē *nach Brauch, gebüh-
rend*
rītus *Brauch*
rīvus *Bach*
rōbur *Stärke*
rōbustus *kräftig*
rōdere *nagen*
rōgāre *fragen, bitten*
rogātū *auf Bitten*
rosa *Rose*
rōstra *Rednerbühne*
rōstrum *(Schiffs-)
Schnabel*
rotundus *rund*
ruber *rot*
rudis *unerfahren*
ruere *stürzen, eilen*
rumpere *brechen*
rūre *vom Lande*
rūrī *auf dem Lande*
rūrsus *wieder*
rūs *Land*
   (Akk.) aufs Land
rūsticus *ländlich*

S

sacer *heilig*
sacerdōs *Priester*
sacrāre *weihen*
sacrificāre *opfern*
sacrificium *Opfer*
saeculum *Jahrhundert,
Zeitalter*
saepe *oft*
saepius *öfter*
saevīre *wüten, rasen*
saevitia *Wildheit,
Grausamkeit*
sagitta *Pfeil*
sāl *Salz*
salīre *springen*
saltāre *tanzen*
saltus *Waldgebirg*
salūber *heilsam*
salūs *Wohl, Rettung*
salūtāre *grüßen*
salvē *sei gegrüßt*
salvus *gesund*
sānāre *heilen*
sancīre *festsetzen*
sānctus *heilig*
sanguis *Blut*
sānus *gesund*
sapiēns *der Weise*
sapientia *Weisheit*
satis *genus*
satisfacere *genügen, Ge-
nugtuung leisten*
saxum *Fels*
scelestus *verbrecherisch*
scelus *Verbrechen*
schola *Schule*
scientia *Wissen, Kennt-
nisse*
scīre *wissen*
scrība *Schreiber*
scrībere *schreiben*
scrīptor *Schriftsteller*
scrīptor rērum *Geschichtsschreiber*
scrīptum *Schrift*
sculpere *meißeln*
scūtum *Schild*
secāre *schneiden*
sēcernere *trennen*
secta *Partei, Philosophen-
schule*

secundus *zweiter, günstig*
secundum *gemäß*
secūris *Beil*
sēcūritās *Sicherheit*
sēcūrus *sorglos, sicher*
sed *aber*
sēdāre *beruhigen*
sēdēs *Sitz*
sedēre *sitzen*
sēditiō *Aufstand*
sēdulus *fleißig*
seges *Saat(feld)*
sēiungere *trennen*
semel *einmal*
sēmen *Samen*
semper *immer*
sempiternus *ewig*
senātor *Senator*
senātōrius *senatorisch*
senātus *Senat*
senectūs *Greisenalter*
senex *Greis*
senior *der Ältere*
sēnsus *Sinn*
sententia *Meinung*
sentīre *fühlen, meinen*
sēparāre *trennen*
sepelīre *bestatten*
septentriōnālis *nördlich*
septentriōnēs *Norden*
September *September*
sepulcrum *Grabmal*
sequī *folgen*
serēnus *heiter*
serere, sēvī *säen*
serere, seruī *reihen*
seriēs *Reihe*
sērius *ernst*
sermō *Gespräch, Sprache*
sērō *(zu) spät*
serpere *kriechen*
serva *Dienerin*
servāre *retten*
servīre *dienen*
servitium *Sklaverei*
servitūs *Knechtschaft*
servus *Knecht*
sevēritās *Strenge*
sevērus *ernst, streng*
Sextīlis *August*
sī *wenn*
sīc *so*

sīcut *so wie, wie*
sīdus *Gestirn*
sīgnifīcare *bezeichnen*
sīgnum *Zeichen*
silentium *Schweigen*
silēre *schweigen*
silva *Wald*
silvestris *waldig*
similis *ähnlich*
simplex *einfach*
simul *zugleich*
simulācrum *Bild*
simulāre *sich stellen als ob*
sī nōn ... at certe *wenn nicht
   ... so doch wenigstens*
sīn *wenn aber*
sīn autem *wenn aber*
sincēritās *Reinheit*
sine *ohne*
sinere *lassen*
sinister *links*
sinus *Busen*
sitīre *dürsten*
sitis *Durst*
situs *gelegen*
societās *Gemeinschaft,
   Bündnis*
socius *Bundesgenosse*
sodālis *Kamerad*
sōl *Sonne*
sōlācium *Trost*
solēre *pflegen, gewohnt sein*
solitus *gewohnt*
sollemnis *feierlich*
sollemnitās *Festlichkeit*
sollers *geschickt*
sollertia *Geschicklichkeit*
solum, -ī *(Erd-) Boden*
sōlus *allein*
solvere *lösen, zahlen*
somnium *Traum*
somnus *Schlaf*
sonāre *tönen*
sonitus *Geräusch, Klang*
sors *Schicksal, Los*
sortīrī *erlosen*
spargere *streuen*
spatium *Raum*
speciēs *Anblick, Schein*
spectāre *betrachten*
speculārī *auskundschaften*
speculātor *Kundschafter*

specus *Höhle*
spērāre *hoffen*
spernere *verschmähen*
spēs *Hoffnung*
splendēre *glänzen*
splendidus *glänzend*
splendor *Glanz*
spolia *Beute*
spoliāre *berauben*
spondēre *geloben*
sponte *freiwillig*
stadium *Rennbahn*
stāre *stehen*
statim *sofort*
statua *Standbild*
statuere *festsetzen*
statūra *Gestalt*
status, a, um *festgesetzt*
status, -ūs *Zustand, Lage*
stēlla *Stern*
sternere *ausbreiten*
stilus *Griffel*
stipendium *Sold*
strāta *Straße*
strēnuus *tüchtig*
stringere *(ab-) streifen*
struere *schichten, bauen*
studēre *streben*
studiōsus *eifrig*
studium *Bemühung*
stultus *töricht*
stupor *Staunen, Dummheit*
suādēre *raten*
suāvis *angenehm*
sub *unter*
subesse *darunter sein*
subicere *unterwerfen*
subigere *unterwerfen*
subīre *herangehen, unternehmen*
subitō *plötzlich*
sublevāre *erleichtern*
sublīmis *erhaben*
subōrnāre *(heimlich) ausrüsten*
subsequī *nachfolgen*
subvehere *heranführen*
subvenīre *zu Hilfe kom-
   men*
succedere *nachfolgen, gelingen*
succumbere *unterliegen*

succurrere *zu Hilfe eilen*
sūcus *Saft*
sufficere *genügen*
sūmere *nehmen*
summa *Hauptsache*
summus *der höchste*
superāre *überwinden*
superbia *Hochmut*
superbus *stolz*
superesse *überleben*
superī *die Himmlischen*
superior *der obere*
superstes *überlebend*
supplēre *ergänzen*
supplex *flehend*
supplicium *Todesstrafe, Hinrichtung*
suprā *oberhalb*
surgere *aufstehen*
sūs *Schwein*
suscipere *unternehmen*
suspendere *aufhängen*
suspiciō *Verdacht*
sustinēre *aushalten*

T

tabella *Täfelchen*
tabula *Tafel, Gemälde*
tacēre *schweigen*
taciturnitās *Verschwiegenheit*
taedet *es ekelt*
taedium *Ekel, Überdruß*
talentum *Talent (als Gewicht und Geldsumme!)*
tālis *so geartet*
tam *so*
tamen *dennoch*
tamquam *wie, gleichwie*
tandem *endlich*
tangere *berühren*
tantopere *so sehr*
tantum *nur*
tantum – quantum *so viel – wie*
tantus *so groß*
tardus *langsam*
taurus *Stier*
tēctum *Dach*

tegere *bedecken*
tēlum *Geschoß*
temeritās *Unbesonnenheit*
temperantia *Besonnenheit*
temperāre *mäßigen, ordnen*
tempestās *Sturm*
templum *Tempel*
tempus *Zeit*
tendere *dehnen, spannen*
tenebrae *Finsternis*
tener *zart*
tenēre *halten*
tenuis *dünn, zart*
tepidus *lau*
tergum *Rücken*
termināre *abgrenzen, festsetzen*
terminus *Grenze, Ziel*
terra *Erde*
terrā marīque *zu Wasser und zu Lande*
terrēre *erschrecken (trans.)*
terror *Schrecken*
tertius *der dritte*
tertium *zum dritten Mal*
testimōnium *Zeugnis*
testis *Zeuge*
texere *weben*
theātrum *Theater*
thermae *Thermen*
timēre *fürchten*
timidus *furchtsam*
timor *Furcht*
titulus *Aufschrift, Titel*
tolerāre *ertragen*
tollere *aufheben, beseitigen*
tondēre *scheren*
tormentum *Folter, Marter*
torquēre *drehen, foltern*
tot *so viele*
totidem *ebenso viele*
tōtus *ganz*
trabs *Balken*
trādere *übergeben, ausliefern*
trāditiō *Überlieferung*
trādūcere *hinüberführen, übersetzen*
tragoedia *Tragödie*
trahere *ziehen*
trāicere *hinüberschaffen*
trānāre *durchschwimmen*

tranquillus *ruhig*
trāns *jenseits, über – hinau,*
trānsācta *das Geschehenes Vergangene*
trānsalpīnus *jenseits der Alpen gelegen*
trānsfīgere *durchbohren*
trānsfodere *durchbohren*
trānsgredī *überschreiten*
trānsigere *durchführen*
trānsilīre *überspringen*
trānsīre *hinübergehen, überschreiten*
trānsitus *Übergang*
trānsportāre *hinübertragen*
tremere *zittern*
tremor *Zittern, Beben*
trepidus *ängstlich*
tribuere *zuteilen*
tribūnāl *Gerichtshof*
tribūnicius *tribunizisch*
tribūnus *Volkstribun*
tribus *Stadtbezirk*
trīduum *drei Tage*
triō *Pflugochse*
triplex *dreifach*
trīstis *traurig*
triumphāre *triumphieren*
trucīdāre *niedermachen, morden*
tuba *Tuba (gerade Trompete)*
tuērī *schützen*
tum *da, dann*
tum dēmum *da erst*
tumulus *(Grab-) Hügel*
tunica *Hemd*
turba *Schar*
turbāre *verwirren*
turpis *schändlich*
turris *Turm*
tūtārī *schützen*
tūtō (Adv.) *sicher*
tūtus (Adj.) *sicher*
tyrannus *Tyrann*

U

ubi *wo, sobald*
ubīque *überall*
ulcīscī *(sich) rächen*

ūllus *irgendein*
ulterior *der jenseitige*
ultimus *der letzte*
ultrā *jenseits, über – hinaus*
ultrō *von selbst*
umbra *Schatten*
umquam *jemals*
ūnā cum *gemeinsam mit*
unda *Welle, Woge*
unde *woher*
undique *von allen Seiten*
unguis *Nagel, Kralle*
ūniversus *ganz*
ūnus *ein, der einzige*
ūnusquisque *jeder (einzelne)*
urbānus *städtisch*
urbs *Stadt*
urgēre *(be)drängen*
ursa *Bärin*
ūsque *ad bis zu*
ūsus *Gebrauch, Nutzen, Brauchbarkeit*
ut (Konj.) *daß, damit*
ut (Ind.) *wie*
uter, utris *Schlauch*
uter, utra, utrum *wer, welcher (von zweien)*
uterque *jeder von zweien, beide*
ūtī *gebrauchen*
ūtilis *nützlich*
ūtilitās *Nutzen*
utinam *o daß doch!*
uxor *Gemahlin*

V

vacāre *frei sein*
vacca *Kuh*
vādere *gehen*
vae *wehe!*
valdē *sehr*
valē *lebwohl!*
valēre *stark sein*
valētūdō *Gesundheit*
validus *gesund, kräftig*
vallis *Tal*
vallum *Wall*
vānus *leer, nichtig*
varius *verschieden*

vās *Gefäß*
vāstāre *verwüsten*
vāstus *weit, wüst*
-ve *oder*
vectīgal *Steuer*
vehemēns *heftig*
vehere *fahren* (trans.)
vehī *fahren* (intrans.)
vehiculum *Fuhrwerk*
vel *oder*
vēlāre *verhüllen*
velle *wollen*
vēlum *Schleier*
velut *wie zum Beispiel*
vēna *Ader*
vēnārī *jagen*
vēnātor *Jäger*
vendere *verkaufen*
venēnum *Gift*
venerārī *verehren*
venia *Verzeihung, Nachsicht*
venīre *kommen*
ventus *Wind*
vēr *Frühling*
verberāre *schlagen*
verbum *Wort*
verērī *fürchten, ehren*
vērīsimilis *wahrscheinlich*
vērō *aber, vollends*
versārī *sich aufhalten, verweilen*
versus *Vers*
vertere *wenden*
vertex *Scheitel, Gipfel*
vērum *aber, sondern*
vērus *wahr*
vēscī *sich nähren*
vesper *Abend*
vespere }
vesperī } *abends*
vestīgāre *nachspüren, ausfindig machen*
vestīgium *Spur*
vestīre *bekleiden*
vestis *Kleid, Kleidung*
vestītus *Kleidung*
vetāre *verbieten*
veterānus *Veteran*
vetus *alt*
vexāre *quälen*
via *Weg*

viātor *Wanderer*
vīcīnus *Nachbar*
victor (Subst.) *Sieger*
  (Adj.) *siegreich*
victōria *Sieg*
vīctus *Lebensunterhalt*
vīcus *Dorf*
vidēre *sehen*
vigēre *lebenskräftig sein, frisch sein*
vigilāre *wachen*
vīlicus *Verwalter*
vīlis *billig, wertlos*
vīlla *Landhaus*
vincere *(be)siegen*
vincīre *fesseln*
vinculum *Fessel*
  (Plur.) *Gefängnis*
vīnum *Wein*
violāre *verletzen*
violenter *gewaltsam*
violentus *gewalttätig, wild*
vir *Mann*
virga *Rute*
virgō *Jungfrau*
virtūs *Tüchtigkeit, Tugend*
vīs *Gewalt, Kraft, Menge*
vīsitāre *besuchen*
vīta *Leben*
vītāre *meiden*
vitiōsus *lasterhaft*
vītis *Weinrebe*
vitium *Laster*
vituperāre *tadeln*
vīvere *leben*
vīvus *lebend*
vix *kaum*
vocābulum *Wort*
vocāre *rufen*
volāre *fliegen*
volvere *wälzen*
voluntārius *freiwillig*
voluntās *Wille*
voluptās *Vergnügen*
vōtum *Gelübde*
vovēre *geloben*
vōx *Stimme*
vulgus *Volk*
vulnerāre *verwunden*
vulnus *Wunde*
vulpēs *Fuchs*
vultus *Miene*

Lateinisches Wörterverzeichnis

G

glōriārī 140
gnārus 122
gradī 68
grandis nātū 58
grātiās agere 22
grātīs 99
grātulātiō 167

H

hērēs 152
hesternus 37
hiemāre 94
hodiernus 167
homō novus 136
hūmānitās 93

I

iactāre sē 140
iam dūdum 159
ibīdem 94
ignārus 122
ignōscere 62
illinc 94
illō 94
illūc 94
illūdere 16
immānitās 112
immātūrus 168
immergere 160
impellere 37
impietās 43
importāre 93
impotēns 122
improbitās 98
incēdere 45
incendere 41
incidere 35
incipere 27
inclūdere 16
incolere 8
incolumis 56
incommodum 11
incōnsīderātus 1
inde 76
indīcere 16
indigena 169

indīgnārī 83
indolēs 138
induere 43
indūtiae 30
inertia 74
īnfectā rē 151
īnferre 6
ingredī 79
inimīcissimus 59
inīquitās 72
inīquus 99
innītī 169
innumerābilis 140
inopīnāns 150
inops 81
inquam 72
īnsecāre 52
īnstituere 43
īnsultāre 61
integer 120
intentus 10
interclūdere 46
interdīcere 14
interdīcere (alcui aquā
    et īgnī) 134
interest 128
interficere 27
intolerābilis 58
intrā 92
introīre 165
invītus 10
invocāre 51
īrāscī 68
iterum 24
iūcunditās 153
iūmentum 161
iūre 65
iūsiūrandum 45
iuvat 81

L

labor 76
laus bellica 86
legere 21
libellus 65
līberālis 71
libet 72
licentia 142
licet 72
locāre (vermieten) 126

lucrum 118
lūctus 138

M

maerēre 83
maestus 56
māgnificus 99
māgnus (laut) 145
maleficus 106
mālle 10
mānsuētūdō 112
māter familiās 165
meminisse 72
memoria 40
mendācium 81
mendāx 55
mercātus 112
meritō 70
metuere 43
minimē 39
minuere 43
miseret 81
misericors 170
mōbilitās 125
mōlēs 169
mōmentum 128
mora 62
morī 68
moribundus 26
mūnīre (viam) 93

N

nancīscī 68
nārrātiō 14
nārrātiuncula 95
nāscī 68
nāvālis 16
nāvigātiō 97
nāvis longa 56
nāvis onerāria 120
necessāriō 144
necessitās 134
nefārius 87
neque tamen 51
nex 37
nihilō minus 142
nimis 33
nimium 33
nitēre 144

requīrere 95
rescindere 35
resistere 33
respicere 31
restituere 43, 128
resurgere 33
rē vērā 107
revertī 68
revocāre 112
revolāre 94
rōdere 16
rogātū 83
rōstra 45
rōstrum 45
ruere 43
rumpere 25

S

sacrificāre 56
saeculum 40
saevitia 58
satisfacere 27
scientia 30
scrība 147
sēcernere 8
sēcūritās 73
sēdulō 74
sērius 157
serpere 14
sevēritās 91
simulāre 47
si nōn ... at certe 118
sīn 1
sīn autem 1
sodālis 25
sōlācium 124
solitus 51
sollemnis 152
sollemnitās 152
solvere 43
spargere 16

specus 75
stadium 87
statuere 43
studēre id 1
studiōsus 122
stupor 160
subesse 50
subicere 27
subigere 21
subōrnāre 160
subsequī 169
succēdere 16
succurrere 37
superstes 42
suscipere 27
suspendere 102

T

tabella 18
tabula 126
taciturnitās 165
taedet 81
taedium 118
tangere 33
tantum-quantum 12
temperantia 59
temperāre ab 112
temperāre 108
   (rem publicam)
tendere 33
tendere (eilen) 94
terrā marīque 49
timēre, nē 39
tollere 41
tondēre 145
trādere 30, 33
tragoedia 25
trāicere 83
trānsācta 107
trānsfodere 27

trānsgredī 68
trānsitus 134
trepidus 56
tribuere 43
tribūnāl 18
triduum 118
triplex 144
triumphāre dē 161
tum dēmum 144

U

ulcīscī 68
ūllus 31
ūnusquisque 2
uterque 2
ūti 66
ūtilitās 142

V

vehī 14
velle 10
vēnārī 74
vendere 33
vērīsimilis 42
vertere 41
vertex 169
vērum 96
vēscī 68
vespere, vesperī 70
vestigāre 8
vestis 143
vestitus 160
vincere 25
vincula 160
violentus 97
vīs (Menge) 120
vīvus 24
volvere 43

Verzeichnis der Eigennamen

Achillēs, -is: griechischer Held im Trojanischen Krieg; Sohn der Meergöttin Thetis.

Actium, -ī: Vorgebirge und Stadt am Eingang des ambrakischen Meerbubusens; hier besiegte Augustus 31 v. Chr. Antonius.

Aegyptus, -ī (f): Ägypten.

Aenēās, -ae: trojanischer Held, der aus Troja flieht und nach langen Irrfahrten nach Italien kommt; sagenhafter Ahnherr des römischen Volkes.

Aeschylus, -ī: der älteste der drei großen attischen Tragiker (525–456).

Aethiopēs, -um: Äthiopier, Bewohner des Landes Äthiopien, heute etwa Abessinien.

Agamemnōn, -onis: sagenhafter König von Mykene und Führer der Griechen gegen Troja; nach seiner Rückkehr von seiner Gattin Klytämnestra und deren Geliebten Ägisthus getötet.

Āiāx, -cis: Sohn des Königs Telamon von Salamis, berühmter Held der Griechen vor Troja, wird wahnsinnig und tötet sich dann selbst.

Alba Longa: sagenhafte, schon früh zerstörte Stadt am Albanersee.

Alcibiadēs, -is: Alkibiades, athenischer Feldherr und Politiker, Schüler des Sokrates (450–404 v. Chr.).

Alexander, -drī: Alexander der Große, König von Makedonien (356–323 v. Chr.), erobert in kühnem Zug das Perserreich.

Alpēs, -ium (f): die Alpen.

Antiochus, -ī: König von Syrien, der Hannibal nach der Niederlage bei Zama aufnahm.

Apollō, -inis: griech. Gott der Weisheit, Dichtkunst und Musik.

Ap(p)ennīnus, -ī: die Apenninen.

Aquae Sextiae: römische Kolonie in der Nähe von Massilia (heute Aix-les-Bains); hier wurden 102 v. Chr. die germanischen Teutonen von Marius völlig aufgerieben.

Aquītānia, -ae: Aquitanien, Landschaft des südlichen Galliens.

Archimēdēs, -is: griech. Mathematiker in Syrakus (ca. 287–212 v. Chr.).

Ariovistus, -ī: Ariovist, König der Sueben; 58 v. Chr. von Cäsar besiegt und aus Gallien vertrieben.

Aristīdēs, -is: Zeitgenosse und Nebenbuhler des Themistokles; Mitbegründer des attischen Seebundes; wegen seiner Gerechtigkeit und Uneigennützigkeit bewundert.

Aristotelēs, -is: einer der berühmtesten Philosophen Griechenlands; Schüler Platons, Lehrer Alexanders d. Gr., Gründer der peripatetischen Schule (384–322 v. Chr.).

Arminius, -ī: Cheruskerfürst, der 9 n. Chr. im Teutoburger Wald drei römische Legionen unter Varus besiegte.

Artaxerxēs, -is: Perserkönig, Sohn des Xerxes (465–425 v. Chr.).

Arvernī, -ōrum: gallisches Volk in Aquitanien (heute Auvergne).

Assyriī, -ōrum: Bewohner Assyriens; Hauptstadt Ninive.

Athēnae, -ārum: Athen, Hauptstadt Attikas und kultureller Mittelpunkt Griechenlands; dazu *Atheniēnsēs, -ium:* die Athener.

Attica, -ae: Attika, berühmteste Landschaft Griechenlands mit Hauptstadt Athen.

Atticus, -ī: Titus Pomponius A., feingebildeter, reicher Römer, eng mit Cicero befreundet.

Augustus, -ī: erster römischer Kaiser (31 v. Chr. – 14. n. Chr.; geb. 63 v. Chr.); nach der Adoption durch Cäsar trug er den Namen *C. Iūlius Caesar Octāviānus,* 27 v. Chr. wurde ihm vom Senat der Ehrenname Augustus verliehen.

Barcās, -ae: Stammvater der später so berühmten barkischen Familie in Karthago, der Hamilkar und Hannibal angehörten; daher Beiname des Hamilkar.

Brennus, -ī: Führer der Gallier, die 387 v. Chr. nach dem Sieg an der Allia Rom eroberten.

Britannī, -ōrum: keltische Bevölkerung Britanniens (Englands).

Brundisium, -ī: Hafenstadt in Unteritalien, heute Brindisi.

Brūtus, -ī: Marcus Iunius B., einer der Mörder Cäsars.

Cadmus, -ī: Cadmus, Sohn des phönikischen Königs Agenor, kam auf der Suche nach seiner Schwester Europa nach Böotien und gründete die Cadmea, die Burg des späteren Thebens.

Caesar, -is: Gāius Iūlius C., römischer Feldherr und Staatsmann, Eroberer Galliens; geb. 100 v. Chr., 44 v. Chr. ermordet.

Cambȳsēs, -is: Perserkönig, Nachfolger des älteren Kyrus.

Camillus, -ī: Camillus, einer der bedeutendsten Männer der römischen Frühgeschichte; Eroberer von Veji 396, Befreier Roms von den Galliern 387.

Campānia, -ae: Kampanien, fruchtbare Ebene am Golf von Neapel.

Cannae, -ārum: Ortschaft in Apulien am Aufidus, wo Hannibal die Römer 216 v. Chr. entscheidend besiegte. Dazu das Adj. *Cannēnsis, -e.*

Capitōlium, -ī: das Kapitol, der Burgberg Roms mit dem Jupitertempel.

Carolus Māgnus: Karl der Große 768 bis 814 n. Chr.

Carthāgō, -inis: Karthago, die Hauptstadt des punischen Reiches, 146 v. Chr. von Scipio dem Jüngeren zerstört. Dazu: *Carthaginiēnses, -ium* die Karthager.

Cassandra, -ae: Kassandra, Tochter des trojanischen Königs Priamos, welche die Gabe der Weissagung hatte.

Catilīna, -ae: römischer Adeliger, der 63 v. Chr. durch eine Verschwörung die Senatsherrschaft zu stürzen suchte. Von Cicero wurde die Verschwörung aufgedeckt, Catilina fiel im Kampf.

Catō, -ōnis: Mārcus Porcius C., römischer Staatsmann, wegen seiner Strenge als Zensor gefürchtet. Verteidiger der alten Sitten gegenüber dem Hellenismus, erbittertster Feind Karthagos (234–149 v. Chr.).

Caudium, -ī: Stadt in Samnium. Hier die Niederlage der Römer durch die Samniten in den benachbarten Pässen (321 v. Chr.).

Cerēs, Cereris: Göttin des Ackerbaus, Mutter der Proserpina.

Chalcis, -idis: Hauptstadt der Insel Euböa.

Charybdis, -is: Strudel in der sizilischen Meerenge (vgl. *Scylla*).

Chrīstus, -ī: Jesus Christus. Dazu: *Chrīstianī, -ōrum* die Christen.

Chunagunda, -ae: Kunigunde, Gemahlin Kaiser Heinrichs II.

Chuonradus, -ī: Konrad (II.), deutscher Kaiser (1024–1039).

Cicerō, -ōnis: Mārcus Tullius C., römischer Staatsmann und bedeutendster Redner Roms (106–43 v. Chr.).

Cimbrī, -ōrum: die Zimbern, germanischer Volksstamm; von Marius bei Vercellae 101 v. Chr. geschlagen.

Circēī, -ōrum: Stadt in Latium.

Clītus, -ī: Clitus, Feldherr Philipps von Makedonien; von Alexander im Zorn getötet.

Clytaemnēstra, -ae: Klytämnestra, Schwester der Helena, Gattin Agamemnons, Mutter des Orest, der Elektra und der Iphigenie; siehe auch *Agamemnon.*

Cōnstantīnus, -ī: Konstantin, römischer Kaiser (306–337 n. Chr.), schützte das Christentum und machte es zur Staatsreligion. Nach ihm wurde das alte Byzanz Konstantinopel genannt.

Corinthus, -ī (f): Korinth, berühmte griechische Handelsstadt an der Nordküste der Peloponnes; Isthmus von Korinth.

Coriolānus, -ī: Coriolan, Held der römischen Sage, der aus Rom verbannt die Volsker gegen Rom geführt, aber auf Bitten der Mutter von einer Eroberung abgelassen haben soll.

Crassus, -ī: Marcus Licinius Cr., reicher römischer Patrizier, schloß mit Cäsar und Pompejus 60 v. Chr. das 1. Triumvirat, 53 im Kampf gegen die Parther gefallen.

Critiās, *-ae:* Kritias, Anführer der radikalen Richtung der »Dreißig« in Athen nach dem Peloponnesischen Krieg.

Croesus, *-ī:* Krösus, letzter Lyderkönig, 546 von Kyrus dem Älteren besiegt.

Cyrus, *-ī:* 1. Kyros der Ältere 559–529 v. Chr., König des von ihm gegründeten Perserreiches.

2. Kyros der Jüngere, Bruder des Perserkönigs Artaxerxes, gegen den er die »Zehntausend« Griechen führte. 401 in der Schlacht bei Kunaxa in Babylonien gefallen.

Dāmoclēs, *-is:* Freund des Tyrannen Dionysios I. von Syrakus.

Danaī, *-ōrum:* die Danaer, andere Bezeichnung für die Griechen.

Dānuvius, *-ī:* die Donau.

Dārīus, *-ī:* 1. Darius I., vornehmer Perser, erster Achämenide auf dem persischen Königsthron (521–485 v. Chr.) Unter seiner Herrschaft Sieg der Griechen bei Marathon über die Perser.

2. Darius II., Vater des Artaxerxes und des jüngeren Kyrus.

3. Darius III., der letzte Perserkönig; von Alexander d. Gr. besiegt.

David: König Israels; erschlug als Hirte den Goliath.

Deiocēs, *-is:* ein Meder, der nach der Sage schließlich die Königswürde erhielt und Ekbatana gründete.

Delphī, *-ōrum:* berühmtestes Orakel Griechenlands mit der Pythia, der Priesterin des Apollo.

Dēlus, *-ī* (f): Delos, Kykladeninsel, Geburtsort des Apollo und der Diana.

Dēmosthenēs, *-is:* berühmtester attischer Redner, der große Gegner Philipps, Verteidiger der griech. Freiheit (384 bis 322 v. Chr.).

Deucaliōn, *-ōnis:* Deukalion, Sohn des Prometheus, rettete sich allein mit seiner Gattin Pyrrha aus der von Jupiter zur Vertilgung des Menschengeschlechtes gesandten Wasserflut; durch Hintersichwerfen von Steinen, die zu Menschen wurden, stellte er das Menschengeschlecht wieder her.

Diāna, *-ae:* Schwester Apollos, Göttin der Jagd.

Diogenēs, *-is:* griechischer Philosoph z. Zt. Alexanders d. Gr., predigte die Bedürfnislosigkeit der Menschen; Gründer der philosophischen Richtung der »Kyniker«.

Dionysius, *-ī:* Tyrann von Syrakus (405 bis 367 v. Chr.).

Discordia, *-ae:* Göttin der Zwietracht (griech. *Eris*); warf den Apfel des Paris und verschuldete den Streit der Göttinnen.

Dīviciācus, *-ī:* Parteiführer der Häduer in Gallien, Freund Cäsars.

Dracō, *-ōnis:* Drakon, strenger Gesetzgeber in Athen (um 621 v. Chr.).

Drūsus, *-ī: Nerō Claudius Dr.*, Bruder des späteren Kaisers Tiberius, drang dreimal tief nach Germanien vor, gest. 9 v. Chr.

Ecbatana, *-ōrum:* Hauptstadt Mediens, später Sommerresidenz der Perserkönige.

Epamīnōndās, *-ae:* thebanischer Feldherr, der für kurze Zeit die Hegemonie Thebens schuf; 362 v. Chr. bei Mantinea gefallen.

Ephesus, *-ī:* durch einen Tempel der Diana berühmte Stadt Kleinasiens.

Ephialtēs, *-is:* Verräter der Griechen bei den Thermopylen (480 v. Chr.).

Epicūrus, *-ī:* Epikur, berühmter griechischer Philosoph; Begründer der Schule der Epikureer (341–270 v. Chr.)

Etrūscī, *-ōrum:* die Etrusker, Bewohner Etruriens, die von großem Einfluß auf die Römer waren.

Euclīdēs, *-is:* Euklid, Philosoph aus Megara, Schüler des Sokrates, Begründer der Megarischen Schule.

Eumaius, *-ī:* Eumaios, durch Homers Odyssee berühmter Schweinehirt des Odysseus, der in Treue zu seinem Herrn hielt.

Eurīpidēs, *-is:* der dritte der klassischen Tragiker Athens (485 ?–406).

Eurōpa, -ae: Schwester des Cadmus, von Jupiter geraubt, gab dann dem Erdteil den Namen.

Eurydicē, -ēs: Eurydike, die Gemahlin des Orpheus.

Fabius, -ī: Quīntus Fabius Māximus Cūnctātor, Diktator im Kampf gegen Hannibal.

Fabricius, -ī: galt als Muster der altrömischen Redlichkeit; siegreicher Feldherr im Kampf gegen Pyrrhus und die Samniten.

Faleriī, -ōrum: Hauptstadt der Falisker.

Faliscī, -ōrum: Falisker, Völkerschaft in Etrurien.

Francī, -ōrum: die Franken.

Fufētius, -ī: Mettius F., sagenhafter Oberbefehlshaber der Albaner, von König Tullus wegen Verrats hart bestraft.

Gabiī, -ōrum: Stadt in Latium, zwischen Rom und Präneste; dazu *Gabīnī, -ōrum.*

Galilaeus, -ī: Bewohner von Galilaea, einer Landschaft Palästinas; Kap. 26,2 ist Christus gemeint.

Gallia, -ae: Gallien, das heutige Frankreich, gewöhnlich als *G. Trānsalpīna* oder *Ulterior* bezeichnet im Gegensatz zu G. *Cisalpīna* oder *Citerior:* Oberitalien.

Germānia, -ae: Deutschland in römischer Bezeichnung.

Germānicus, -ī: Beiname des *Gāius Iūlius Caesar,* des Sohnes des Drusus (15 v. Chr. – 19 n. Chr.).

Goliath: Riese im Philisterheer, von David besiegt.

Graecia, -ae: Griechenland; dazu *Graecī, -ōrum:* die Griechen.

Graecia Māgna: Unteritalien.

Gregorius VII.: Gregor VII., berühmter Papst (1073–1085), der den Kampf gegen Heinrich IV., den sog. Investiturstreit, führte.

Gylippus, -ī: spartanischer Feldherr, der den Syrakusanern im Kampf gegen die Athener half (414 v. Chr.).

Haeduī, -ōrum: die Häduer, gallischer Volksstamm zwischen Saône und Loire.

Hamilcar Barcās: Vater Hannibals, Feldherr im 1. Punischen Krieg 264–241 v. Chr.

Hannibal, -lis: karthagischer Feldherr, der große Gegner Roms im 2. Punischen Krieg (ca. 247–183 v. Chr.).

Hasdrubal, -lis: 1. Bruder Hannibals; 2. Feldherr der Karthager im 3. Pun. Krieg; nach der Eroberung Karthagos als Gefangener nach Rom gebracht.

Hector, -oris: Hektor, trojanischer Held, Sohn des Priamos.

Helena, -ae: Gemahlin des Königs Menelaos von Sparta, von Paris entführt; dadurch entstand der Trojanische Krieg.

Hellēn, -ēnis: Sohn des Deukalion, König in Thessalien, sagenhafter Stammvater der Hellenen.

Hellēspontus, -ī m.: Hellespont, heute Dardanellen, Meerenge zwischen Europa und Asien, im engeren Sinn Meerenge zwischen Sestos u. Abydos, im weiteren der Küstenstrich auf europäischer u. asiatischer Seite.

Helvētia, -ae: Land der keltischen Helvetier, ungefähr die heutige Schweiz. Dazu: *Helvētiī, -ōrum.*

Henrīcus I.: Heinrich I., deutscher Kaiser 919–936 n. Chr.

Henrīcus IV.: Heinrich IV., deutscher Kaiser 1050–1106 n. Chr.; unter ihm der Investiturstreit mit Papst Gregor VII. (s. dort).

Herculēs, -is: Herkules, griechischer Sagenheld, Sohn des Jupiter.

Hērodotus, -ī: Herodot, Vater der griechischen Geschichtsschreibung; unternahm viele Reisen; zu Halikarnass in Karien geboren 484, gest. 415 v. Chr.

Homērus, -ī: Homer, Dichter der Ilias und der Odyssee, vermutlich im 8. Jh. v. Chr.

Horātius, -ī: Horaz (65–8 v. Chr.), römischer Dichter, Freund des Kaisers Augustus und des Maecenas.

Horātius Cocles, -clitis: sagenhafter Römer, der im Kampf gegen die Etrusker allein die Tiberbrücke verteidigte.

Hostīlius, -ī: Tullus H., der sagenhafte dritte römische König.

Iānus, -ī: altrömische Gottheit, Schützer der Tore, des Aus- und Eingangs, der Anfangs und Endes, daher doppelköpfig dargestellt. Das Tor eines Durchgangs, der ihm geweiht war, wurde nur im Frieden geschlossen.

Iliacus, -a, -um: zu Ilion (Troja) gehörig.

India, -ae: Indien.

Indus, -ī: Hauptfluß Indiens.

Iocasta, -ae: Iokaste, Gattin des Laios, Mutter des Ödipus, den sie in Unkenntnis der Verhältnisse heiratete.

Iphigenīa, -ae: Iphigenie, Tochter des Agamemnon; als sie von ihrem Vater geopfert werden soll, damit die Griechen günstigen Fahrtwind nach Troja erhalten, wird sie von Diana entrückt und nach Tauris gebracht, wo sie Priesterin im Tempel der Diana ist. Sie hilft dann ihrem Bruder Orest, das Bild der Göttin zu rauben, damit er entsühnt wird.

Isocratēs, -is: Isokrates, berühmter Redner in Athen, der 89-jährig 338 v. Chr. starb.

Issus, -ī: Issos, Stadt in Kilikien, berühmt durch Alexanders des Gr. Sieg über Darius 333 v. Chr.

Ister, Istrī: bei den Griechen der Name für die Donau.

Isthmia, -ōrum: die Isthmischen Spiele, so genannt nach dem Austragungsort auf dem Isthmus von Korinth.

Italia, -ae: Italien.

Iūdaeī, -ōrum: die Juden.

Iūliānus, -ī: Kaiser Julian mit dem Beinamen Apostata, gest. 362 n. Chr.

Iūnō, -ōnis: Gemahlin Jupiters.

Iuppiter, Iovis: Jupiter, oberster Gott Roms.

Lacedaemoniī, -ōrum: die Lazedämonier, Spartaner.

Lāius, -ī: Laios, Gemahl der Iokaste, Vater des Ödipus, von diesem unerkannt getötet.

Lāocoön, -ontis: Laokoon, Priester Neptuns in Troja, der seine Mitbürger vergeblich vor dem hölzernen Pferd warnte.

Latium, -ī: Landschaft zwischen Tiber und Kampanien, mit dem Mittelpunkt Rom; dazu *Latīnus, -a, -um* lateinisch.

Lāvīnium, -ī: Stadt in Latium, der Sage nach von Äneas erbaut.

Lentulus, -ī: ein römischer Konsul.

Leōnidās, -ae: König von Sparta, der 480 v. Chr. bei der Verteidigung der Thermopylen fiel.

Lesbus, -ī (f): Insel des Ägäischen Meeres.

Līternum, -ī: Stadt in Kampanien; dazu Adj. *Līternīnus, -a, -um.*

Locrī, -ōrum: Bewohner von Lokris, einer Stadt Unteritaliens, bzw. der Landschaft Lokris in Griechenland.

Lōtophagī, -ōrum: Lotophagen (»Lotosesser«; Fremdwort aus dem Griech.) ein sagenhaftes Volk, zu dem Odysseus auf seinen Fahrten kam.

Lucrētius, -ī: Titus L. Cārus, ein römischer Dichter, Zeitgenosse Ciceros, der ein Werk *De rerum natura* schrieb.

Ludovīcus, -ī: Ludwig (der Fromme), Sohn Karls des Großen, Nachfolger Karls (814–840).

Lycūrgus, -ī: Lykurg, berühmter Gesetzgeber der Spartaner.

Lȳdia, -ae: Lydien, Landschaft in Kleinasien; dazu *Lȳdī, -ōrum:* die Lyder.

Macedonia, -ae: Makedonien; dazu *Macedonēs, -um:* die Makedonen.

Maecēnās, -ātis: fein gebildeter römischer Ritter, Freund und Berater des Kaisers Augustus; Förderer junger literarischer Talente, die er um sich sammelte (Vergil, Properz, Horaz).

Maharbal, -alis: Befehlshaber der Reiterei Hannibals in der Schlacht bei Cannae.

Marathōn, -ōnis: Ort an der Ostküste

Attikas, wo die Athener 490 die Perser besiegten; dazu: *Marathōnius, -a, -um.*

Mārcellus, -ī: M. Claudius Mārcellus, Sieger über Hannibal bei Nola, Eroberer von Syrakus.

Maria Magdalena: eine der Frauen, die Christus nach seiner Auferstehung zuerst sahen.

Marius, -ī: römischer Feldherr, Sieger über die Zimbern und Teutonen, wurde siebenmal zum Konsul gewählt.

Mārs, Mārtis: römischer Kriegsgott; nach ihm benannt: *Campus Mārtius,* das Marsfeld, eine Ebene am Tiber, die als Versammlungs- und Übungsplatz diente.

Mēdī, -ōrum: die Meder, ein mit den Persern verwandter Volksstamm, oft mit diesen gleichgesetzt.

Megara, -ae: Stadt in der Landschaft Megaris, Geburtsort des Euklid; dazu: *Megarēnsēs, -ium* die Megarer.

Memphis, -idis: Stadt in Mittelägypten, Residenz der Könige, berühmt wegen der Pyramiden (Lokativ: *Memphī*).

Menapiī, -ōrum: die Menapier, Völkerschaft im heutigen Belgien zwischen Maas u. Schelde.

Menelāus, -ī: Menelaos, Bruder Agamemnons, Gemahl der Helena.

Midās, -ae: sagenhafter König von Phrygien, dem sich nach seinem törichten Wunsch, den ihm Dionysus erfüllte, alles in Gold verwandelte, was er berührte.

Mīlētus, -ī (f): Milet, reiche Handelsstadt in Jonien.

Miltiadēs, -is: berühmter Feldherr der Athener, Sieger von Marathon.

Minerva, -ae: Göttin der Wissenschaften und Künste, sowie des Handwerks.

Minturnae, -ārum: Stadt in Latium am Liris; dazu: *Minturnēnsis.*

Moguntia, -ae: Mainz; dazu: *Moguntīnus, -a, -um.*

Naevius, -ī: ein Volkstribun.

Nerō, -ōnis: römischer Kaiser (54–68 n. Chr.), bekannt durch die Christenverfolgungen und den Brand Roms.

Nestor, -oris: einer der Helden vor Troja, der sehr klug und beredt war.

Numa Pompilius: sagenhafter zweiter römischer König, Gesetzgeber und Ordner des Staates.

Oedipūs, -odis: Ödipus, Sohn des Laius und der Iokaste (siehe dort).

Olympia, -ōrum: die Olympischen Spiele, die im Heiligtum des Zeus auf der Peloponnes in *Olympia (-ae)* alle vier Jahre stattfanden.

Orestēs, -is: Sohn des Agamemnon und der Klytämnestra, Bruder der Iphigenie und der Elektra, tötete seine Mutter.

Orpheus, -ī: Sohn Apollos, Gemahl der Eurydike, die er mit der Gewalt seines Gesangs aus der Unterwelt zu holen suchte.

Ovidius, -ī: Pūblius Ovidius Nāsō, Ovid, römischer Dichter (43 v. Chr. bis 18 n. Chr.), starb in der Verbannung am Schwarzen Meer.

Pactōlus, -ī: Fluß in Lydien, der Goldsand mit sich führte.

Padus, -ī: der Po, der größte Fluß Italiens.

Papīrius, -ī: Mitglied einer berühmten röm. gens *(Papīria)*, aus der viele bedeutende Männer hervorgingen.

Paris, -idis: Sohn des trojanischen Königs Priamos, der durch seinen Schiedsspruch im Streit der Göttinnen und durch den Raub der Helena den Trojanischen Krieg verursachte.

Patroclus, -ī: Patroklos, Freund Achills, von Hektor getötet.

Pausaniās, -ae: Führer der Spartaner in der Schlacht bei Plätää (479 v. Chr.).

Pēleus, -ī: König in Thessalien; aus seiner Ehe mit Thetis entstammt Achilles.

Peloponnēsus, -ī (f): die Peloponnes, Halbinsel im Süden Griechenlands, durch den Isthmus mit dem Festland verbunden; dazu: *Peloponnēsiacus, -a, -um.*

Pēnelopa, -ae: Penelope, Gemahlin des Odysseus.

Periclēs, -is: Perikles, berühmter Redner und Staatsmann in Athen, Schöpfer der Hegemonie Athens; starb 429 v. Chr. an der Pest.

Persae, -ārum: die Perser.

Petrus, -ī: Apostel Christi und erstes Oberhaupt der Kirche.

Philippus, -ī: Philipp, König der Makedonen (359–336 v. Chr.), Vater Alexanders d. Gr.

Philippī, -ōrum: Stadt in Makedonien; hier im Jahr 42 v. Chr. Entscheidungsschlacht zwischen Antonius und Oktavian einerseits und Brutus und Cassius, den Mördern Cäsars, andererseits.

Phōcaea, -ae: eine Seestadt in Jonien, dazu: *Phōcaeī, -ōrum.*

Pindarus, -ī: Pindar, berühmter lyrischer Dichter aus Theben, Zeitgenosse des Äschylus.

Pīraeus, -ī: Piräus, Hafen von Athen, der mit der Stadt durch die sog. lange Mauer verbunden war.

Pīsistratus, -ī: vornehmer Athener, der sich 560 v. Chr. zum Tyrannen von Athen machte und milde regierte (528 gest.). Förderer der Künste und Wissenschaften sowie des Handels.

Pīso, -ōnis: römischer Familienname, hier: ein römischer Redner.

Platō, -ōnis: griechischer Philosoph (429 bis 348 v. Chr.), Schüler des Sokrates.

Plīnius, -ī: 1. *C. Plīnius Secundus Maior,* der ältere Plinius, römischer Offizier und Gelehrter, starb 79 n. Chr. beim Ausbruch des Vesuvs;
2. *C. Plīnius Secundus Minor,* Neffe des älteren Plinius, Schriftsteller (ca. 62–114 n. Chr.).

Plutō, -ōnis: Gott der Unterwelt.

Poenī, -ōrum: die Punier = Karthager; dazu: *Pūnicus, -a, -um.*

Polybus, -ī: Polybos, König von Korinth, Pflegevater des Ödipus.

Polycratēs, -is: Polykrates, Tyrann von Samos (ca. 537–522 v. Chr.); wegen seines Glückes bewundert, zuletzt aber von den Persern hingerichtet.

Pompēius, -ī: Pompejus, römischer Feldherr und Staatsmann (106–48 v. Chr.);
bildete zusammen mit Cäsar und Crassus 60 das 1. Triumvirat; später Gegner des Cäsar, 48 bei Pharsalus geschlagen, dann auf der Flucht in Ägypten ermordet.

Pompilius, -ī: Numa P., sagenhafter zweiter römischer König, Gesetzgeber und Ordner des Staates.

Priamus, -ī: Priamos, König von Troja, Vater Hektors.

Proserpina, -ae: Königin der Unterwelt, Gemahlin des Pluto.

Prūsiās, -ae: König von Bithynien, der den flüchtigen Hannibal aufnahm, ihn aber später den Römern auslieferte.

Pyladēs, -is: Freund und Gefährte des Orestes.

Pyrrhus, -ī: König von Epirus, der mit einem Heer nach Italien übersetzte, die Römer in sehr verlustreichen Schlachten (»Pyrrhussieg«) zwar besiegte, schließlich aber bei Benevent 275 v. Chr. vernichtend geschlagen wurde.

Pȳthagorās, -ae: berühmter griechischer Philosoph und Mathematiker aus Samos (580–500 v. Chr.); gründete in Kroton in Unteritalien die nach ihm benannte Schule der Pythagoreer; Begründer der wissenschaftlichen Mathematik.

Quirītes, -ium: Bezeichnung der Römer in staatsbürgerlicher Hinsicht, Anrede in der Volksversammlung.

Rēgulus, -ī: M. Atilius R., römischer Konsul im 1. Pun. Krieg; 255 v. Chr. gefangen; wegen Friedensverhandlungen nach Rom geschickt, widerriet er den Römern den Abschluß eines Friedensvertrages, kehrte nach Karthago zurück und wurde grausam hingerichtet.

Remus, -ī: Zwillingsbruder des Romulus.

Rhēnus, -ī: der Rhein.

Rhodus, -ī (f): Rhodos, durch eine Rhetorenschule berühmte Insel der Ägäis.

Rōma, -ae: Rom; dazu: *Rōmānī, -ōrum* die Römer und *Rōmānus, -a, um.*

Rōmulus, -ī: Gründer und erster König Roms, Zwillingsbruder des Remus, Sohn des Mars.

Sabīnī, -ōrum: die Sabiner, altitalische Völkerschaft, Nachbarn der Latiner.

Saguntum, -ī: Stadt an der Ostküste Spaniens, deren Belagerung durch Hannibal 219 v. Chr. der äußere Anlaß des 2. Pun. Kriegs war; dazu: *Saguntīnī, -ōrum:* die Saguntiner.

Salamīs, -īnis: Insel westl. Athens, bei der 480 v. Chr. die persische Flotte geschlagen wurde.

Sallustius-ī: Gāius S. Crispus, Sallust, römischer Geschichtschreiber (86–35 v. Chr.); sein bekanntestes Werk behandelt die Verschwörung des Catilina.

Samnītēs, -ium: die Samniter, Bewohner Samniums.

Samus, -ī (f)*:* Samos, Insel der Ägäis, gegenüber von Ephesus.

Sāturnus, -ī: Saturn, einheimischer Gott der Latiner, später mit dem griechischen Kronos identifiziert, Vater des Jupiter, Pluton, Neptun. Unter seiner Regierung soll das Goldene Zeitalter gewesen sein. Daher

Sāturnālia, -iōrum: die Saturnalien, Fest zu Ehren des Saturn.

Seaevola, -ae: Mūcius Sc., ging in das Lager des Etruskerkönigs Porsenna, um ihn zu töten und so die Römer von der Belagerung zu befreien.

Scīpio, -ōnis: Familienname des berühmten cornelischen Geschlechts:

1. *Pūblius Cornēlius Sc. Āfricānus Maior,* Sieger über Hannibal bei Zama (202 v. Chr.). Gegen Ende seines Lebens angeklagt, Beute aus dem Krieg gegen Antiochus unterschlagen zu haben, zog er sich aus Rom zurück.

2. *Pūblius Cornēlius Sc. Aemiliānus Africānus Minor Numantīnus;* Sieger im 3. Pun. Krieg, der mit der Zerstörung Karthagos endete (146

v. Chr.); großer Freund der griechischen Bildung, die durch ihn sehr gefördert wurde; Freundschaft mit dem griechischen Geschichtsschreiber Polybios.

3. *Corn. Sc. Nāsīca,* wegen seiner Rechtschaffenheit berühmt, Gegenspieler Catos in der Stellungnahme gegenüber Karthago.

Scylla, -ae: gefährlicher Felsen am Eingang der sizilischen Meerenge gegenüber der Charybdis.

Segesta, -ae: Stadt in Sizilien; dazu: *Segestānī, -ōrum.*

Seneca, -ae: Lūcius Annaeus S. (ca. 4 v. Chr. – 65 n. Chr.) römischer Philosoph, Lehrer und Ratgeber Neros, der ihn aber schließlich zum Selbstmord zwang.

Sēquanī, -ōrum: die Sequaner, keltisches Volk zwischen Saône und Jura.

Sicilia, -ae: Sizilien; dazu: *Siculī, -ōrum:* die Sizilier; Adj. *Siculus, -a, -um.*

Sīlānus, -ī: römischer Konsul.

Sinōn, -ōnis: Grieche, der die Trojaner überredete, das hölzerne Pferd in die Stadt zu ziehen.

Sīrēnēs, -um: Sirenen, nach der griechischen Sage Vögel mit Mädchenköpfen an der Südküste Italiens, die die Vorüberfahrenden durch ihren Gesang betören.

Sīsyphus, -ī: der Sage nach Gründer und erster König von Korinth, von den Göttern wegen seiner Übeltaten in der Unterwelt dazu verurteilt, einen Felsen auf einen Berg zu rollen, was ihm aber nie gelang (»Sisyphusarbeit«).

Sōcratēs, -is: Sokrates, griechischer Philosoph (469–399 v. Chr.), Lehrer Platos; von den Athenern wegen Gottlosigkeit zum Tod verurteilt und hingerichtet.

Sophoclēs, -is: Sophokles, der zweite der klassischen Tragiker Athens (497 bis 406 v. Chr.).

Sparta, -ae: Stadt in der Eurotasebene auf der Peloponnes, Rivalin Athens.

Sphinx, Sphingis: Ungeheuer bei Theben; ihr Rätsel wurde von Ödipus gelöst, der dadurch das Land befreite.

Sulla, -ae: römischer Feldherr und Staatsmann (138–78 v. Chr.), Gegenspieler des Marius.

Syracūsae, -ārum: Syrakus, reiche Handelsstadt an der Ostküste Siziliens.

Tacitus, -ī: Cornelius T., römischer Geschichtsschreiber (ca. 55–120 n. Chr.), Verfasser der »*Germania*«.

Tarquinius, -ī: T. Superbus, der sagenhafte letzte König Roms, 510 v. Chr. vertrieben.

Tarracīna, -ae: Stadt in Latium.

Taurica (terra): Taurierland, die heutige Krim, die taurische Chersones; dazu: *Taurī, -ōrum.*

Tencterī, -ōrum: die Tenkterer, germanische Völkerschaft am Rhein.

Teutoburgiēnsis saltus: der Teutoburger Wald.

Teutonēs, -um: die Teutonen, germanische Völkerschaft, die vereint mit den Zimbern in das römische Reich einfielen und 102 v. Chr. bei Aquae Sextiae von Marius vernichtend geschlagen wurden.

Thēbae, -ārum: Theben, älteste und wichtigste Stadt Böotiens.

Themistoclēs, -is: Themistokles, athenischer Staatsmann (ca. 525–460), Schöpfer der athenischen Flotte und Sieger von Salamis.

Theodōrus, -ī: griechischer Philosoph.

Thermopylae, -ārum: Thermopylen, Engpaß in Lokris an der Grenze Thessaliens; berühmt durch den Kampf des Leonidas.

Thetis, -idis: Mutter des Achill, eine Meergöttin.

Thoās, -antis: König im Taurierland, wo Iphigenie Priesterin war.

Thrācia, -ae: Thrakien; dazu: *Thrācēs, -um:* die Thraker.

Tiberius, -ī: römischer Kaiser, Nachfolger des Augustus (14–37 n. Chr.).

Tīresiās, -ae: berühmter blinder Seher in Theben.

Tīro, -ōnis: M. Tullius T., gelehrter Freigelassener Ciceros. Erfinder der tironischen Noten, einer Art Stenographie.

Titus, -ī: Titus Flāvius Vespasiānus, römischer Kaiser 79–81 n. Chr., Eroberer Jerusalems (70 n. Chr.).

Troia, -ae: Stadt in Kleinasien an der Dardanelleneinfahrt, bekannt durch den nach ihr benannten Trojanischen Krieg. Dazu: *Troiānī, -ōrum:* die Trojaner.

Tullus, -ī: T. Hostilius, der sagenhafte dritte römische König.

Ulixēs, -is: lateinische Form für Odysseus, den sagenhaften König von Ithaka, Gemahl der Penelope, Vater des Telemachos, der nach dem Trojanischen Krieg zehn Jahre umherirrte (»Odyssee«).

Ūsipetēs, -um: die Usipeter, germanischer Volksstamm an Lippe und Rhein.

Vārus, -ī: römischer Feldherr, im Teutoburger Wald von Arminius geschlagen (9 n. Chr.); dazu Adj. *Vāriānus, -a, -um.*

Veī, -ōrum: etruskische Stadt nw. Roms, von den Römern 396 v. Chr. durch Furius Camillus erobert.

Venus, -eris: Göttin der Liebe.

Venusia, -ae: alte Stadt der Samniten in Apulien, Geburtsort des Horaz.

Vercellae, -ārum: Stadt in Oberitalien, wo Marius 101 v. Chr. die Zimbern schlug.

Vercingetorīx, -īgis: ein Anführer der Gallier im Kampf mit Cäsar.

Vergilius, -ī: Publius V. Marō, römischer Dichter (70–19 v. Chr.), gehört wie Horaz zum Kreis des Mäcenas. Berühmtestes Werk die Äneis, das römische Nationalepos.

Verrēs, -is: römischer Statthalter in Sizilien, das er grausam ausplünderte.

Vespasiānus, -ī: Vespasian, römischer Kaiser (69–79 n. Chr.); Vater des Kaisers Titus. Stellte die innere und äußere Ordnung des Reiches wieder her.

Vesuvius, -ī: der Vesuv, Vulkan bei Neapel. 79 n. Chr. zerstörte er beim Ausbruch drei blühende Städte, darunter Pompeji.

Via Appia: die erste große römische Militärstraße, 312 v. Chr. bereits begonnen; sie führte von Rom nach Capua-Beneventum-Brundisium.

Wormatia, -ae: Worms.

Xenophōn, -ontis: Feldherr und Geschichtsschreiber (ca. 440–355 v. Chr.); Schüler des Sokrates, führte die »Zehntausend« (Griechen), die Kyrus dem Jüngeren gefolgt waren, aus Asien wieder zurück.

Xerxēs, -is: Perserkönig (486–465 v. Chr.), bei Salamis und Platää von den Griechen besiegt.

Zama, -ae: Stadt in der Nähe Karthagos, bei der Hannibal dem Scipio d. Ä. unterlag (202 v. Chr.).